无机化学实验

吴建中　主编

科学出版社

北京

内 容 简 介

本书系统介绍了无机化学实验的学习方法、安全守则、事故处理、常用化学实验仪器与用法，按基本操作训练、化学原理与常数测定实验、元素化合物性质实验、综合与设计实验等不同类型分别编写了系列实验，循序渐进地训练学生掌握基本实验操作，养成良好实验习惯，提高分析和解决问题的能力。本书大部分实验设置了“注意事项”和“思考题”，帮助学生了解实验的关键所在，启迪思维，更好地进行预习和实验工作。

本书可作为高等学校化学、应用化学、材料化学、化学工程与工艺、环境科学、环境工程、材料物理、生物化学等有关专业的无机化学实验或基础化学实验课程教材，也可作为广大化学工作者和中学化学教师的参考书。

图书在版编目（CIP）数据

无机化学实验／吴建中主编．—北京：科学出版社，2018.5

ISBN 978-7-03-057229-5

Ⅰ．①无…　Ⅱ．①吴…　Ⅲ．①无机化学-化学实验-高等学校-教材　Ⅳ．①O61-33

中国版本图书馆 CIP 数据核字（2018）第 074173 号

责任编辑：丁　里／责任校对：何艳萍

责任印制：张　伟／封面设计：迷底书装

科学出版社 出版

北京东黄城根北街 16 号

邮政编码：100717

http://www.sciencep.com

北京中石油彩色印刷有限责任公司 印刷

科学出版社发行　各地新华书店经销

*

2018 年 6 月第　一　版　开本：787×1092　1/16

2023年11月第六次印刷　印张：12

字数：277 000

定价：54.00元

（如有印装质量问题，我社负责调换）

前　言

化学实验教学是整个化学教学过程必不可少的环节，其作用不仅是验证课堂学习的理论和知识，更重要的是可以训练学生掌握科学实验的方法和技能，使学生学会对实验现象进行观察、分析和归纳总结，培养严谨的科学态度和良好的实验素养，提高独立工作和分析问题、解决问题的能力，为进一步学习和研究打下坚实的基础。无机化学实验是化学、环境科学、材料科学、生命科学等多个学科相关专业学习化学的入门课程，除了帮助学生加深对化学基本原理和元素及其化合物基本性质的理解之外，对于学生形成良好的实验习惯、提高对化学实验的兴趣也具有尤为重要的作用。因此，本书在第 1 章明确提出实验基本要求，强调实验操作规范性、实验安全和废弃物处理的重要性。第 2 章将实验基础知识，包括常用化学实验仪器及其操作技术归类汇编，其中多数仪器和实验技术在本课程安排的实验中用得到。在具体实验编排方面，按照循序渐进的原则，并考虑学生理论知识的积累情况，先安排基本操作（通过简单制备和分离实验掌握一些基本操作）方面的实验作为第 3 章内容，这一部分不需要较多的化学理论知识。第 4 章安排化学原理与常数测定实验，第 5 章安排元素化合物性质实验，让学生了解有关理论知识和实验工作的相关性，领略巧妙设计实验的重要性。第 6 章为综合与设计实验，较多地涉及理论知识和实验技能的综合运用，注意了实验内容的多样性和趣味性，有一些内容与当今无机化学研究热点有关，让学生接受更深的科研训练。本书大部分实验设置了“注意事项”和“思考题”，帮助学生了解实验的关键所在，启迪思维，更好地进行预习和实验工作。

本书编写人员包括吴建中、万霞、申俊英、范军、铁绍龙、王前明、宋海燕、郑盛润、区泳聪、蔡松亮等，主要由吴建中负责组织、修改和统稿。编写过程中参考了其他有关教材、手册和专著。限于编者水平，本书难免有不足与疏漏，敬请读者批评指正。

编　者

2018 年 1 月

目　录

第 1 章　实验基本要求

1.1　实验学习目的

化学是以实验为基础的一门自然科学，化学离不开实验。无机化学实验是大学基础化学实验系列中的第一门课程，在训练学生的基本操作、培养学生的学习兴趣、启迪学生的学习方法等方面具有重要的意义，为进一步学习其他实验课程打下坚实基础。通过学习无机化学实验，希望达到以下目的：

(1)学生能够正确地使用相关仪器，掌握规范的基本操作方法和基本技能。通过观察实验现象，了解和认识化学反应的事实，加深对无机化学基本概念和基本理论的理解，掌握无机物的一般制备和提纯方法。

(2)学生学会正确使用基本仪器测量实验数据、正确处理数据和表达实验结果的方法，并逐步提高对实验现象及实验结果进行分析判断、逻辑推理和得出正确结论的能力。

(3)培养学生的科学精神和品德，使学生逐步树立严谨务实的科学态度、勤奋好学的思想品质、认真细致的工作作风、条理整洁的良好习惯和互助协作的团队精神。

1.2　实验学习方法

为了达到无机化学实验的学习目的，学生应具有正确的学习态度和学习方法。关于化学实验的学习方法，应注意以下几个环节。

1. 预习

预习是做好实验的前提，必须做好预习工作。实验前，指导教师要检查每个学生的预习情况。对没有预习或预习不合格者，指导教师有权不让他/她参加本次实验。预习时要注意以下几个方面：

(1)明确本次实验的目的、要求和内容。

(2)仔细阅读实验教材和理论教材的有关内容及相关文献，清楚有关实验原理、操作技术和注意事项。

(3)在实验记录本上写出实验预习报告，内容包括简要的实验步骤与操作、定量实验的计算公式、装置图等，适当列表或留空以备记录实验现象和测量数据、简要解答有关思考题等。可以用符号、方框、表格等简明且清楚地书写，切忌抄书。

2. 实验

实验课上，指导教师对实验内容进行讲解、示范操作时，学生必须认真听讲和领会，对一些重点和注意事项做好记录，对不理解的问题可以及时提问。实验是培养学生独立操作和思维能力的重要环节，每个学生都必须认真完成。

(1)按照教材内容认真操作，仔细观测实验现象，如颜色、物态、压力、温度及其变化过程等，将实验现象和数据如实、及时地记在实验记录本上，不要记在书上，实验记录本应预先编好页码，不得随意涂改。如果因为观察或记录失误而确需修改，在原记录文字中部划一两条横线表示删除，在旁边另作记录。对非数显仪器要根据仪器的精度读数和记录。从仪器上能直接读出(包括最后一位估计读数在内)的数字为有效数字。实验数据的有效数字与测量所用仪器的精度有关。由于有效数字中的最后一位数字不是十分准确，超过或低于仪器精度有效位数的数字都是不恰当的。例如，在台秤上读出的5.6g，不能记作 5.6000g；从分析天平读出的数值如果是 5.6009g，一般不要记作 5.6g，前者夸大了实验的精度，后者降低了实验的精度。

(2)如果实验中发现有异常或有疑问的现象，要认真分析和检查原因。应考虑重做实验，或进行空白对照实验，或另行设计实验检查所用试剂。如果遇到自己难以解决的问题，可以向指导教师请教。

(3)在实验过程中应尽量穿戴必要的防护用品，如实验服、手套、护目镜等，保持桌面上物品放置合理、整齐，保持安静，严格遵守实验室工作规则。

3. 实验报告

实验报告是对每次实验的总结，是分析问题和感性知识理性化的必要步骤，有利于培养学生撰写科学论文的能力。书写实验报告时，总体要求必须实事求是，严禁抄袭他人数据和杜撰、修改实验数据，段落结构层次清楚，字迹端正整洁，表述严谨规范，解释科学合理。实验报告的书写应独立完成，即使是合作做实验，每个人也应分别写出实验报告(在实验报告上列出合作者)。对于疑难问题，可以通过查找文献资料、相互讨论等方式解决。

实验报告的具体格式与实验类型(合成实验、性质实验、测定实验、基本操作实验等)有关，但一般都需要考虑以下几个重要方面：

(1)实验目的。

(2)实验原理：包括涉及的有关理论知识、反应方程式、实验设计方法、数据处理方法等。

(3)实验用品：包括实验仪器、试剂和其他用品。有型号的仪器应指出具体型号。

(4)实验内容(或实验步骤)：要求清楚地描述实验步骤，描述时不要烦冗，但也不能过于简略，原则上对初次学习的操作方法要完整、准确地叙述，这样既有利于加深印象，也有利于培养以科学用语和专门术语行文的意识和能力。

(5)结果与讨论：这是整个实验报告的重点。要求根据实验过程中的记录，如实把有关实验现象和数据清楚地写在这一部分，绝对不允许主观臆造和修改实验现象与数据。除了客观记录的实验现象和数据之外，还要对实验现象进行解释，对实验数据进行处理，在很多情况下用列表、作图的方法可以使实验结果更加清晰易读。有关结果应尽可能地与文献结果进行比较，尽可能深入地根据理论知识进行讨论。对异常现象或疑难问题进行分析，寻找产生的原因，提出自己的见解。

处理数据时注意有效数字的运算规则。数值相加或相减时，所得结果小数的位数应与各加减数中小数的位数最少者相同。数值相乘或相除时，其积或商的有效数字位数应与各数值中有效数字位数最少者相同，而与小数点的位置无关。进行对数运算时，对数值的有效数字只由尾数部分的位数决定，首数部分是 10 的幂数，不是有效数字。例如，$c(H^+) = 4.9\times10^{-11}mol \cdot L^{-1}$，有效数字为两位，所以 $pH = -\lg c(H^+) = 10.31$。相应地，由 pH = 11.58 计算氢离子浓度时，结果应该是 $c(H^+) = 2.6\times10^{-12}$，而不能写成 2.630×10^{-12}。

(6) 结论：对本次实验的过程和结果进行总结。

1.3　实验室一般规则

(1) 实验前应认真预习并准备好预习报告，明确实验目的，了解实验的内容、方法和基本原理，未预习者不得进行实验。

(2) 实验时，应认真观察，如实记录实验现象和数据。

(3) 熟悉和遵守实验室各项用品的操作规则，注意安全，爱护仪器，节约试剂，注意保持实验室和个人台面整洁有序。火柴梗、纸屑、残渣、pH 试纸等不得扔在水池或地上。废液小心倒入专用废液桶中。如有仪器破损，应填写仪器破损单，经教师签字后从准备室领取补齐，破损仪器酌情赔偿。玻璃碎片放入专用的回收容器中。

(4) 公用仪器和试剂等使用后应立即放回原处，注意试剂瓶和其盖子(或滴管)一一对应，不可分离放置或错放。

(5) 实验完毕后，清洗用过的玻璃仪器，把实验台和药品架整理干净，经教师同意后方可离开实验室。值日生负责对整个实验室进行清扫，检查并关闭水源、电源、气源、门窗等。

1.4　实验室安全守则

(1) 必须穿实验服进入实验室，必要时使用防护眼镜、手套、面罩等，不得穿背心、短裤、拖鞋进入实验室。保持实验室安静，不得大声喧哗或嬉笑，严禁在实验室吸烟和饮食。实验完毕，必须洗净双手。

(2) 应避免具有强腐蚀性的洗液、强酸、强碱溅落在皮肤、衣服上，更要防止溅入眼内。

(3) 如果实验过程中使用或产生挥发性大、刺激性强的液体、气体或细微粉末，应在通风条件良好的场所(如通风橱内)进行操作，不得把头部伸进通风橱内。

(4) 加热试管时，不能将试管口对着任何人，也不要近距离俯视正在加热的液体，以免液体溅出造成伤害。嗅气体时，应该用手轻轻把少量气体扇向自己再闻。

(5) 对环境和生物体有害的实验废弃物，应分门别类地放入专门的回收容器中，以便集中处理，不能按一般生活废弃物处置。严禁随意混合化学药品，以免发生意外事故。

(6) 如果发生意外事故应保持镇静，采取适当的处理措施。遇有烧伤、烫伤、割伤时应立即报告教师及时救治。

1.5 实验室事故处理

(1) 触电：立即拉开电闸切断电源，或用干木棒将电源与触电者隔开，必要时进行人工呼吸并迅速送医院救治。

(2) 起火：电器设备起火时，应先切断电源，再用四氯化碳灭火器或二氧化碳灭火器扑灭，不能用泡沫灭火器。有机物着火时应立即用湿布或沙扑灭，火势大时用泡沫灭火器扑灭。

(3) 烫伤：被火或高温物体灼烫后，不能用冷水冲洗或浸泡，可涂擦 10%的高锰酸钾溶液或苦味酸溶液揩洗灼伤处，轻伤涂以玉树油、正红花油或鞣酸油膏，重伤涂上烫伤药膏或撒上消炎粉，送医院治疗。

(4) 割伤：先将伤口中的异物取出，不要用水洗伤口。轻伤可涂以碘酒；伤势较重时，用无菌纱布包扎伤口后，立即送医院治疗。

(5) 酸碱腐蚀：如果被强酸腐蚀，应先用大量自来水冲洗伤处，然后用饱和碳酸氢钠溶液冲洗，再用清水冲洗。如果被强碱腐蚀，同样先用大量自来水冲洗伤处，然后用饱和硼酸或柠檬酸溶液或 2%的乙酸溶液冲洗，再用去离子水冲洗。如果酸碱溅入眼内，应立即用大量水冲洗并尽快送医院治疗。

(6) 吸入刺激性或有毒气体：如果吸入 Br_2、Cl_2 或 HCl 气体，可吸入少量乙醇和乙醚的混合蒸气。吸入 H_2S 或 CO 气体而感到不适者，应立即到室外呼吸新鲜空气。

1.6 灭火常识

许多化学药品是易燃的，着火是实验室最易发生的事故之一。一旦发生火灾，应保持沉着镇静，一方面防止火势扩展，立即熄灭所有火源，关闭室内总电源，搬开易燃物品；另一方面立即灭火。无论使用哪种灭火器材，都应从火的四周开始向中心扑灭，把灭火器的喷出口对准火焰的底部。失火时，应根据起火的原因和火场周围的情况，采取不同的方法扑灭火焰。

如果小器皿(如烧杯或烧瓶)内着火，可盖上石棉板或瓷片等，使其隔绝空气而灭火，绝不能用嘴吹。

Na、K、Mg 等活泼金属引起的着火，用干燥的细沙覆盖灭火，切勿用水灭火。

如果有机溶剂或油类着火，用沙或干粉灭火器灭火，切勿用水灭火。撒上干燥的固体碳酸氢钠粉末也可扑灭。

如果电器着火，应先切断电源，然后用四氯化碳灭火器、干粉灭火器或 1211 灭火器灭火。注意四氯化碳高温时能生成剧毒的光气，不能在狭小和通风不良的实验室里使用。

如果衣服着火，切勿奔跑而应立即在地上打滚，用防火毯包住起火部位，使其隔绝空气而灭火。

目前市场上常见的贮压式灭火器的种类和适用范围列在表 1-1 中，灭火器瓶体上会标明具体的使用方法和有效期。大体来说，这些贮压式灭火器在使用时都要注意以下问题：

(1) 不能颠倒使用。

(2) 占据火势上风或侧上风方向。

(3) 保持适当距离，一般灭火器 4～5m，干粉灭火器 2～3m。

(4) 拔去保险销，一手握住开启压把，另一手紧握喷枪，用力捏紧开启压把。使用二氧化碳灭火器时，不能直接用手抓住喇叭筒外壁或金属连线管，防止手被冻伤。

(5) 对准火焰根部喷射。

(6) 火焰未灭，不轻易放松压把。

表 1-1　常见贮压式灭火器及适用范围

灭火器	内装灭火剂	适用范围
酸碱灭火器	65% H_2SO_4 溶液和 $NaHCO_3$ 溶液	两种溶液反应，喷出二氧化碳气体和水，适用于扑救木、棉、麻、毛、纸等一般固体物质火灾，不宜用于油类和忌水、忌酸物质及电器设备的火灾
泡沫灭火器	$Al_2(SO_4)_3$ 溶液和 $NaHCO_3$ 溶液	两种溶液反应产生大量的 $Al(OH)_3$ 及 CO_2 泡沫，把燃烧物质覆盖、与空气隔绝而灭火。用于一般失火及油类着火。由于泡沫能导电，所以不能用于扑灭电器设备着火
四氯化碳灭火器	液态 CCl_4	用于电器设备及汽油、丙酮等着火。不能用于扑灭活泼金属如钾、钠等的失火，以免 CCl_4 强烈分解，甚至爆炸。也不能用于电石、CS_2 的失火，会产生光气一类的毒气
二氧化碳灭火器	液态 CO_2	用于电器设备失火，小范围油类及忌水的化学物质着火
干粉灭火器	$NaHCO_3$ 或 $(NH_4)_3PO_4$ 等盐类物质和适量的润滑剂、防潮剂	喷出的粉末覆盖在燃烧物上，生成阻止燃烧的隔离层，同时它受热分解放出 CO_2 阻止燃烧，灭火速度快。用于油类、可燃气体、精密仪器、电器设备、图书文件和不能用水扑灭的着火
1211 灭火器	CF_2ClBr 液化气	灭火效果好。用于油类、有机溶剂、精密仪器、高压电器设备着火
1301 灭火器	CF_3Br 液化气	与 1211 灭火器都属于卤代烷型灭火器。CF_3Br 蒸气压较高，因此 1301 灭火器筒体受压较大，壁厚较大，不能将 1301 灭火剂充灌到 1211 灭火器筒体内，否则极易发生爆炸。1301 灭火器喷出物呈气雾状，室外有风状态下使用时灭火能力不如 1211 灭火器，因此更应在上风方向喷射

第 2 章　常用化学实验仪器与用法

2.1　常用化学实验仪器

化学实验需要经常使用玻璃仪器。玻璃仪器按玻璃的性质不同可以简单地分为软质玻璃仪器和硬质玻璃仪器两类。软质玻璃承受温差的性能、硬度和耐腐蚀性都比较差，但透明度比较好，一般用来制造不需要加热的仪器，如试剂瓶、漏斗、量筒、吸管等。硬质玻璃具有良好的耐受温差变化的性能，其制造的仪器可以直接用明火加热，这类仪器耐腐蚀性强，耐热性能和耐冲击性能都比较好，常见的烧杯、烧瓶、试管、蒸馏器和冷凝管等都是用硬质玻璃制作的。

除玻璃仪器外，实验室还常用到一些瓷质仪器，如蒸发皿、布氏漏斗、瓷坩埚、瓷研钵、泥三角等。实验室最常用的玻璃仪器、瓷质仪器和其他常见小仪器列于图 2-1 中，下面简单介绍一些常用的仪器。

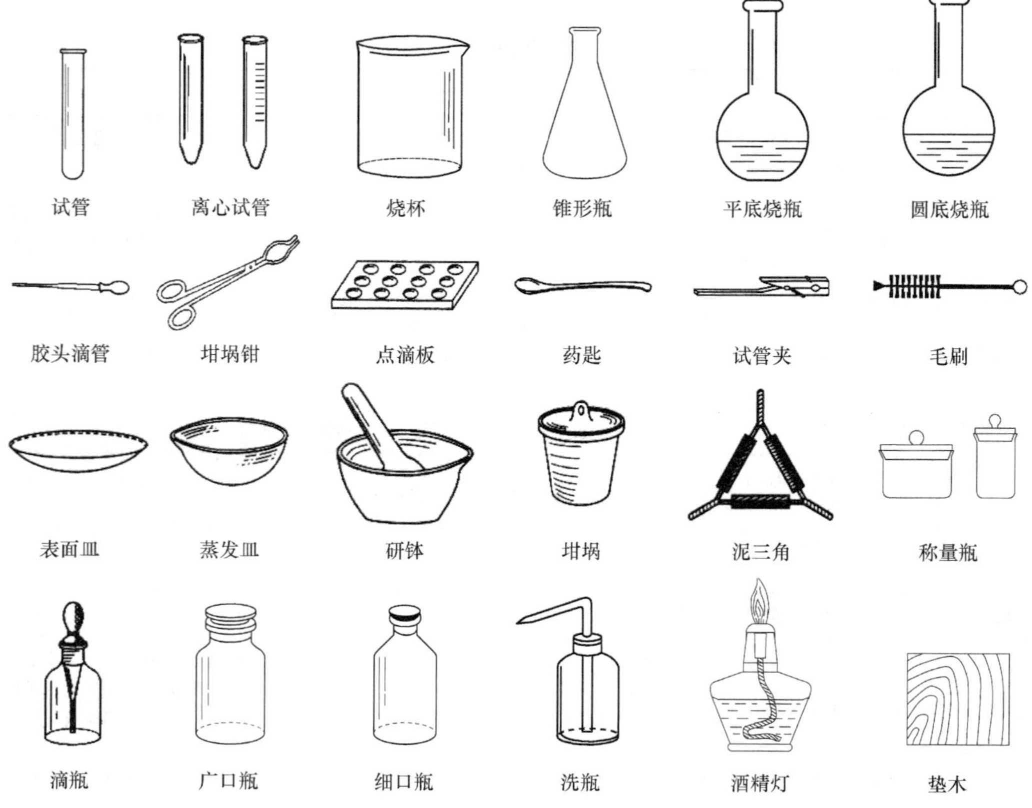

图 2-1　常用化学实验仪器

(a)
(b)
20℃
100mL
(c)
(b)
(a)
漏斗(三角漏斗)
热滤漏斗
(a)布氏漏斗，(b)抽滤瓶
砂芯漏斗
石棉网
试管架
量筒
容量瓶
单标移液管
刻度移液管(吸量管)
碱式滴定管
酸式滴定管
(a)铁架台，(b)铁圈及(c)烧瓶夹
漏斗架
分液漏斗
滴液漏斗
干燥器
三脚架
洗耳球
干燥管
水浴锅
温度计
洗气瓶

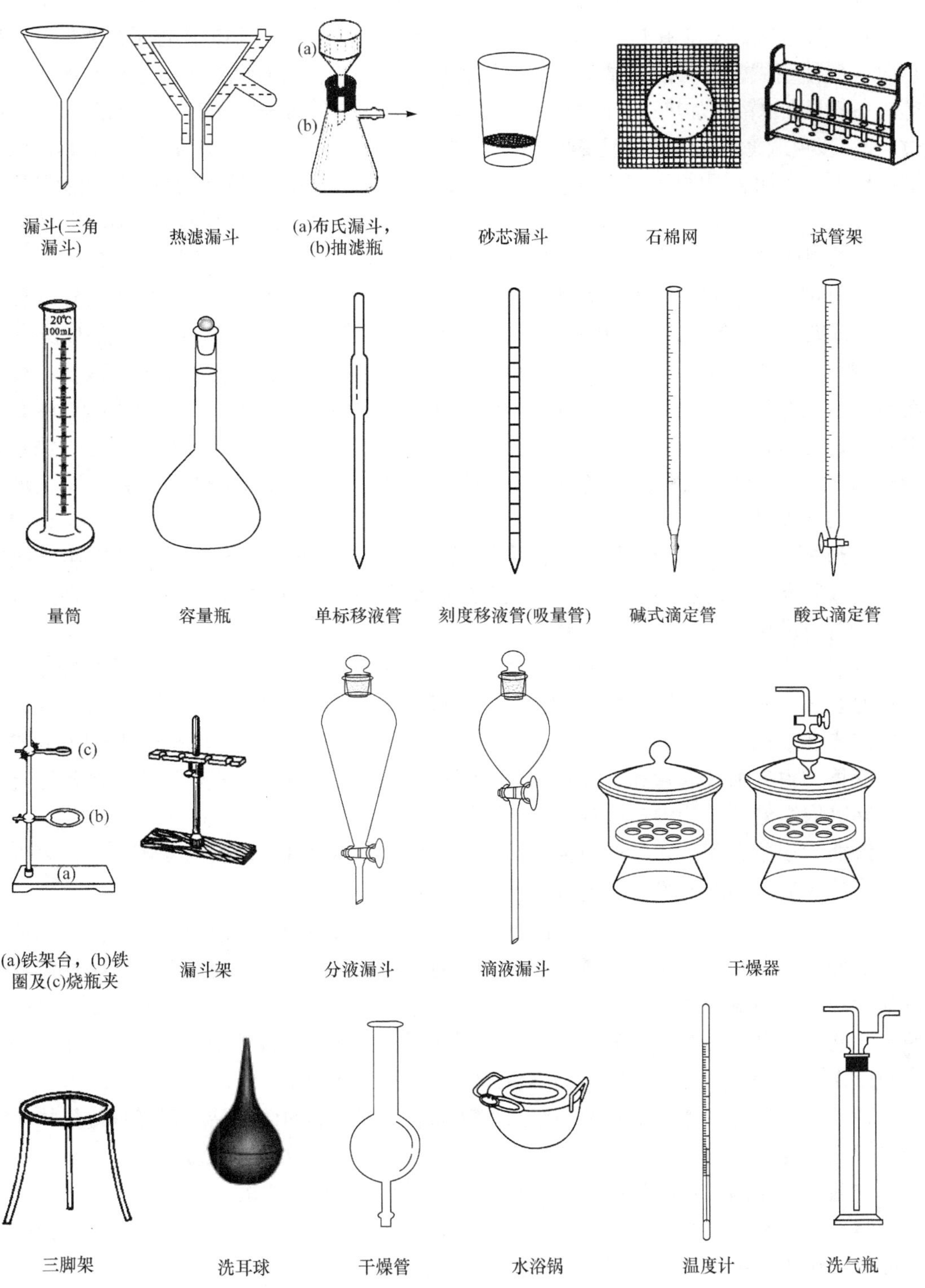

图 2-1(续)

试管 试管分为普通试管和离心试管，通常可以用作常温或加热条件下少量试剂反应的容器，离心试管还可用于沉淀分离。使用试管时应注意：①加热前应擦干试管外壁，加热时一般使用试管夹，硬质试管可直接用火焰高温加热，离心试管不能直接在明火上加热，一般只在水浴中加热；②试管中反应液体不应超过试管容积的 1/2，需加热时则不应超过 1/3，以免振荡时液体溅出或受热溢出；③加热液体时，管口不能对着任何人，以防液体溅出伤人；④加热固体时，管口应略向下倾斜，以免管口冷凝水流回灼热管底而使试管破裂。普通试管以管口直径(mm)×管长(mm)表示规格，如 15×150、18×180、10×75 等。离心试管的规格以容积(mL)表示，如 10、15、50 等，有的有刻度，有的没有刻度。

试管架 有木质、铝质、不锈钢质试管架，形状与大小各有不同，用于放置试管。

试管夹 试管夹形状各不相同，材质有木制、钢制等，用于夹持试管，以免造成烫伤。

烧杯 烧杯一般以容积(mL)表示其规格，主要用于配制溶液和煮沸、蒸发、浓缩溶液，以及进行化学反应等。烧杯可承受 500℃以下的温度，可在火焰上直接或隔石棉网加热，也可选用水浴、油浴或沙浴等加热方式。使用时反应液体体积不得超过烧杯容积的 2/3，以免搅动或沸腾时液体溢出。明火加热时烧杯底部要垫上石棉网，防止玻璃受热不均匀而破裂。

锥形瓶 锥形瓶以容积(mL)表示其规格，有具塞和无塞等多种，可用作反应容器、接收容器和滴定容器等。加热时应在瓶底垫石棉网或用热浴，内盛液体不能太多，以防振荡时溅出。

烧瓶 烧瓶可分为圆底烧瓶、平底烧瓶、长颈烧瓶、短颈烧瓶、单口(颈)烧瓶、二口(颈)烧瓶、三口(颈)烧瓶等。圆底烧瓶通常用于化学反应，平底烧瓶通常用于配制溶液或用作洗瓶，也能代替圆底烧瓶用于化学反应。烧瓶盛放液体的量不能超过其容积的 2/3。

滴管 由尖嘴玻璃管和乳胶头两部分组成。用于吸取和滴加液体试剂、容量瓶定容等。除吸取溶液外，管尖不可触及其他器物以免沾污。

滴瓶 滴瓶有无色和棕色两种，用于盛放少量液体试剂。滴管为专用，不得弄脏弄乱。滴管吸液后不能倒置，以免试剂被乳胶头沾污。

广口瓶和细口瓶 广口瓶用于储存固体药品，细口瓶用于盛放液体试剂。有无色和棕色之分，棕色瓶用于盛装应避光存放的试剂。一般非磨口试剂瓶用于盛装碱性溶液或浓盐溶液，使用橡皮塞或软木塞；磨口试剂瓶盛装酸、非强碱性试剂或有机试剂。磨口瓶要与塞子配套；附有磨砂玻璃片的广口瓶常用作集气瓶。若长期不用，应在瓶口和瓶塞间加放纸条，便于开启。试剂瓶不能用火直接加热，不能在瓶内久贮浓碱、浓盐溶液。

称量瓶 有高型和扁型两种，用于准确称取一定量的固体药品。不能直接加热，瓶盖要与瓶子配套使用。

洗瓶 有玻璃和塑料两种，用于盛放去离子水或其他洗涤液。

漏斗 一般指三角漏斗，以口径(mm)表示大小。有长颈与短颈两种，用于常压过滤或倾注液体。过滤时漏斗颈尖端应紧靠盛接滤液的容器壁。

布氏漏斗 瓷质，用于减压过滤(抽滤)。

抽滤瓶(吸滤瓶) 和布氏漏斗一起用于减压过滤，不能直接加热。

砂芯漏斗　作用与布氏漏斗类似，以砂芯滤板的孔径大小(μm)分为六种规格：20～30、10～15、4.9～9、3～4、1.5～2.5 和 1.5 以下。

热滤漏斗　由普通三角玻璃漏斗和金属夹套(多为铜质)组成，夹套内放水，对夹套柄部加热使水达到较高温度，从而间接加热玻璃漏斗，使过滤时玻璃漏斗保持较高的温度，防止溶解度随温度降低而明显降低的物质在过滤时析出。

分液漏斗　分液漏斗分为球形、梨形、筒形，用于加液或互不相溶液体的分离。上口盖子和下端活塞均为磨口，一般不可调换，活塞处不能漏液。不用时磨口处应垫纸片。

滴液漏斗　也有各种不同的形状，用于将反应物逐滴加到反应体系中，以免反应过于剧烈。使用要求同分液漏斗。

干燥管　内置固体干燥剂用于干燥气体，防止水分进入常压反应体系，使用时干燥剂两端应填上脱脂棉或玻璃纤维，防止干燥剂漏出。

表面皿　通常用于盖在烧杯上，防止杯内液体溅出。不能用火直接加热。

蒸发皿　由瓷、石英、铂等不同材质制成，用于蒸发、浓缩液体。一般放在石棉网上加热，也可以直接加热。注意防止骤冷骤热，以免破裂。

研钵　有瓷质、玻璃、玛瑙、石头或铁制品等多种，用于研碎固体物质，根据固体物质的性质和硬度选用不同材质的研钵。使用时应注意：①放入的固体物质的量不宜超过容积的 1/3；②只能研磨，不能敲击固体物质；③易爆物不能研磨，只能轻轻压碎，以防爆炸。

坩埚　由瓷、石英、石墨、氧化铝、铁、镍、银或铂等不同材质制成，用于灼烧固体，耐高温。使用时放在泥三角上或马弗炉中加热，加热后用坩埚钳取出，放在石棉网或耐火砖上降温。

坩埚钳　坩埚钳有铁制或铜制，用于夹持坩埚。

泥三角　用铁丝弯成，套有瓷管，用于灼烧坩埚。

水浴锅　用铝或铜制成，用于间接加热或控温实验。使用时注意防止水烧干，用完后应把水倒净，将锅擦干，有时也可用烧杯代替。

点滴板　一般为白色、瓷质、多孔，用于微量反应物溶液的常温快速反应，便于观察、对比颜色，不能加热。

量筒　通常为玻璃质，以容积(mL)表示规格，用于量取一定体积的液体。不能加热，不能量取热液体，不可长期存放试剂，以免影响容器的准确性。

容量瓶　用于配制准确浓度的溶液。配制溶液时，溶质一般先在烧杯内溶解，再移入容量瓶中并定容。不能加热，不能用来存储溶液，以保证容量瓶容积的准确度。

移液管　通常为玻璃质，分为单标移液管(胖肚移液管)和刻度移液管(吸量管)两类，还有自动移液管。用于精确移取一定体积的液体，不能加热，与洗耳球并用。

滴定管　滴定管分为酸式滴定管和碱式滴定管两种，用于滴定分析或量取较准确体积的液体。酸式滴定管还可用作柱色谱分析中的色谱柱。使用前先排除滴定管尖嘴部分的气泡，使用时注意酸式和碱式滴定管不能调换使用，以免碱液腐蚀酸式滴定管中的磨口活塞，造成活塞粘连损坏。

药匙　用塑料、牛角或不锈钢制成，用于取用固体药品，用后应立即洗净和干燥。

毛刷　毛刷分为试管刷、烧瓶刷、滴定管刷等多种，用于洗刷仪器。使用时注意用力均匀适度，以免捅破仪器。

石棉网　在铁丝网上涂石棉制成，可使容器受热均匀。不可卷折，不能与水长时间接触。

铁架台　用于固定或放置反应容器。

三脚架　铁制品，用于放置较大的加热容器。

漏斗架　木制。漏斗板可上下升降，并以螺丝固定，过滤时支撑漏斗。

干燥器　以直径(cm)表示大小。干燥器的中下部口径略小，上面放置带孔的瓷板，瓷板上放置待干燥的物品，瓷板下面放有干燥剂，如硅胶、碱石灰、浓硫酸等。主要用于保持固态、液态样品或产物的干燥，也用来存放防潮的小型贵重仪器和已经烘干的称量瓶、坩埚等。固态干燥剂可直接放在瓷板下面，液态干燥剂放在小烧杯中，再放到瓷板下面。使用干燥器时，要沿边口涂抹一薄层凡士林研合均匀至透明，使顶盖与干燥器本身保持密合，不致漏气。开启顶盖时，应稍用力使干燥器顶盖向水平方向缓缓错开，取下的顶盖应翻过来放稳。

在化学实验中，还常用到由硬质玻璃制成的标准磨口玻璃仪器。常用的标准磨口系列编号分为 10、14、16、19、24、29、34 等多种，对应于磨口最大端的直径(mm)分别为 10.0、12.5、14.5、18.8、24.0、29.2、34.5。相同编号的磨口仪器，它们的口径是统一的，使用时可以互换。相同编号的内外磨口可以紧密连接，连接简便，不需要软木塞或橡皮塞，又能避免反应物或产物被塞子沾污的危险，而且气体通道较大。有的磨口玻璃仪器也常用两个数字表示磨口大小。例如，10/30 表示此磨口最大处直径为 10mm，磨口长度为 30mm。部分常用标准磨口玻璃仪器见图 2-2。

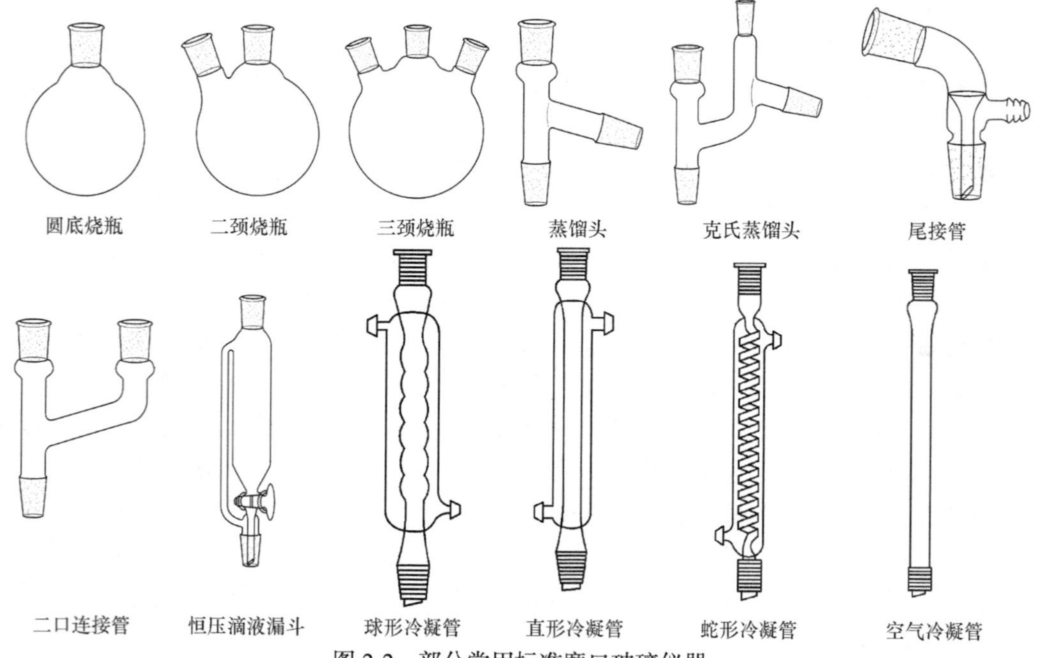

图 2-2　部分常用标准磨口玻璃仪器

磨口仪器使用后，应尽快清洗并分开放置，否则可能造成磨口接头的粘连。带活塞、塞子的非标准磨口仪器不能随意调换，应垫上纸片配套存放。常压下使用磨口仪器时一般不涂润滑剂，以免沾污反应物或产物。但是，当反应物中有强碱存在时，最好在磨口处涂抹润滑剂。减压蒸馏使用的磨口仪器须涂润滑剂。在涂润滑剂之前，应将仪器洗刷干净，磨口表面一定要干燥。从涂有润滑剂的内磨口仪器中倾出物料前，应先将磨口表面的润滑剂擦拭干净，以免物料受污染。

2.2　玻璃仪器洗涤

玻璃仪器的洗涤方法很多，应根据实验的要求、仪器的形状、污物的性质和沾污的程度选用。附着在仪器上的污物既有可溶性物质，也有尘土和其他不溶性物质，可能还有油污和有机物质。针对不同情况分别采用适当的洗涤方法。常见玻璃仪器的洗涤方法如下。

1. 用水刷洗

用自来水和长柄毛刷除去仪器上可溶于水的物质。污物除去后，再用清水冲洗几次，最后用去离子水洗两三次。注意不能使用秃顶的毛刷，也不能用力过猛。对试管底部要旋转刷洗，而不是来回刷洗，以防捅破。

2. 用去污粉或合成洗涤剂刷洗

去污粉中含有碳酸钠，合成洗涤剂含有表面活性剂，都能除去仪器上的油污和某些有机物。去污粉中还含有白土和细沙，刷洗时起摩擦作用，增强洗涤效果，不过同时也会对仪器造成一定损伤。刷洗后，用自来水反复冲洗，以除去附着在仪器内外壁上的白土、细沙或洗涤剂。最后用去离子水洗两三次。

3. 用铬酸洗液洗涤

铬酸洗液具有强氧化性，主要用于除去油污或还原性物质，对一些管细、口小、毛刷不能刷洗的仪器，采取这种洗法效果很好。洗涤时，直接往仪器内加入少量铬酸洗液，倾斜并慢慢转动仪器，使其内壁全部被洗液湿润，继续转动仪器，让洗液在仪器内壁流动几圈后，再把洗液倒回原瓶内，然后用自来水把残留在仪器内壁的洗液洗去。沾污严重的仪器可用洗液浸泡一段时间，或用热的洗液洗，效果更好。使用洗液前，仪器不要先用水洗，仪器内如有水，要尽量沥干后再加入洗液。使用后的洗液若没有变成绿色，应倒回原瓶内，可以反复使用至失效(变为绿色)为止。不允许将毛刷放入洗液中刷洗。铬酸洗液具有很强的腐蚀性，会灼伤皮肤和损坏衣物。若不慎把洗液洒在皮肤、衣物或实验桌上，应立即用水冲洗。

铬酸洗液的配制：称取 25g 研细的重铬酸钾置于 1000mL 烧杯中，加水 50mL，加热使其溶解。冷却后，边搅拌边缓缓加入 450mL 工业浓硫酸，即得到暗红色铬酸洗液，待溶液冷却后储存于细磨口瓶中盖紧瓶塞备用。

4. 用有机溶剂清洗

有些有机反应残留物呈胶状或焦油状，用上述方法较难洗净，这时可根据具体情况采用有机溶剂(如乙醇、氯仿、丙酮、甲苯、乙醚等)浸泡，或用稀氢氧化钠、浓硝酸煮沸除去。

5. 用超声波清洗器清洗

超声波清洗器是利用超声波振动以去除污物，从而达到清洗仪器的目的。超声波清洗可用于不适合洗液清洗的仪器，不仅可以清洗较大的容器和器皿，也可清洗微型容器和器皿。

6. 特殊污物的去除

有些污物可用特殊的方法方便地去除。例如，氧化性污物如铁锈、二氧化锰等可用草酸、盐酸、盐酸羟胺等除去；用少量食盐在研钵内研磨后倒掉，再用水洗，有利于除去瓷研钵内的污迹；用体积比 1∶2 的盐酸-乙醇溶液可清洁被有机物染色的比色皿；玻璃器壁沉积的金属如银、铜等可用硝酸处理；沉积的难溶性银盐可用硫代硫酸钠溶液除去，硫化银则用热、浓硝酸处理；沉积的硫磺可用煮沸的石灰水处理；高锰酸钾污垢可用草酸溶液洗去。

用以上各种方法洗涤后的仪器，经自来水冲洗后，往往还残留有 Ca^{2+}、Mg^{2+}、Cl^- 等离子，如果实验中不允许有这些杂质存在，则应该用蒸馏水或去离子水把它们洗去，一般以洗 3 次为宜。每次用量不必太多，采用“少量多次”的洗涤方法效果更佳，既洗得干净又不致浪费。

已洗净的玻璃仪器可以被水润湿，将水倒出后把仪器倒置，可观察到仪器透明，器壁不挂水珠。已经洗净的仪器不能用手指、布或纸擦拭内壁，以免重新沾污容器。

2.3 玻璃仪器干燥

用水洗干净的玻璃仪器往往可以直接使用，但很多情况下需要使用干燥的玻璃仪器，尤其是水的存在会对反应造成影响的时候。将玻璃仪器洗涤干净后，有多种方法可以对玻璃仪器进行干燥，如图 2-3 所示。以下介绍一些常用的玻璃仪器干燥方法，可以根据仪器种类和反应要求选用。

1. 晾干

将洗净的仪器倒置在干净的仪器柜内或滴水架上，让残留在仪器内的水分自然挥发而干燥。用这种方法干燥的主要是不急于使用的仪器、容量仪器、加热烘干时容易炸裂的仪器以及不需要将其所沾水分完全排除的仪器。倒置可以防止灰尘落入，但要注意放稳。

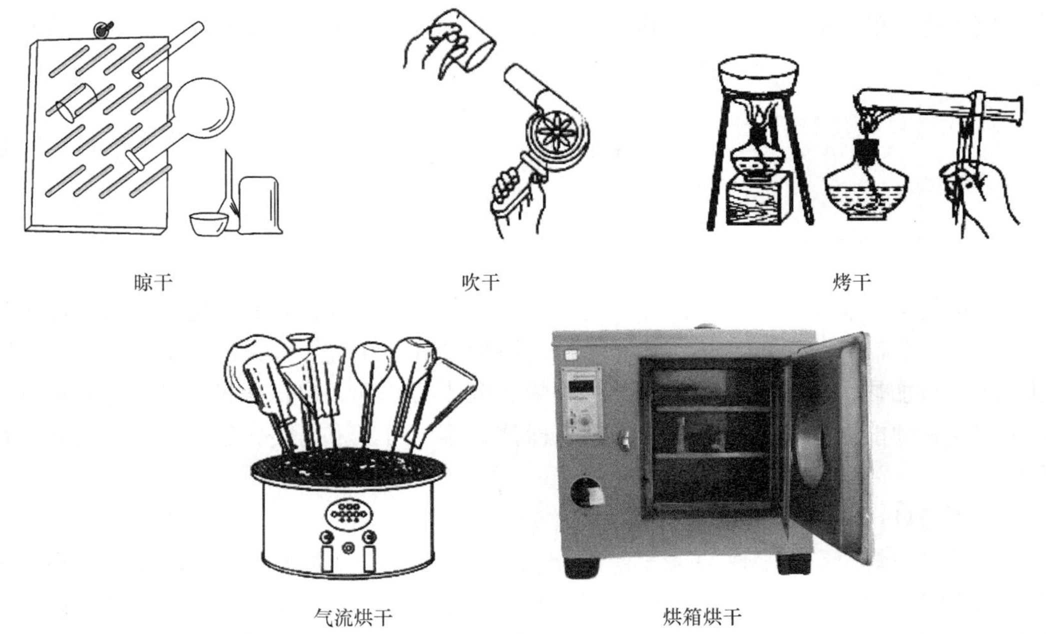

晾干　吹干　烤干

气流烘干　烘箱烘干

图 2-3　玻璃仪器的几种干燥方法

2. 吹干

急于干燥的仪器或不适合放入烘箱的较大仪器可用吹干的方法。通常用少量乙醇、丙酮(或最后再用乙醚)倒入已控去水分的仪器中摇洗，然后用电吹风机吹，开始用冷风吹 1～2min，当大部分溶剂挥发后吹入热风至完全干燥，再用冷风吹去残余蒸气，不使其又冷凝在容器内。也可将洗干净的仪器倒插在气流烘干器上，这样同时具有晾干和吹干的作用。

3. 烘干

如需干燥较多的仪器，可用电热鼓风干燥箱烘干。将洗净的仪器倒置稍沥去水滴后，放入干燥箱的隔板上，关好门，在一定温度下烘干。称量瓶等仪器在烘干后要放在干燥器中冷却和保存。带实心玻璃塞的仪器及厚壁仪器烘干时要注意慢慢升温且温度不可过高，以免破裂。容量仪器不可放于烘箱中烘干。

4. 烤干

可加热或耐高温的仪器，如试管、烧杯、烧瓶等还可利用小火加热烤干。要注意在加热前先将仪器外壁擦干，烘烤时要不时转动以使仪器受热均匀。

5. 有机溶剂干燥

对于急需干燥使用的仪器，将洗净的仪器沥去水后，加入少量易挥发且与水互溶的有机溶剂(如丙酮、乙醇等)，转动仪器，使器壁上的水与有机溶剂互相溶解，然后将混合液倒入专用的回收瓶中。少量残留在仪器内的混合液很快挥发而使仪器干燥。若再用电吹风向仪器内吹风，可加速干燥。

2.4 加　　热

1. 常用加热器具

加热是化学实验中最常用的操作之一，有多种加热器具，有的用化学方法，使用燃料(酒精、煤气)燃烧进行加热，如酒精灯、酒精喷灯、煤气灯等；有的用物理方法，使用电能进行加热，如磁力搅拌加热器、电炉、电热套、管式炉、马弗炉等；有的是将电能转变为其他能源间接加热，如水浴锅、微波炉等。可以根据实际条件选用合适的加热器具。

1)酒精灯

酒精灯由灯罩、灯芯和灯壶三个部分组成(图 2-4)，使用方便，适用于温度不需太高、加热时间较短，而且没有控温精度要求的加热实验。正常使用时，酒精灯的火焰可分为三个部分：焰心、内焰和外焰。外焰的温度最高，往内依次降低。加热时用灯的垫木或铁架台铁环调节火焰与受热仪器的距离，使用外焰加热。受热仪器必须放在支撑物(三脚架、铁环等)上或用坩埚钳、试管夹夹持，决不允许手拿仪器加热。

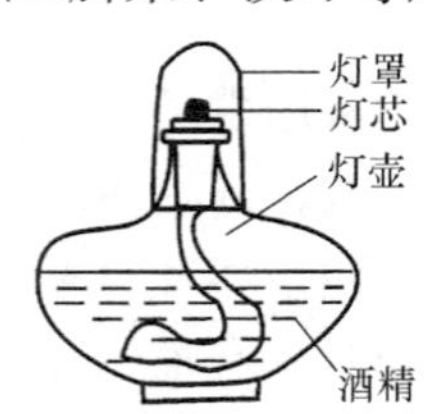

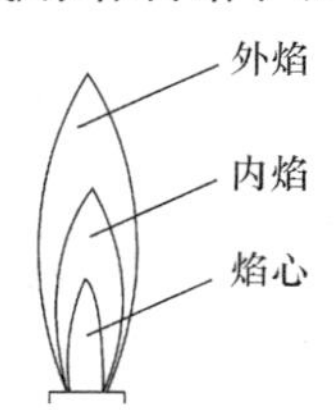

图 2-4　酒精灯的构造和火焰

新的酒精灯应首先配置灯芯。灯芯通常是用多股棉纱线拧在一起，插进灯芯瓷套管中。灯芯不要太短，一般浸入酒精 4～5cm。用三角漏斗加灯用酒精至灯壶内，酒精容积占灯壶的 1/4～2/3 为宜。新灯芯完全浸润并调整好长度后再用火柴点燃，未浸润酒精的灯芯，一经点燃就会烧焦。长时间不使用酒精灯时，应将灯壶内的酒精倒回盛放灯用酒精的密封容器中，避免不必要的浪费。

燃着的酒精灯，若需添加酒精，必须熄灭火焰。决不允许燃着时加酒精，否则很易着火，造成事故。用完酒精灯，火焰必须用灯罩盖灭，不可用嘴吹灭，以免引起灯内酒精燃烧，发生危险。用灯罩盖灭后最好再重盖一次，避免冷却后罩内负压造成灯罩不易打开。不能用一盏酒精灯去点燃另一盏酒精灯，否则易将酒精洒出，引起火灾。万一洒出的酒精在桌上燃烧起来，要立即用湿棉布铺盖灭。不用的酒精灯必须将灯罩罩上，以免酒精挥发。

2)酒精喷灯

没有管道燃气设施而又需要使用较高加热温度的明火(如对玻璃管、玻璃棒进行加工)时，可以使用酒精喷灯。酒精喷灯有座式和挂式两种(图 2-5)。两种酒精喷灯的使用方法大同小异。使用时，先给酒精储罐或酒精壶内加酒精，注意座式酒精喷灯壶内酒精储量不能超过酒精壶的 2/3。然后在预热盘中注入适量的酒精，再点燃盘中的酒精以加热灯管，待盘中酒精将近燃完时，开启空气调节器，由于酒精在灼热的灯管内气化，并与来自气孔的空气混合燃烧，形成 700～1000℃高温火焰。调节空气调节器阀门可以控制火焰的大小。停止使用时，挂式酒精喷灯关紧调节器即可使灯熄灭，同时酒精储罐的下口开关也应关闭。座式酒精喷灯熄灭时需用盖板将灯焰盖灭，或用湿抹布将其闷灭。

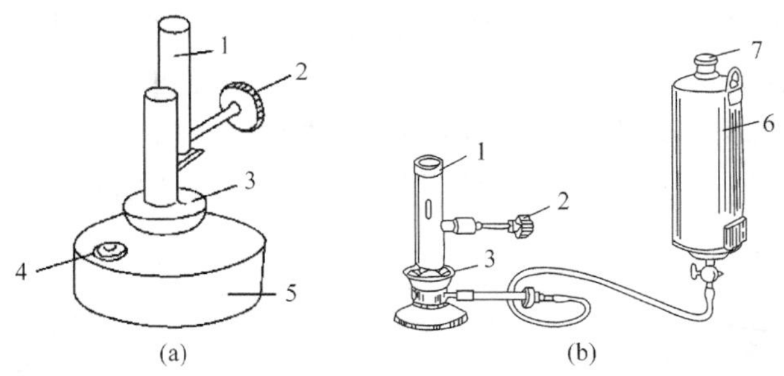

图 2-5　座式(a)和挂式(b)酒精喷灯

1. 灯管；2. 空气调节器；3. 预热盘；4. 铜帽；5. 酒精壶；6. 酒精储罐；7. 盖子

酒精经喷灯出口处燃烧后，若供氧不足火苗呈黄色，这时火焰温度约 600℃，称为还原焰，俗称“文火”，可用来对玻璃预热和退火。调节空气量的大小可以改变火焰的温度，要拉制的玻璃管在文火中预热后，一般放在火焰高度的 2/3 处即氧化焰中加热，使玻璃管受热均匀且加快变软。加工好的玻璃仪器内不会产生应力，若不经退火会自然爆裂，一般要在文火中退火以消除应力，再将其放在石棉网上慢慢冷却。

长时间不用的酒精喷灯在使用前最好用通针将喷火孔扎通。酒精喷灯用毕关火后，小心不要立即用手接触以免烫伤。挂式酒精喷灯不点燃时必须关好酒精储罐的开关。座式酒精喷灯不能连续使用半小时以上，使用到半小时应暂时熄灭酒精喷灯，待冷却、添加酒精后，再继续使用。

3) 煤气灯

煤气灯的式样较多，构造原理基本相同。常用的煤气灯如图 2-6 所示，由灯管和灯座两部分组成，灯管与灯座通过螺纹相连。灯管下端有几个圆孔，为空气入口，旋转灯管，可根据圆孔的开启程度调节空气的进入量。灯座的侧面有煤气入口，煤气进入量可通过螺旋针阀进行调节。

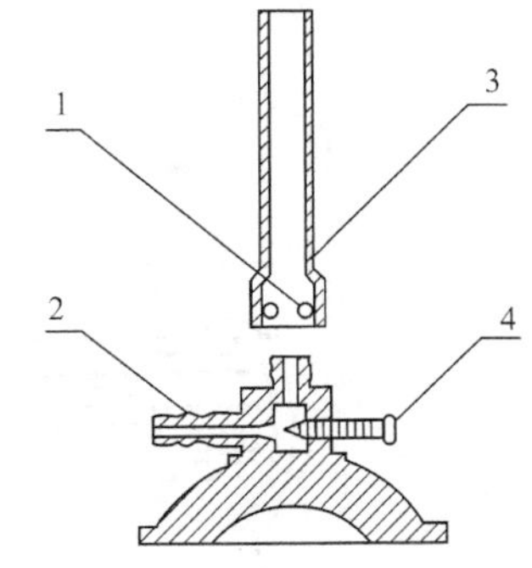

图 2-6　煤气灯

1. 空气入口；2. 煤气入口；3. 灯管；4. 螺旋针阀

使用煤气灯时，先旋转灯管，关小空气入口，再点燃火柴，打开煤气开关，在接近灯管口处将煤气灯点燃；然后旋转灯管，逐渐加大空气进入量至火焰成为正常火焰。加热完毕，关闭煤气开关。煤气和空气比例合适时，煤气燃烧完全，这时的火焰称为正常火焰。正常火焰分为三层，内层为焰心，呈黑色，煤气与空气发生混合，但并未燃烧，因而温度最低；中层为还原焰，煤气燃烧不完全，火焰为淡蓝色，温度不高；外层为氧化焰，煤气燃烧完全，火焰为淡紫色，温度最高，通常可达 800～900℃。实验时一般使用氧化焰加热。

当空气或煤气的进入量调节不当时，会产生不正常的火焰，或火焰脱离灯管管口而临空燃烧，或煤气在灯管内燃烧产生细长火焰。如果出现这些现象，应立即关闭煤气，重新调节和点燃。

4) 水浴锅

加热温度不超过 100℃时，可用水浴加热，一般在水浴锅(图 2-7)中进行。有的水浴锅只有一个孔，有的具有多个孔，可以同时对多个仪器进行加热。每个孔上盖有一组不同口径、可以移动的金属圈，可以根据受热仪器的大小选用相应大小的金属圈。有的水浴锅本身可以直接通电加热，具有恒温作用，有的本身不能加热，需要放置在其他加热器具上。

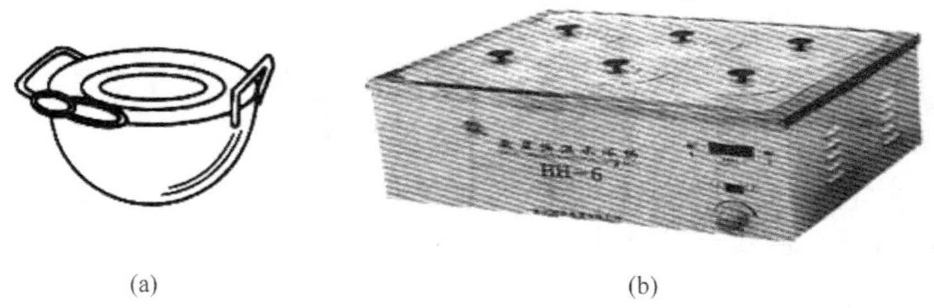

(a) (b)

图 2-7 普通单孔水浴锅(a)和电热恒温六孔水浴锅(b)

使用时，锅内盛水量不超过其容积的 2/3，受热仪器悬置在水中，不能触及锅底或锅壁，浴面应高于器皿内液面。有时为了方便，可用较大的烧杯(相比受热的试管、锥形瓶、烧杯而言)代替水浴锅。长时间加热时，要注意向水浴锅内补充适量的水以免烧干。

5) 磁力搅拌加热器

磁力搅拌加热器(图 2-8)中包含可旋转的磁铁和可调功率的电热丝，既具有加热功能，也具有搅拌功能。当反应体系中放置聚四氟乙烯等材料包裹的磁棒(搅拌子)时，通过控制磁铁的转速可以在反应体系中产生不同强度的搅拌作用。多数磁力搅拌加热器通过内置继电器具有恒温功能，是实验室小规模反应最常用的恒温加热搅拌装置。

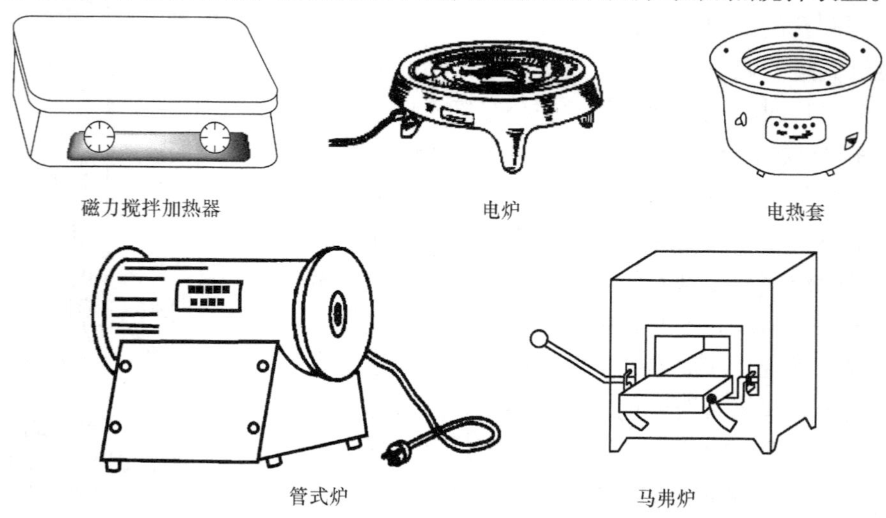

图 2-8 几种电加热仪器

6) 电炉

电炉(图 2-8)使用盘绕在耐火炉盘中的电炉丝通电加热，有 500W、800W、1000W 等规格，可以通过外接变压器调节加热温度，有的电炉本身设置有调节功率的功能。使用电炉时一般需在受热容器和电炉之间放置石棉网以使加热均匀，连续使用时间不宜过长，否则会缩短电炉寿命，耐火炉盘的凹渠中要经常保持清洁，及时清除烧灼焦煳杂物(断电操作)，电源电压与电炉额定电压要相符。

7) 电热套

电热套(图 2-8)有 50mL、100mL、250mL、500mL、1000mL 等规格，是专为加热圆底容器而设计，电热面为凹的半球面的电加热设备。使用时应根据圆底容器的大小选用合适的型号。有的电热套还具备磁搅拌功能。最高加热温度可达 450～500℃。

8) 管式炉

管式炉(图 2-8)有一管状炉膛，利用硅碳棒或电热丝加热，在炉膛中插入一根石英管或瓷管，管内放入盛有反应物的瓷舟，加热温度可调节，温度可达 1000℃以上。反应物可以在空气或其他气氛中加热反应。一般用来焙烧少量物质或对加热气氛有一定要求的试样。

9) 马弗炉

马弗炉(图 2-8)有一个长方形的炉膛，打开炉门就能放入要加热的器皿。马弗炉也是利用硅碳棒或电热丝加热，温度可达 1000℃以上。管式炉和马弗炉不能用水银温度计测量温度，应使用热电偶温度计。

10) 微波炉

微波炉采用特殊的电能加热方式，不同于其他用电直接加热的器具。工作时，微波炉的主要部件磁控管辐射出微波，在炉内形成微波能量场，并以每秒24.5亿次的速度不断地改变正、负极性。当待加热物体中的极性分子吸收微波能后，也以高频率改变方向，使分子间相互碰撞、挤压、摩擦而产生热量，将电磁能转化成热能。因此，微波炉工作时本身不产生热量，而是待加热物质吸收微波能后，内部的分子相互摩擦而自身发热，简单地讲是摩擦生热。微波是一种高频率的电磁波，具有反射、穿透、吸收三种特性。微波碰到金属会被反射回来，而对一般的玻璃、陶瓷、耐热塑料、竹器、木器则具有穿透作用。微波炉加热有快速、能量利用率高、被加热物体受热均匀等优点，缺点是不能恒温，不能准确控制所需的温度，只能通过实验确定微波炉的功率和加热时间，以达到所需的加热程度。

2. 加热方法

1) 直接加热

在较高温度下不分解的液体或固体可以采用直接加热的方法。一般将装有液体或固体的容器放在石棉网上，用酒精灯、煤气灯、电炉等加热，也可直接放在电热套中加热。加热时应注意以下几个问题：

(1) 加热玻璃仪器中的物质时，应先将仪器外面的水擦干，避免仪器炸裂。

(2) 试管可以直接在明火火焰上加热，试管夹要夹持在离管口 1/3 处，先预热试管的中下部，再集中加热物质所在位置。对试管中的液体加热时，液体体积最好不要超过试管体积 1/3，并使试管倾斜一定角度(45°左右)，以增大受热面积和受热均匀程度，但试管口不要对着自己和其他人，以防液体暴沸伤人。液体沸腾后要不时地让试管离开火源，以防止暴沸。在试管中加热固体药品时管口应稍向下倾斜，以防止凝结在管壁的水倒流入试管的底部引起试管炸裂(图 2-9)。

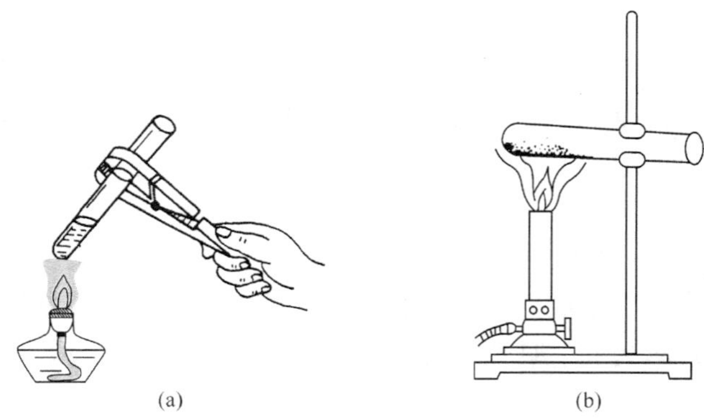

图 2-9　液体(a)和固体(b)在试管中的加热

(3) 其他允许加热的玻璃仪器(如烧杯、锥形瓶、烧瓶)用明火加热时，应垫上石棉网，使其受热均匀，液体量不能超过容器容积的 1/2。

(4) 蒸发皿可以放在三脚架或铁圈上直接用明火加热。当固体需要高温加热时，可将固体放在坩埚中用酒精喷灯、煤气灯、电炉或马弗炉进行灼烧。用酒精喷灯或煤气灯灼烧时，要将坩埚放置在泥三角和铁圈上，先用小火烘烤坩埚使其受热均匀，然后再加大火焰灼烧(图 2-10)。移取高温的坩埚时，必须使用干净的坩埚钳。先在火焰旁预热一下钳的尖端，再去夹取。坩埚钳用后，应将尖端向上放在桌上(如果温度高，应放在石棉网上)。

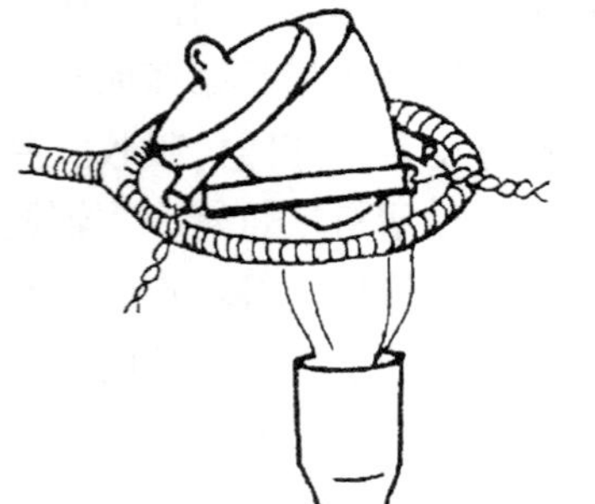

图 2-10　固体在坩埚中的灼烧

(5) 加热后的器皿不能立即放在湿的或过冷的地方，以免因收缩不均匀而破裂。高温下灼烧过的坩埚更要注意，应先放在石棉网或耐火砖上冷却。容易吸潮的样品要放入干燥器中冷却，这时干燥器应不时地稍微放气，以免内部形成负压。

2) 间接加热

当被加热的物体要求受热均匀且要保持在一定的温度范围内时，可用各种热浴间接加热。如果需要温度不超过 100℃时，可用水浴加热；如果温度需要高于 100℃时，可用油浴或沙浴加热；要在不超过 100℃的情况下温和地对水溶液加热浓缩，则可以用蒸汽浴。溶剂是有机溶剂时，可以用蒸馏或旋转蒸发的方法进行溶液的加热浓缩。

(1) 水浴加热。

在水浴锅(或烧杯)中加入约为其容积 2/3 的水，用灯焰或电炉加热水至所需温度，将盛有待加热液体的容器悬置于水中加热。

带有温度控制装置的电热恒温水浴锅，锅内底部金属盘管内装有电热丝，中间装有一多孔隔板，使用时电热丝加热，可将多个受热器皿置于水中隔板上。在加热过程中要注意随时补充水分，切忌烧干。

(2)蒸汽浴加热。

水浴加热时，溶液体积一般没有明显减少。如果需要对溶液进行加热蒸发浓缩，并且温度不超过 100℃，则可以用水蒸气进行加热，称为蒸汽浴。一般做法是将待浓缩溶液放入蒸发皿，搁在水浴锅(或合适大小的盛水烧杯)上，加热使水沸腾，使滚烫的水蒸气与蒸发皿底部充分接触。

对表面有水分的固体进行比较温和的干燥处理时，也可以使用蒸汽浴对盛有湿润固体的蒸发皿进行加热。

(3)油浴加热。

用油代替水浴中的水就是油浴，适用的加热温度与所用油料有关。甘油和邻苯二甲酸二丁酯适用于加热到 140～150℃，温度过高容易分解。液体石蜡可加热到 220℃，温度过高虽不易分解，但容易燃烧。固体石蜡也可以加热到 220℃，由于它在室温时是固体，因此便于保存，但使用完毕后，必须在冷却凝固前先取出浸在油浴中的容器。硅油和真空泵油虽然价格相对较高，但在 250℃以上相当稳定，是比较理想的浴油。

(4)沙浴加热。

加热温度在 100℃以上时，有时使用沙浴加热。在铁盘中放入清洁干燥的细沙，把盛有反应物的容器放入沙中，在铁盘下用电炉或煤气灯加热。由于沙子对热的传导能力较差，散热快，所以容器底部的沙子要薄一些，容器周围的沙层要厚一些。尽管如此，沙浴的温度仍不易控制，所以使用较少。

2.5 冷　　却

冷却是与加热相反的操作，实施起来相对容易，可以根据需求采用不同的冷却方法。

1. 自然冷却

热的物品可在空气中放置一定时间，使其自然冷却至室温。

2. 自来水冷却

将需冷却的物品用自来水(流)冷却。

3. 冰水冷却

将需冷却的物品直接放在冰水中，冷却到 0℃。

4. 冷冻剂冷却

最简单易得的冷冻剂是冰盐混合物，形成多种冰盐浴。例如，100g碎冰与30g NaCl混合，温度可降至−20℃。10 份六水合氯化钙($CaCl_2 \cdot 6H_2O$)结晶与 7～8 份碎冰均匀混合，温度可达−40～−20℃。干冰(固体 CO_2)与适当的有机溶剂混合，可达到更低的温度。例如，干冰与乙醇的混合物可达−72℃，干冰与乙醚、丙酮或氯仿的混合物可达到−77℃以下。液氮制冷温度低至−196℃(77K)。为了较长时间保持低温，要选择绝热较好的容器，如杜瓦瓶等。

5. 冰箱冷却

将需冷却的物品直接放进冰箱的冷藏或冷冻箱中冷却。

6. 回流冷凝

化学反应需要使反应物在较长时间内保持沸腾才能完成时，为了防止反应物以蒸气形式逸出，常用回流冷凝装置使蒸气不断地在冷凝管内冷凝成液体，返回反应器中。为了防止空气中的水汽侵入反应器或反应放出有毒气体，可在冷凝管上口连接干燥管或气体吸收装置。

2.6 试剂取用

化学实验室里有各种试剂，不同形态的试剂取用方法也是不同的，但都要遵守一些共同的规则：

(1)不能将试剂与手直接接触。

(2)取用试剂的工具(如药匙、量筒、滴管等)必须洁净，不允许用同一种工具连续取用多种试剂。药匙必须洗净、擦干后，方可取用另一种固体试剂。每种液体试剂一般应使用专用工具取用。

(3)直接从试剂瓶倒出试剂时，应将瓶上标签朝向手心。

(4)打开试剂瓶瓶盖取用试剂时，应将瓶盖倒置在桌面上，防止沾污瓶盖，取用后一定要及时将瓶盖盖紧，一方面防止试剂与空气中的氧气或二氧化碳等发生反应，另一方面防止瓶盖放在其他试剂瓶上，张冠李戴。用完后将试剂瓶放回原处。

(5)根据实际需要酌量取用试剂，不要多取，已取出的试剂一般不能再放回原试剂瓶内，可将多余的试剂放入指定回收容器。

(6)取用挥发性强或毒性大的试剂时要做好必要的防护措施。例如，在通风橱内进行，戴好口罩、手套等。

下面介绍取用固体或液体试剂时分别要注意的一些其他规则。

1. 固体试剂取用

取用固体试剂时，一般使用洁净的药匙，或者直接将固体从试剂瓶小心倒出。如果试剂是块状固体，先倾斜容器，把固体轻放在容器内壁，使其慢慢滑落到容器底部。若容器口径较小，可以先把药品放在研钵中研细，然后放入容器。

粉末药品可直接放入容器中。若容器口径较小，不便直接放入时，可以先把药品放在一张折成槽状的干净纸条上，再把纸条插入斜放的容器中，使其直立容器，用手指轻弹纸条，使药品落到容器底部(图 2-11)。

2. 液体试剂取用

取用较大量的液体试剂时，可从试剂瓶直接向容器(烧杯、试管、量筒等)倾注，一手持容器并使其略微倾斜，另一手持试剂瓶缓缓倒出试液。取出所需量后，将试剂瓶口在容器上靠一下，再逐渐竖起瓶子，以免遗留在瓶口的液体滴流到瓶的外壁。反应容器不便倾斜时，也可以使用洁净的玻璃棒导流，如图 2-12 所示。

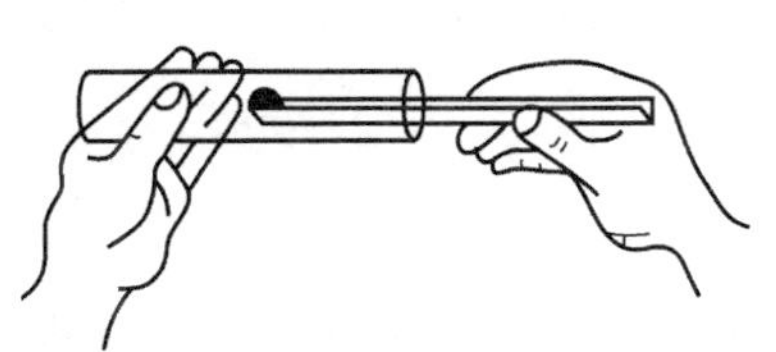

图 2-11　粉末试剂移入试管

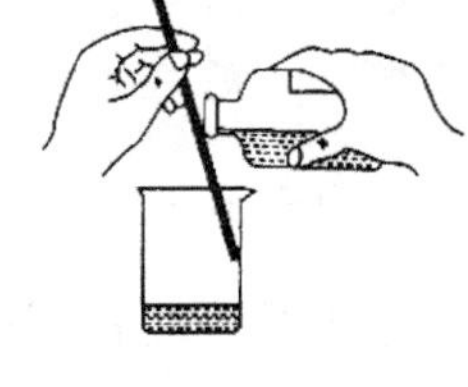

图 2-12　倾注液体

如需少量液体试剂，则可用滴管取用。使用滴管时，先用手指紧捏滴管上部的乳胶头，赶走其中的空气，使形成负压，然后松开手指，吸入试液。将试液滴入试管等容器时，应当将滴管的尖端垂直放在容器上方滴加，不得使滴管碰到容器内壁，一般也不要插入容器内部，以免滴管沾染反应物并带进滴瓶中(图 2-13)。一般的滴管一次可取 1mL，约 20 滴试液(具体数值与滴管大小、口径等有关)。滴管用过后，应立即放回原滴瓶，切忌随意乱放！滴管不能平握或倒置，以免试液流入乳胶头。

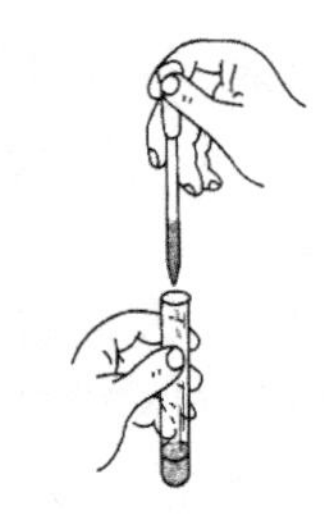

图 2-13　向试管中滴加液体试剂

如果需要更准确地量取液体试剂，可用后面介绍的仪器——滴定管和移液管等。

2.7　称　　量

做化学实验要经常关注反应试剂和产物的质量，配制溶液、定量分析等也离不开称量操作。有多种称量仪器可以适应不同质量精度的要求。现在多采用方便易用的电子天平(电子秤)，但经常也会用到传统的台秤。

1. 台秤

台秤(图 2-14)又称为托盘天平、药物天平，一般能称准到 0.1g，适用于精度要求不是很高的称量。

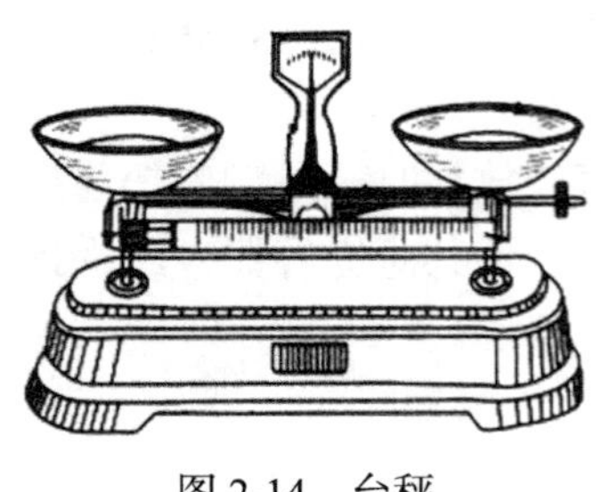
图 2-14 台秤

在使用台秤前，将刻度尺上的游码拨至零处，如果指针不在标尺的中间位置，则应调节托盘下面平衡螺丝使其处于中间位置，即零点调节。

称量时，物品放在左盘，砝码放在右盘。称量药品时，药品不能直接放在托盘上，应将其放在称量纸或表面皿上称量，或者直接放进反应容器(烧杯、锥形瓶、烧瓶)中称量，注意不得使用滤纸称量，避免浪费。具有腐蚀性、强氧化性或易潮解的固体试剂一般不在纸上称量，而是直接放在容器内称量。

用镊子夹取砝码，加砝码时应先加大砝码再加小砝码，最后以游码调节至指针在标尺左右两边摆动的格数相等为止。台秤的砝码和游码读数之和即为被称物品的质量。

记录时保留小数点后 1 位。称量完毕，用镊子将砝码夹回砝码盒，游码回零，并将托盘放在一侧。

2. 电子天平

电子天平是利用电子装置完成电磁力补偿的调节，使物体在重力场中实现力的平衡，或通过电磁力矩的调节，使物体在重力场中实现力矩的平衡。它一般都具有自动调零、自动校准、自动去皮和自动显示称量结果等功能。电子天平达到平衡时间短，称量快速。有多种规格的电子天平，分别可以称准到 0.01g、0.001g、0.0001g 甚至更高精度。图 2-15 是一种常用电子天平。

电子天平的使用方法一般如下：

(1) 开机：首先调节天平的水平，然后接通电源，再按 ON 键开机，稳定后天平显示 0.0000g。

(2) 校准：天平开机稳定后，按校准(CAL)键，再将校准砝码放入称盘中央，天平显示 0.0000g 后移去校准砝码，天平再次显示 0.0000g，完成校准即可正常称量。

(3) 去皮：当需把天平称盘上的被称物体(称量纸或容器)的质量显示清零时，只要按清零(TARE)键即可，天平显示 0.0000g。

(4) 天平读数：将被称物体轻放入称盘中央，显示屏上的数字不断变化，待数字稳定后，显示值即为被称物体的质量。

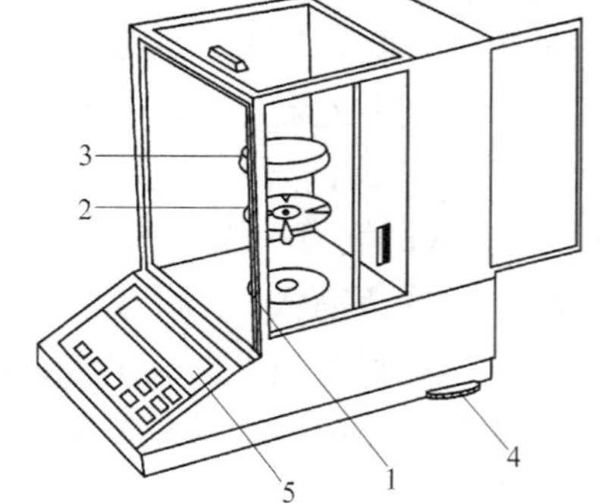

图 2-15 电子天平

1. 水平仪；2. 托盘；3. 称盘；4. 水平调节脚；5. 显示屏

2.8 容量仪器使用

量取、测量液体试剂的体积是化学实验必不可少的操作，要用到各种容量仪器(量器)。量器通常分为两类，一类是量出式量器，如量筒、滴定管、移液管等，在外壁上标注 Ex 字样，用于量取从其中放出的液体的体积；另一类是量入式量器，如容量瓶等，用于测量注入量器中的液体的体积，外壁上标注 In。

1. 量筒

量筒是化学实验室中最常用的度量液体体积的器皿，与移液管、滴定管相比，其准确度较低。它具有各种不同的容量，可根据量取液体的量选用大小合适的量筒。但是量筒不能加热，不能量取热液体，也不能用作反应容器。

读取量筒上的刻度数值时，眼睛应当平视，与液体的凹液面最低点处于同一水平线上，否则会引起体积的误差(图 2-16)。

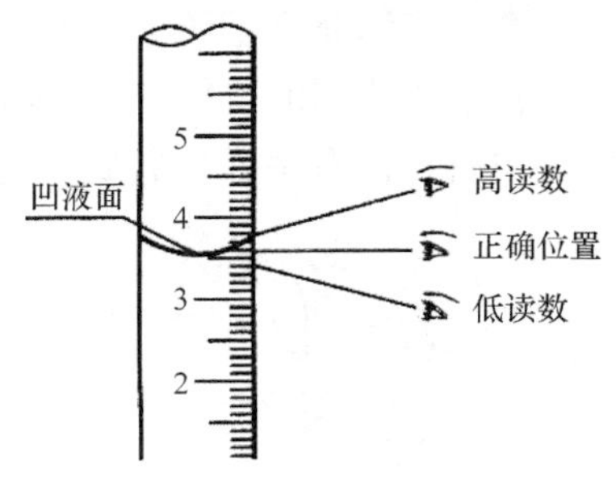

图 2-16　量筒读数

2. 移液管

移液管又称吸管，是准确移取一定体积液体的量器。玻璃移液管分为单标(胖肚)移液管和刻度移液管(又称吸量管)两种。前者的中间有一膨大部分，上下两段细长，上端刻有环形刻度标线，只能准确移取刻度规定体积的液体。后者具有分刻度，可以吸取标示范围内所需任意体积的溶液，但准确度不如前者。

移液管使用前首先要洗涤干净，使管内壁和其下部的外壁不挂水珠。外壁擦干，用滤纸片将移液管尖嘴内外的水轻轻拭去。将被移取的溶液倒出少量至一小烧杯中，然后用该溶液润洗移液管三次，每次润洗时平放移液管并转动，然后从下口放出到废液缸或水池中。

润洗后，用右手大拇指和中指拿住移液管，食指应能方便地堵住上口，左手将洗耳球捏瘪并将其下端尖嘴插入移液管上口，将移液管的下端伸入试剂瓶(或其他容器)内待移取溶液液面下 1～2cm 深处(切勿过浅！否则会产生空吸，溶液进入洗耳球)。慢慢放松洗耳球，使溶液吸入管中，如图 2-17(a)所示。当溶液上升到高于标线时，移去并放下洗耳球，右手食指迅速按紧管口。取出移液管，用滤纸片除去管外壁沾附的溶液，左手提起试剂瓶并略倾斜，移液管则保持竖直，管尖嘴靠在试剂瓶液面以上的内壁上。小心放松食指，用拇指和中指转动移液管，使液面逐渐下降，直到溶液凹液面与标线相切时(眼睛须与标线平视)，食指立即压紧管口，不让溶液再流出。取出移液管插入接收容器中，移液管竖直，管尖嘴靠在倾斜的接收容器(容量瓶、锥形瓶、烧杯等)内壁上，松开食指，让溶液自

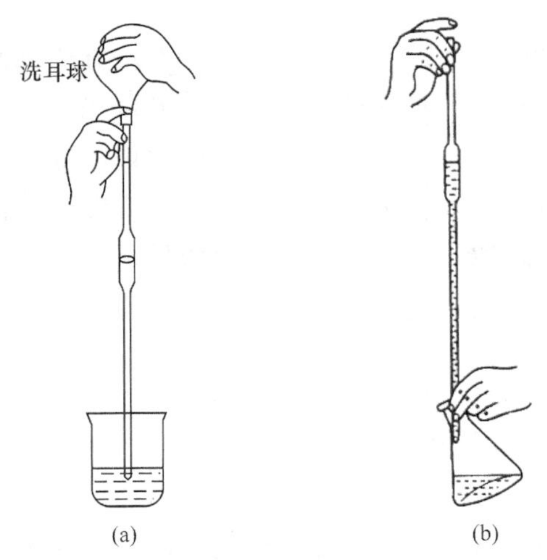

图 2-17　移液管吸取溶液(a)和放出溶液(b)

由流出[图2-17(b)]，全部流出后再停顿约15s，取出移液管。勿将残留在尖嘴末端的溶液吹入接收容器中，因为校准移液管时，没有把这部分体积计算在内。个别移液管上标有“吹”字的，可把残留管尖的溶液吹入容器中。

3. 容量瓶

容量瓶主要是用来配制准确浓度的溶液。容量瓶的瓶颈上刻有环形标线，表示在所指温度下液体充满至该标线时的容积。

容量瓶使用前要检查是否漏水，其方法是将容量瓶注入1/2自来水，盖好瓶塞，左手顶住瓶塞，右手托住瓶底，将容量瓶倒立1～2min，观察瓶塞周围是否有水渗出，如果不漏水，则可使用。

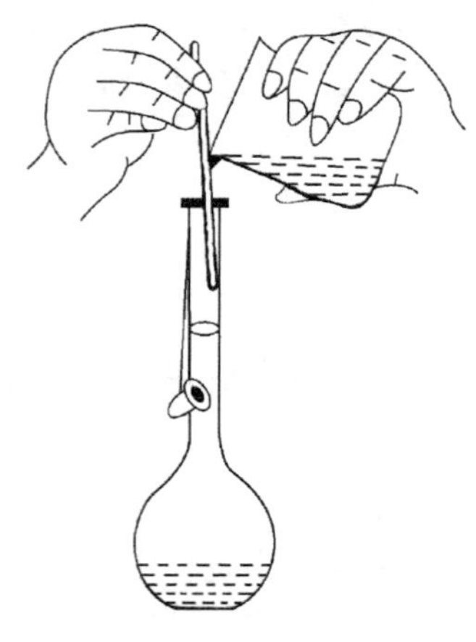

图2-18 向容量瓶转移溶液

用固体试剂配制溶液时，先将准确称量的试剂放在小烧杯中，加适量溶剂(去离子水或有机溶剂)搅拌溶解。如果难溶，可盖上表面皿微热，放冷后沿玻璃棒把溶液转移至容量瓶中(图2-18)，然后用少量溶剂淋洗杯壁三四次，每次的淋洗液按同样操作方法转移至容量瓶中。当溶液达到容量瓶容积的2/3时，应将容量瓶沿水平方向摇晃使溶液初步混匀，再加水至接近标线后，用滴管滴加溶剂至溶液凹液面最低点恰好与标线相切。盖紧瓶塞，将容量瓶边倒转边摇动，如此反复多次，使瓶内溶液充分混合均匀。

容量瓶不宜长期存放溶液，如果需要存放溶液时，应将溶液转移至试剂瓶中储存。

2.9 固体溶解

将固体物质溶解于某一溶剂中，制备成溶液的过程称为溶解。溶剂、温度和搅拌对溶解都有影响，因此溶解固体时要选择适当的溶剂。根据物质对热的稳定性选用直接加热或水浴加热，加热一般可加速溶解过程。搅拌也会加速溶解过程，通常采取手动搅拌的方式，即手持搅拌棒(常用玻璃棒)并转动手腕，使搅拌棒在液体中均匀地转圈，尽量不要使搅拌棒碰在器壁上发出声音，否则会刮花器壁，损坏容器；也可以使用磁力搅拌器，比较温和又持续地自动搅拌。固体和溶剂较多时，使用磁力搅拌器可以持续而更强力地搅拌。

2.10 结晶与重结晶

晶体从溶液中析出的过程称为结晶。可以通过蒸发溶剂、降低溶液温度、加入不良溶剂等方法使溶液达到过饱和，从而使晶体析出。溶解度随温度改变而显著减小的物质可使用降温冷却的方法结晶；溶解度随温度变化不大的物质可以使用蒸发溶剂的方法，或者使用加入不良溶剂的方法使溶质结晶出来。

晶体的大小与溶质的溶解度、溶液浓度、冷却速度等因素有关。溶液的饱和程度较低，结晶的晶核少，晶体易长大。溶液饱和程度较高，结晶的晶核多，晶体快速形成，得到的是细小晶体。实际操作中，根据需要控制适宜的条件以得到合适的晶体。

如果第一次结晶所得物质纯度不符合要求，可将其溶于尽量少的溶剂中，然后冷却或蒸发、结晶、分离，这个过程称为重结晶。有时需要多次重结晶才能达到高纯度。重结晶是提纯固体物质的常用方法。

2.11　固 液 分 离

在实验中常需要进行沉淀与溶液的分离，分离方法主要有倾析、过滤、离心分离等。

1. 倾析

当沉淀的相对密度较大或晶体颗粒较大，沉淀很容易快速沉降到容器底部时，可用倾析法(倾滗法)进行固液分离。

倾析法的操作方法是待沉淀完全沉降后，用一根干净的玻璃棒在容器上引流，将上层清液慢慢地倾入另一容器中。如果需要洗涤沉淀，则另加适量溶剂搅拌均匀，静置沉降后再倾析，如此反复 3 次以上，可将沉淀洗净，如图 2-19 所示。

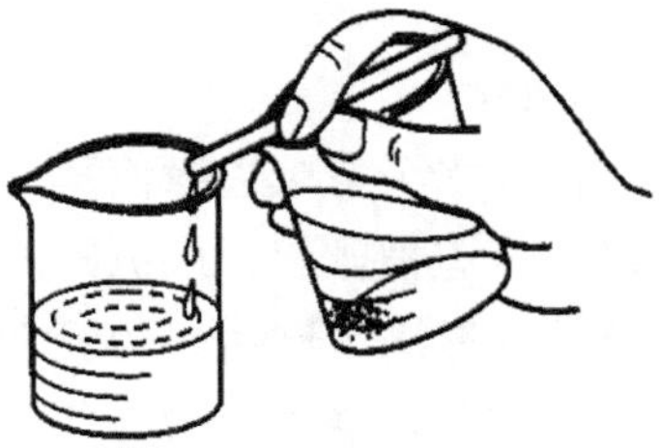

图 2-19　倾析法

2. 过滤

过滤是固液分离最常用的方法。溶液的黏度、温度、过滤时的压力、过滤器孔径的大小和沉淀物的状态都会影响过滤的速度和分离效果。溶液的黏度越大，过滤越慢；热溶液比冷溶液容易过滤；减压过滤比常压过滤快；过滤器的孔径要合适，孔径太大会使沉淀透过，太小则易被沉淀堵塞，使过滤难以进行。沉淀呈胶状时，需加热陈化，使颗粒增大后方可过滤，以免沉淀透过滤纸。总之，要考虑各方面的因素选用合适的过滤方法。

经常使用以下三种过滤方法：常压过滤、减压过滤和热过滤。

1) 常压过滤

常压过滤通常是用滤纸和圆锥(三角)玻璃漏斗进行过滤，玻璃漏斗的角度约为 60°，如图 2-20 所示，大致操作方法如下。

(1) 准备：先把圆形滤纸对折两次(暂不折死)，从三层滤纸一边的下面两层撕去一小角，放入漏斗中，使滤纸的圆锥面与漏斗相吻合。再用手指轻压滤纸中三层的一边，用少量水润湿，轻压滤纸，使其紧贴漏斗壁，赶尽气泡。一般滤纸边缘应低于漏斗边约 0.5cm。

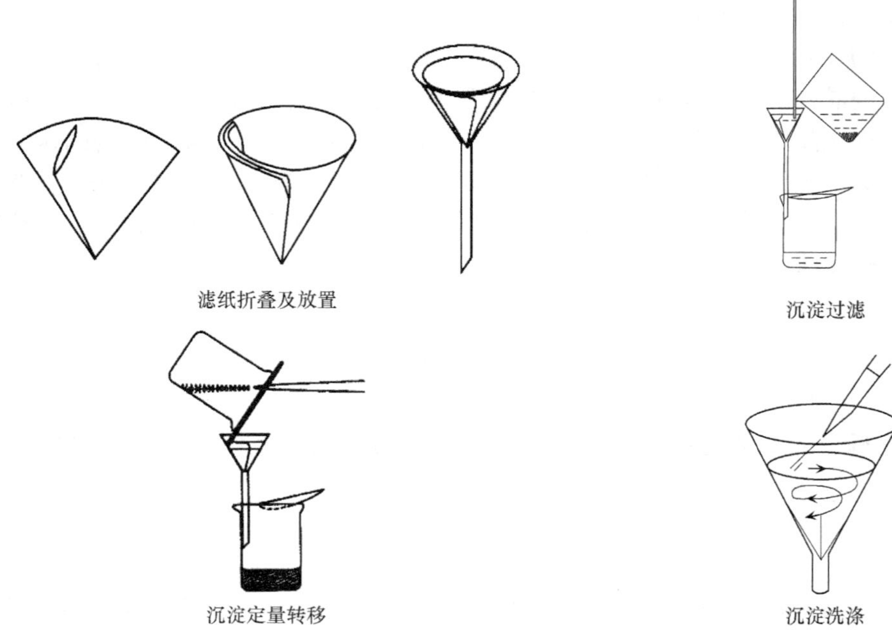

图 2-20　三角漏斗常压过滤

再加水至滤纸边缘使其形成水柱。如果不能形成完整的水柱，一边用手指堵住漏斗下口，一边稍掀起三层侧的滤纸，用洗瓶在漏斗和滤纸之间加水，使漏斗颈和锥体的大部分被水充满，然后一边轻轻按下掀起的滤纸，一边断续放开堵在出口处的手指，即可形成水柱。将准备好的漏斗安放在漏斗架上，盖上表面皿，下接烧杯，烧杯的内壁与漏斗出口尖处接触，然后开始过滤。

(2) 过滤：在漏斗上将玻璃棒从烧杯中慢慢取出并直立于漏斗中，下端对着三层滤纸处，尽可能靠近，但不碰到滤纸。将上层清液沿玻璃棒加入漏斗，漏斗中的液面至少比滤纸边缘低 0.5cm。上层清液过滤完后，用少量洗涤液吹洗玻璃棒和杯壁并进行搅拌，上层溶液澄清后，再按上法滤去清液。反复用洗涤液洗两三次，使杯壁的沉淀洗下，而且使烧杯中的沉淀得到初步的洗涤。

用洗涤液冲下杯壁和玻璃棒上的沉淀，再把沉淀搅起，将悬浮液小心转移到滤纸上，如此反复几次，尽可能地将沉淀转移到滤纸上。烧杯中残留的少量沉淀，则用左手将烧杯倾斜放在漏斗上方，杯嘴朝向漏斗，用左手食指按住架在烧杯嘴上的玻璃棒上方，其余手指拿住烧杯，杯底略朝上，玻璃棒下端对准三层滤纸处，右手取洗涤剂冲洗杯壁上所黏附的沉淀，使沉淀和洗涤剂一起顺着玻璃棒流入漏斗中，使沉淀全部定量转移到滤纸上。

(3) 沉淀全部转移到滤纸上后，应进行洗涤，目的在于将沉淀表面所吸附的杂质和残留的母液除去。洗涤剂用量以“少量多次”为原则，每次螺旋形往下洗涤时，洗涤剂用量要少，便于尽快沥干，沥干后再洗涤，如此反复多次，直至沉淀洗净为止。

2）减压过滤

减压过滤又称抽滤或吸滤，是采用真空泵（水泵、油泵、隔膜泵等）抽气使过滤器两边产生压差而快速过滤的方法。过于细小的颗粒沉淀会堵塞滤纸孔而难于过滤，胶状沉淀会透过滤纸且堵塞滤纸孔，它们都不适合用这种过滤方法。常见的减压过滤装置如图 2-21 所示，要用到布氏漏斗、抽滤瓶，以及减压用的抽气泵（常用循环水泵），为了防止倒吸，有时在抽滤瓶和抽气泵之间还使用安全瓶。操作方法如下：

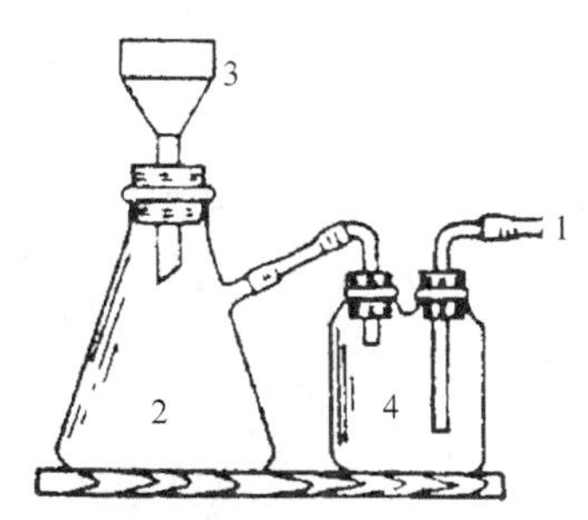

1. 接抽气泵；2. 抽滤瓶；3. 布氏漏斗；4. 安全瓶

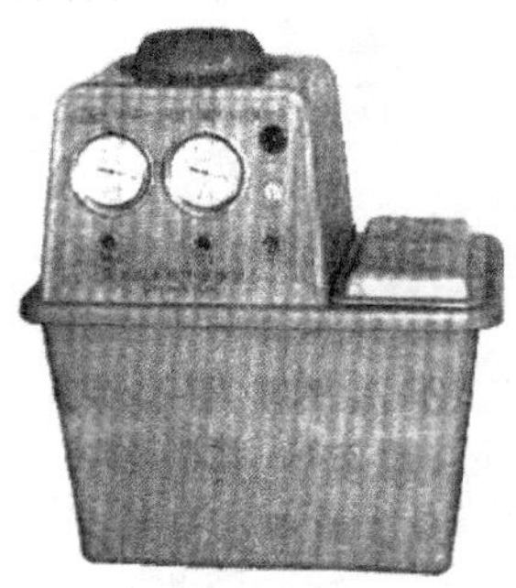

循环水泵

图 2-21　常见的减压过滤装置

（1）准备：将滤纸剪成比布氏漏斗略小但又能盖住瓷板上所有小孔的圆形，铺在瓷板上，滤纸边缘不能卷曲，润湿滤纸，打开抽气泵，使滤纸紧贴在瓷板上。

（2）抽滤：将布氏漏斗插入抽滤瓶，与抽气泵连接。当待过滤溶液量较多时，为加快过滤速度，先不要搅动溶液，将上层较清溶液大部分转移至布氏漏斗中，漏斗中溶液的量一般不超过其容量的 2/3，然后搅动溶液，连沉淀一起转入漏斗，抽滤至干。如果滤液过多，有可能超过抽滤瓶支管口时，应注意适时拔掉抽滤瓶上的橡皮管，取下漏斗，把抽滤瓶的支管口向上，从抽滤瓶上口倒出滤液，再继续过滤。用滤液（母液）将沉淀完全转移至漏斗中。至少抽滤至没有液滴从漏斗下口流下。

（3）洗涤：洗涤沉淀时，先减小或停止抽气，往漏斗中加入少量洗涤液，使其缓缓通过沉淀，充分接触，然后抽干，再加入洗涤液洗涤，反复数次。注意洗涤时不要让滤纸泛起。停止抽滤时，先拔掉抽滤瓶支管上的橡皮管，再关闭抽气泵，防止水倒吸。

3）热过滤

如果溶质的溶解度明显地随温度的降低而降低，但又不希望在过滤过程中析出晶体，可采用热过滤，使用热滤漏斗（保温漏斗）。热滤漏斗由金属套内加一个长颈玻璃漏斗组成，见图 2-22。使用时将热水（通常是沸水）倒入金属套的夹层内，加热侧管（如滤液溶剂易燃，过滤前务必将火熄灭）。玻璃漏斗中放入滤纸，如果用折叠滤纸（或称菊花滤纸，图 2-23）过滤速度更快，热过滤效果更好。用少量热溶剂润湿滤纸，立即把热溶液分批倒入漏斗，不要倒得太

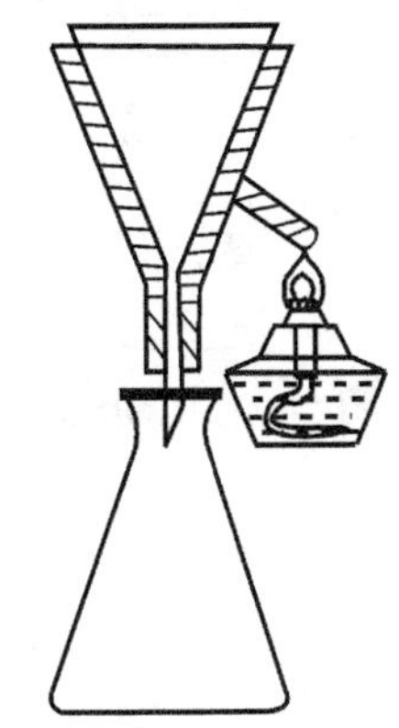

图 2-22　热过滤

满，也不要等滤完再倒，尚未加入的溶液和保温漏斗都用小火加热，保持微沸。热过滤时一般不要用玻璃棒引流，以免加速降温，接收滤液的容器内壁不要贴紧漏斗颈，以免滤液迅速冷却析出的晶体沿器壁向上堆积而堵塞漏斗下口。进行热过滤操作要求准备充分，动作迅速。

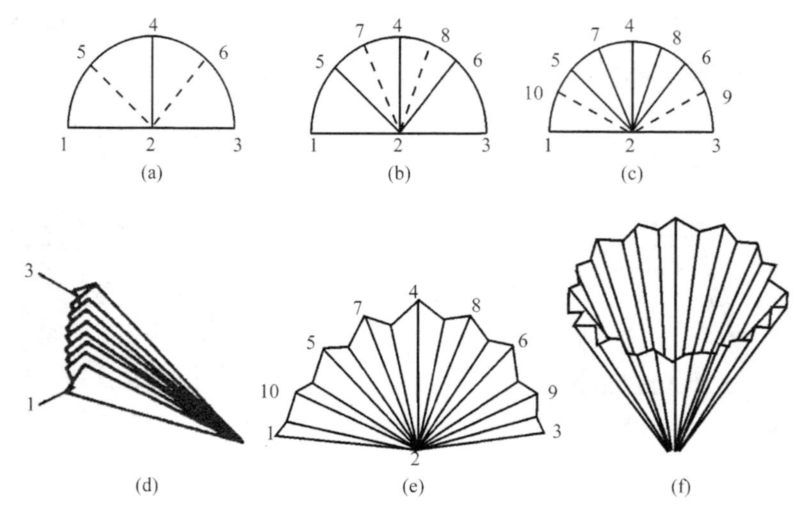

图 2-23　菊花滤纸折叠方法

(a)将滤纸折成半圆形，再对折成圆形的四分之一，1 对 4 折出 5，3 对 4 折出 6；(b)1 对 6 和 3 对 5 分别再折叠出 7 和 8；(c)3 对 6 和 1 对 5 分别折出 9 和 10；(d)最后在 1 和 10、10 和 5、5 和 7、……、9 和 3 间各反向折叠，稍压紧呈折扇状；(e)打开滤纸，在 1 和 3 处各向内折叠一个小折面；(f)折叠完成的滤纸。注意折叠时，滤纸心处不可折得太重，以免该处破漏。使用时将折好的滤纸打开后翻转，放入漏斗

3. 离心分离

这是利用离心机将少量沉淀和溶液分离的方法，常用的一种电动离心机如图 2-24 所示，其内部可以放置多支离心试管。

离心分离时，将沉淀和溶液一起放入离心试管中，选用大小相同、内装混合物的量大致相等的离心试管，对称地放在离心机套筒内，以保持离心机平衡，然后盖上盖子。启动离心机时，先调到变速器的最低挡，启动后再逐渐加速，2～5min 后逐渐减小转速，或断开电源，使其自然停止。然后轻轻取出试管，不能摇动，用干净的滴管排气后伸入离心管的液面下慢慢吸取清液。如果沉淀需要洗涤时，加入洗涤液，用玻棒搅拌均匀后再离心分离，反复两三次。

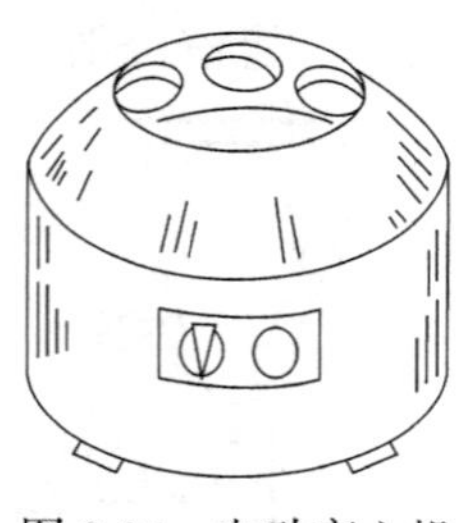

图 2-24　电动离心机

2.12　液 液 萃 取

萃取是提取或纯化化学物质的方法之一，可以从固体或液体混合物中提取出所需要的物质，也可以用来洗去混合物中的少量杂质。通常称前者为“提取”、“抽提”或“萃

取”，后者为“洗涤”。液液萃取是最常用的萃取方法之一，利用物质在两种互不相溶的溶剂中具有固定分配比的特性来达到分离、提取或纯化目的。实验室中常用的液液萃取仪器是分液漏斗。

操作时应选择容积合适的分液漏斗(应使加入液体的总体积不超过其容积的 3/4)，把活塞和塞套擦干，涂以少许润滑剂(如凡士林，涂抹方法同酸式滴定管活塞)，转动活塞使其均匀透明。检查盖子(不得涂油)和活塞是否与漏斗结合严密，以防分液漏斗在使用过程中发生泄漏而造成损失。检查的方法通常是用水试验：在分液漏斗中装入少量水，检查旋塞处是否漏水，将漏斗倒转过来，检查盖子是否漏水，在确认不漏水后方可使用。将分液漏斗放在固定的铁环中，关闭活塞，装入待萃取溶液和萃取溶剂，塞好盖子，以图 2-25 所示的方式握住漏斗振荡，使两相之间充分接触。振荡过程中要使漏斗倾斜至上口低于下口，并将下口朝向无人处，右手捏住上口颈部，用食指根部压住玻璃塞。左手握住活塞，并以拇指和食指捏住活塞柄，握持方式以既要防止振荡时活塞转动或脱落，又便于旋动活塞为准。开始振荡要慢，每摇几次后，将漏斗仍保持倾斜状态，旋通活塞，放出因溶剂挥发或反应产生的气体，通常称为“放气”，这对于低沸点溶剂或有气体生成的萃取过程来说十分重要。反复振荡、放气数次之后，将分液漏斗静置于铁环上，旋转顶端玻璃塞，对好放气孔，使漏斗内部与大气相通，静置分层后，慢慢旋开下端活塞将下层液体自活塞放出。当两相界面接近活塞时，关闭活塞，静置片刻或轻轻振摇并静置分层后，再把下层液体放出。上层液体由上口倒出，切不可经活塞放出，以免被漏斗颈部的下层残液所污染。

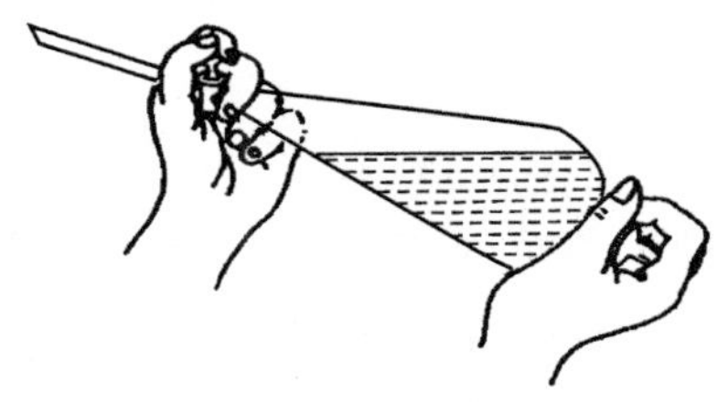

图 2-25　分液漏斗的振荡方法

当萃取过程中出现乳化现象时，可以根据情况分别采取以下方法：较长时间静置；加入少量电解质；碱性物质造成的乳化现象可加入少量稀硫酸或过滤；加入乙醇、碘化蓖麻油等消泡剂。

2.13　蒸　　馏

蒸馏操作是化学实验中常用的实验技术，是将液态物质加热到沸腾变为蒸气，又将蒸气冷凝为液体这两个过程的联合操作，可用于提纯液态试剂、分离液体混合物、回收溶剂和蒸发部分溶剂以浓缩溶液等。蒸馏包括常压蒸馏、水蒸气蒸馏、减压蒸馏、旋转蒸发等方法。下面仅介绍常压蒸馏的操作方法，其他方法留待有机化学实验课中学习。

图 2-26 为使用磨口仪器组装的常压蒸馏基本装置，如果将尾接管的支口连接真空泵，则成为减压装置。一般蒸馏物的体积占蒸馏瓶体积的 1/3～2/3。温度计水银球的上线应和蒸馏瓶支管的下线在同一水平线上。冷凝水从冷凝管外套的下端进入，与馏出蒸气对流进行热交换后，从上端流出。安装顺序一般先从热源开始，由下而上、由左到右依次进行。从正面或侧面观察，各个相关仪器的轴线都要成一直

线或在同一平面内，安装牢固，装置端正。所有的铁夹和铁架调节螺丝都应尽可能整齐地放在仪器的背部。

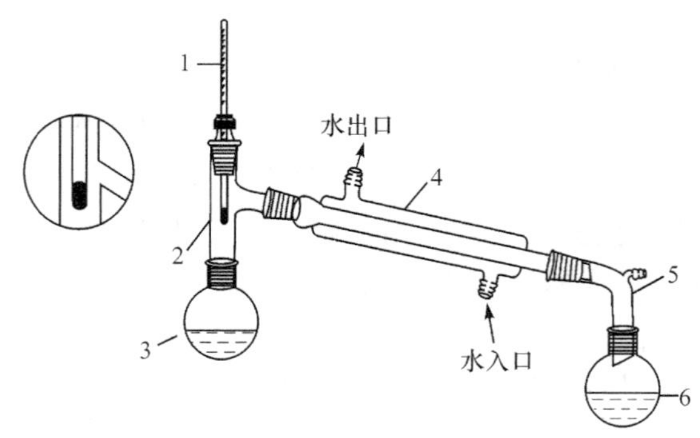

图 2-26　常压蒸馏基本装置

1. 温度计；2. 蒸馏头；3. 蒸馏烧瓶；4. 冷凝管；5. 尾接管；6. 接收瓶

蒸馏沸点差别较大的液体时，沸点较低的先蒸出，沸点较高的随后蒸出，不挥发的留在蒸馏器内，从而达到分离和提纯的目的。为了消除在蒸馏过程中的过热现象和保证沸腾的平稳状态，常在蒸馏前加入多孔性物质如沸石或敲碎成小粒的素烧瓷片，或一端封口的毛细管，或在蒸馏时保持搅拌。

蒸馏前先通入冷却水，再开始加热。刚开始加热速度可以稍快，沸腾后，温度计读数快速上升，这时应调节加热速度，使馏出液的蒸出速度为每秒钟 1～2 滴。当第一滴液体滴入接收器时，记录温度计的读数，并收集沸点较低的前馏分。当温度升高至所需沸点范围并恒定时，用另一接收瓶收集产品，并记录所收集馏分的沸点范围。收集馏分的沸点范围越窄，则馏分的纯度就越高。当温度上升至超过所需范围或烧瓶中仅残留少量液体时，停止蒸馏。先移去热源，待温度降至接近室温时，再关闭冷却水，拆卸仪器。拆除蒸馏装置的顺序与安装顺序相反。

2.14　滴　　定

滴定是对氢离子、氢氧根离子以及其他非金属和金属离子进行定量测定的常用化学分析方法，所用的主要仪器为滴定管。滴定管是滴定时用来准确测量流出的滴定剂体积的量器。常量分析用的滴定管容积一般为 50mL 和 25mL，最小分度值为 0.1mL，读数可估计到 0.01mL。最常用的滴定管分为酸式和碱式两种(图 2-27)。下端装有玻璃活塞的为酸式滴定管(也称具塞滴定管)，用来装酸性、中性或氧化性溶液，不能盛放碱液，磨口玻璃活塞会被碱类溶液腐蚀，放置久了会粘连。下端用乳胶管连接一个带尖嘴的小玻璃管的是碱式滴定管，胶管内有一玻璃球用来控制溶液的流出。碱式滴定管用来装碱性溶液，不能装对胶管有腐蚀作用的液体，如 I_2、$KMnO_4$、$AgNO_3$ 等物质的溶液。近年来发展出聚四氟乙烯酸碱两用滴定管，其形状与酸式滴定管类似，但旋塞是用聚四氟乙烯材料做成的，耐腐蚀，不用涂油，密封性好，除了不用涂油之外，使用方法与酸式滴定管相同。

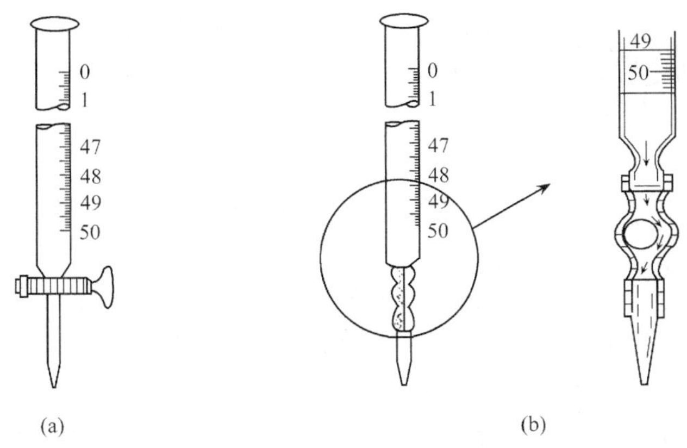

图 2-27　酸式滴定管(a)和碱式滴定管(b)

滴定管要先进行洗涤、检漏，才能装液进行滴定，各步骤要遵守一定的规则。

1. 滴定管洗涤

一般先用洗涤剂洗涤，后用自来水冲洗。如果有明显的油污，则需用洗液洗涤。洗涤碱式滴定管时可将乳胶管内玻璃球向上挤压封住管口，或将乳胶管换成乳胶滴头，再将滴定管逐渐向管口倾斜，并不断旋转，使管壁与洗液充分接触，洗涤后的洗液应倒回洗液瓶中，然后用大量自来水淋洗，最后用去离子水润洗 3 次。

2. 检漏

碱式滴定管漏水可更换乳胶管或玻璃珠，如果酸式滴定管漏水或活塞转动不灵时，应重新涂抹凡士林，然后检查是否漏水。将滴定管注满水，固定在滴定管架上，放置 10min，观察滴定管口、活塞两端等处是否有水渗出，不漏水的滴定管才可使用。

涂油(涂抹凡士林)方法：将酸式滴定管平放于实验台上，取下活塞，用滤纸将活塞及塞套内的水擦干，在活塞的大头一侧和塞套的小头一侧各涂上薄薄一层凡士林，再将活塞插入塞套中，沿同一个方向转动活塞，直至活塞转动灵活且外观为均匀透明状态为止，不能出现丝状环纹。用小橡皮圈(可从乳胶管剪取)套在活塞小头一端的凹槽上有固定活塞位置、防止滑动的作用。若凡士林堵塞了尖嘴玻璃小孔，可将滴定管装满水，将活塞打开，用洗耳球在滴定管上部鼓气加压，或将尖嘴浸入热水中，再用洗耳球鼓气，可将凡士林排出。

3. 装液及赶气泡

在装液前，洗净的滴定管要用待装的溶液润洗 3 次(每次 5～6mL)，然后装入操作溶液至最高线以上。滴定管装入操作溶液后，应检查其下端尖头部分是否有气泡，若有气泡应及时排出。对于酸式滴定管，右手拿住滴定管上端无刻度部分并使其倾斜 30°，左手迅速打开活塞，使溶液冲出并带走气泡。对于碱式滴定管，将管身倾斜，把乳胶管向

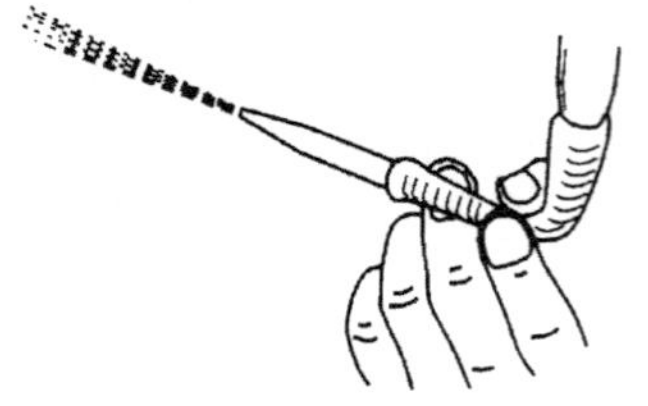
图 2-28　碱式滴定管排除气泡

上弯曲，捏起乳胶管使溶液从管口喷出，排除气泡（图 2-28）。排出气泡后的滴定管补加操作溶液到零刻度线以上，再调整溶液凹液面至零刻度线位置。

4. 读数

滴定开始前和滴定终点都要读取数值。读数时可将滴定管夹在滴定管夹上，也可以从管夹上取下，用右手拇指和食指捏住滴定管上部无刻度处，使滴定管自然下垂，两种方法都应使滴定管保持垂直。加入溶液或放出溶液后应稍等片刻，待管壁附着的溶液流下来、液面完全稳定后再读数，读数时视线与所读的液面应处于同一水平线上。在滴定管中的溶液形成一个凹液面，对于无色或浅色溶液，应读取凹液面下缘实线最低点所对应的刻度，对于深色溶液，应读取液面两边的最高点所对应的刻度。为读数方便，可使用读数卡，如图 2-29 所示。读数卡是用贴有黑纸或涂有黑色的长方形(约 3cm×1.5cm)纸板制成。读数时，将读数卡紧贴在滴定管的后面，把黑色部分放在凹液面下面约 1mm 处，此时即可看到凹液面的反射层为黑色，读取黑色凹液面的最低点。有的滴定管带有蓝色衬背，这时液面呈现三角交叉点，读取交叉点与刻度相交之点的读数。读数应精确到 0.01mL。必须注意，初读数与终点读数应采用同一读数方法。

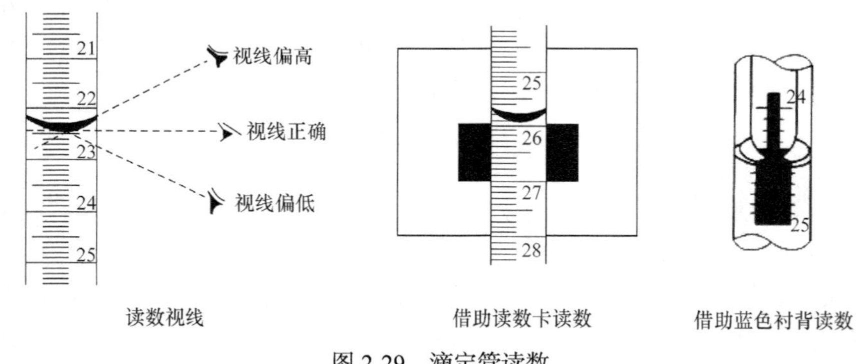

图 2-29　滴定管读数

5. 滴定

使用酸式滴定管时，左手无名指和小指向手心弯曲，靠于尖嘴左侧，手心空握，其余三个手指轻轻向内扣住活塞，控制活塞的转动。千万不要让手心顶住活塞，以免将活塞顶出造成漏液。使用碱式滴定管时，左手拇指与食指捏住玻璃球外侧略偏上方的乳胶管向外捏，形成一条缝隙，溶液即可流出。控制缝隙的大小即可控制流速，但不能捏玻璃珠下部的乳胶管以免产生气泡。右手持锥形瓶颈，单方向旋转溶液。滴定速度开始可稍快，控制在每秒 3～4 滴，注意观察滴落点周围颜色变化。颜色变化较慢时，表明接近滴定终点，改为一滴一滴地加入。更接近终点时，改为半滴滴加，使滴定液悬挂在出口管嘴上，形成半滴，用锥形瓶口内壁将其沾落，并用洗瓶加入少量水冲洗使其进入溶液中，直至终点为止。读取终点读数，立即记录。

2.15 试纸使用

实验过程中经常用到各种试纸，用来检验反应产物或溶液酸度等。pH 试纸、乙酸铅试纸、淀粉碘化钾试纸等有商品化的产品，有些非商品试纸可以自己制备，一般把滤纸条浸入试剂溶液，取出晾干即可。使用试纸时要注意节约，通常把试纸剪成小块使用，而不是整条使用。用后的试纸丢弃在垃圾桶内，不能扔在水槽内。

1. pH 试纸

pH 试纸有广泛 pH 试纸和精密 pH 试纸两类，用来粗略测定溶液的 pH。广泛 pH 试纸的变色范围是 0～14，它只能粗略地估计溶液的 pH。精密 pH 试纸可以较精确地估计溶液的 pH，根据其变色范围可分为多种，如变色范围为 2.7～4.7、3.8～5.4、5.4～7.0、6.0～8.4、8.2～10.0、9.5～13.0 等。根据待测溶液的酸碱性，可选用某一变色范围的试纸。

使用 pH 试纸时，用镊子取一小块试纸放在点滴板(或表面皿等)上，用玻璃棒将待测溶液搅拌均匀，然后用玻璃棒末端沾少许溶液接触试纸，待试纸变色后，与色阶板比较，确定 pH。切勿将试纸浸入溶液中，以免弄污溶液。

2. 乙酸铅试纸

乙酸铅试纸用来定性检验硫化氢气体。当含有 S^{2-}的溶液被酸化时，逸出的硫化氢气体遇到试纸后，立即与纸上的乙酸铅反应，生成黑色的硫化铅沉淀，使试纸呈黑褐色，并有金属光泽。当溶液中 S^{2-}浓度较小时，则不易检出。使用时，将小块试纸用去离子水润湿后放在试管口，须注意不要使试纸直接接触溶液。

3. 淀粉碘化钾试纸

淀粉碘化钾试纸用来定性检验 Cl_2、Br_2 等氧化性气体的存在，试纸上浸有碘化钾和淀粉的混合物。当氧化性气体遇到湿润的试纸后，将试纸上的 I^-氧化成 I_2，I_2 立即与试纸上的淀粉作用使试纸变成蓝色。如果气体氧化性强且量大，还可以进一步将 I_2 氧化成无色的 IO_3^-，使蓝色褪去，因此使用时必须仔细观察试纸颜色的变化，否则会得出错误的结论。

2.16 温度计使用

一般温度计用玻璃制成，下端的水银或酒精(加有红色染色剂)球与上面一根内径均匀的厚壁毛细管连通，管外刻有表示温度的刻度。一般温度计可精确到 1℃，精密温度计可精确到 0.1℃，分度值为 0.1℃的温度计可估计到 0.01℃的读数。每支温度计都有一定的测温范围，通常以最高的刻度来表示。

温度计下端球部玻璃壁很薄，容易破碎，使用时要轻拿轻放，不可当作搅拌棒使用。测量液体温度时，要使水银或酒精球完全浸在液体中，不要接触容器的底部或器壁，刚测量过高温的温度计不可立即用冷水冲洗，以免温度计炸裂。

温度计的水银球一旦被打碎，洒出水银，应先用滴管尽可能将其收集起来，放入盛水的烧杯或试剂瓶中，最后用硫磺粉覆盖在有汞溅落的地方，并摩擦使汞转为难挥发的 HgS。

2.17 秒表使用

秒表是用来准确测量时间的仪器，实验室可以采用机械秒表、电子秒表，甚至利用手机的秒表功能来测量反应时间，电子秒表和手机秒表可以直接显示数字读数，使用简便。机械秒表则要注意使用方法和准确读数。图 2-30 是常用的两种机械秒表，表面上有大小两个刻度盘，分别表示秒和分的数值，可精确到 0.1s。表的上端有柄头，用它旋紧发条，控制表的启动和停止。使用秒表时，先旋紧发条，用手握住表体，用拇指或食指按柄头，按一下，表即开始走动。再按柄头时，秒针、分针就都停止，便可读数。第三次按柄头或侧柄时，秒针和分针返回零点恢复原始状态。读数时首先读出小刻度盘中的整分钟数(包括半分钟)，然后读出大刻度盘的秒刻度数，将两个读数统一单位后相加即得最后读数。注意检查秒表没有启动时指针是否指零，如不为零应读出此时的读数，在使用时加以修正。实验完毕后如果长时间不用秒表，应启动秒表，使发条完全放松。

图 2-30　机械秒表

2.18 酸度计使用

酸度计也称 pH 计，是测量溶液 pH 的仪器。酸度计种类繁多，基本原理都是使用对溶液中 H^+浓度敏感的玻璃电极，将因为 H^+浓度差而产生的电动势转换为 pH。对于具体型号的酸度计，应按照其产品说明书进行操作。下面以目前实验室常用的 pHS-3C 型精密 pH 计(图 2-31)为例，说明一般酸度计的基本使用方法。

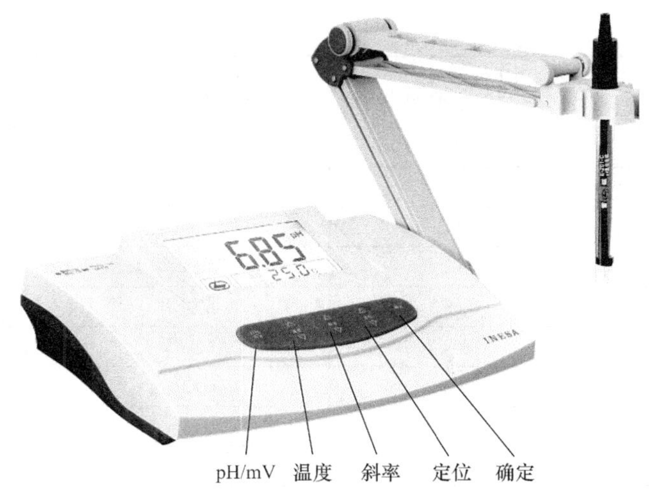

图 2-31　pHS-3C 型精密 pH 计

1. 安装

将多功能电极架插入相应插座中。将 pH 复合电极(由玻璃电极与银-氯化银电极复合组成，玻璃电极作为测量电极，银-氯化银电极作为参比电极)安装在电极架上。将 pH 复合电极下端的电极保护套拔下，并且拉下电极上端的橡皮套使其露出上端小孔。用去离子水清洗电极。电极插头插入仪器背部的电极插孔内。打开电源开关，预热仪器约 30min。

2. 标定

仪器使用前首先要标定。一般情况下，仪器在连续使用时，每天要标定一次。

(1)按“pH/mV”键，使仪器进入 pH 测量状态。

(2)按“温度△”或“温度▽”键，使显示为溶液温度值(此时温度指示灯亮)，然后按“确定”键，仪器确定溶液温度后回到 pH 测量状态。

(3)把去离子水清洗过的电极用洁净滤纸吸去电极表面的水，插入 pH = 6.86 的标准缓冲溶液中，使电极的敏感玻璃球完全浸入溶液中，搅拌或轻轻摇动溶液，消除气泡并使溶液尽快达到扩散平衡，待读数稳定后按“定位△”或“定位▽”键(此时 pH 指示灯慢闪烁，表明仪器在定位标定状态)使读数为该溶液当时温度下的 pH，然后按“确定”键，仪器进入 pH 计测量状态，pH 指示灯停止闪烁。标准缓冲溶液的 pH 与温度关系对照表见表 2-1。

表 2-1　缓冲溶液的 pH 与温度关系对照表

温度/℃	0.05mol · kg^{-1} 邻苯二钾酸氢钾溶液[a]	0.025mol · kg^{-1} 混合磷酸盐溶液[b]	0.01mol · kg^{-1} 四硼酸钠溶液[c]
5	4.00	6.95	9.39
10	4.00	6.92	9.33
15	4.00	6.90	9.28

续表

温度/℃	0.05mol · kg^{-1} 邻苯二钾酸氢钾溶液 [a]	0.025mol · kg^{-1} 混合磷酸盐溶液 [b]	0.01mol · kg^{-1} 四硼酸钠溶液 [c]
20	4.00	6.88	9.23
25	4.00	6.86	9.18
30	4.01	6.85	9.14
35	4.02	6.84	9.11
40	4.03	6.84	9.07
45	4.04	6.84	9.04
50	4.06	6.83	9.03
55	4.07	6.83	8.99
60	4.09	6.84	8.97

注：缓冲溶液配制方法：a. 邻苯二钾酸氢钾溶液：邻苯二甲酸氢钾(GR，优级纯) 10.12g 溶于 1000mL 高纯去离子水中；b. 混合磷酸盐溶液：磷酸二氢钾(GR) 3.387g、磷酸氢二钠(GR) 3.533g 溶于 1000mL 高纯去离子水中；c. 四硼酸钠溶液：四硼酸钠(GR) 3.80g 溶于 1000mL 高纯去离子水中。

(4) 把去离子水清洗过的电极插入 pH = 4.00 (或 9.18) 的标准缓冲溶液中，待读数稳定后按“斜率△”或“斜率▽”键(此时 pH 指示灯快速闪烁，表明仪器在斜率标定状态)使读数为该溶液当时温度下的 pH，然后按“确定”键，仪器进入 pH 测量状态，pH 指示灯停止闪烁，标定完成。

3. 测量

标定过的仪器即可用来测量被测溶液。根据被测溶液与标定溶液温度是否相同，采取不同的测量步骤。

被测溶液与标定溶液温度相同时，只要用去离子水清洗电极头部，再用被测溶液润洗，然后把电极插入被测溶液中，搅拌或摇动使溶液均匀，稳定后在显示屏上读出溶液的 pH。

被测溶液与标定溶液温度不同时，采用以下测量步骤：

(1) 用去离子水清洗电极头部，再用被测溶液润洗。

(2) 用温度计测出被测溶液的温度值。

(3) 按“温度△”或“温度▽”键，使仪器显示为被测溶液温度值，然后按“确定”键。

(4) 把电极插入被测溶液中，搅拌或摇动使溶液均匀，稳定后在显示屏上读出溶液的 pH。

2.19 电导率仪使用

溶液的导电能力可以用溶液的电导 G(单位 S，西门子)，即电阻 R(单位 Ω，欧姆)的倒数来表示：

$$G=\frac{1}{R}=\frac{1}{\rho}\cdot\frac{A}{l}=\frac{\sigma}{K}$$

式中，l 为电极间距离(cm)；A 为电极面积(cm^2)，其比值 K 称为电极常数(又称电导池常数，单位为 cm^{-1})；ρ 为电阻率，其倒数 σ 称为电导率($S\cdot cm^{-1}$)。

电导 G 的测量与电阻测量相似。不同电极的电极常数 K 不同，因此用不同电极测出的同一溶液的电导 G 是不同的。电导率 σ 则与电极本身无关，因此用电导率比较溶液导电能力的大小更加方便。溶液中电解质的含量越高，离子数越多，其导电能力越强，电导率就越大。

测量电导率的仪器称为电导率仪，下面以目前实验室常用的 DDS-307 型电导率仪(图 2-32)为例说明使用方法。如果实验时提供的电导率仪型号不同，则根据仪器配套提供的说明书进行操作。

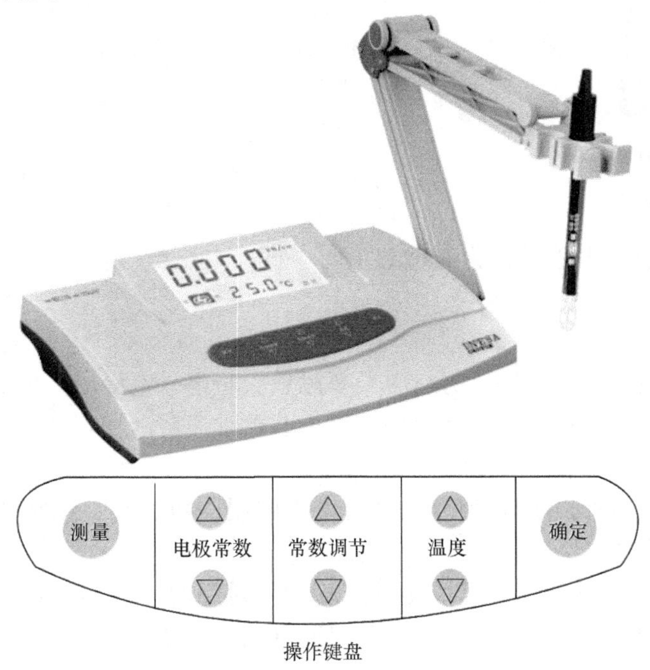

图 2-32　DDS-307 型电导率仪

1. 安装

连接好多功能电极架，将 DJS-1C 电导电极安装在电极架上，将电导电极插口插入仪器背部相应的插孔内，打开电源开关，预热 30min。

2. 设置温度

按“测量”键进入测量状态，根据温度计测出的被测溶液温度，按“温度△”或“温度▽”键，使温度显示为被测溶液温度，按“确定”键，即完成当前温度的设置。按“测量”键放弃设置，返回测量状态。

3. 设置电极常数和常数调节

仪器使用前必须进行电极常数的设置。电极常数有 0.01cm^{-1}、0.1cm^{-1}、1.0cm^{-1}、10cm^{-1} 四个标准值，具体电极的电极常数范围是这几个标准值的±10%，标示在每支电极上。测量电导率之前，必须根据实际所用电极的电极常数进行相关设置。选用何种电极与待测溶液的电导率有关。电极常数大的电极更适合电导率大的溶液。电极常数为 0.01cm^{-1}、0.1cm^{-1}、1.0cm^{-1}、10cm^{-1} 的电极，适用的电导率范围分别为(0～20) μS · cm^{-1}、(0～200) μS · cm^{-1}、(0～2000) μS · cm^{-1}、(0～20) mS · cm^{-1}。

按“电极常数”键或“常数调节”键，仪器进入电极常数设置状态。按“电极常数▽”或“电极常数△”键，电极常数的显示在 10、1.0、0.1、0.01 四个标准值之间转换。例如，电导电极的实际电极常数是 0.1010，则选择“0.1”并按“确定”键，然后按“常数调节▽”或“常数调节△”键，使常数数值显示为“1.010”，按“确定”键，即完成设置(电极常数为上下两组数值的乘积 1.010×0.1 = 0.1010，如图 2-33 所示)。若用户放弃设置，按“测量”键，返回测量状态。电极常数为其他数值时，操作方法类似。

图 2-33　电极常数为 0.1010 的电导电极设置常数时的显示面板

4. 电导率测量

经过前面的设置之后，即可进行电导率测量。将电导电极用去离子水清洗头部，再用被测溶液润洗，然后插入被测溶液中，搅拌或摇动使溶液均匀，在显示屏上读取溶液的电导率。

注意电导电极在使用前必须放在去离子水中浸泡数小时，经常使用的电极应放置(储存)在去离子水中。

限于篇幅，以上只介绍了无机化学实验中最常用的一些小型基本仪器及其使用方法，在实验过程中需要用到的其他仪器可以通过阅读仪器说明书及有关教材、专著等进行了解。

第 3 章　基本操作训练

实验 1　仪器认领、洗涤和干燥

一、实验目的

(1)熟悉无机化学实验常用仪器，了解其使用方法。

(2)掌握常用仪器的洗涤及干燥方法。

二、实验原理

化学实验学习之初，学生必须熟悉实验室，了解实验安全知识，掌握实验基本规则。化学实验要用到许多仪器，每种仪器都有其特定的用途、规格和使用方法。本书第 2 章对无机化学实验中常见的一些仪器进行了介绍，其中最常用的部分仪器材料由学生自行保管，放置在个人实验柜中，公用实验柜和实验台上也放置一些共享的常用仪器材料。玻璃、陶瓷仪器在使用后应及时洗净、干燥、放好，以便下次实验时直接取用、节省时间。公用玻璃仪器可能存在不可知污染因素，通常在使用前要先洗涤和干燥(或润洗)。不同的玻璃和陶瓷仪器可能要用到不同的洗涤和干燥方法，详见第 2 章。

三、实验用品

15mm×150mm 试管 10 支，10mL 离心试管 2 支，10mL 移液管 1 支，500mL、250mL、100mL、50mL 烧杯各 1 只，6cm 漏斗 1 只，6cm 表面皿 1 个，60mL 蒸发皿 1 个，10mL 量筒 1 个，250mL 锥形瓶 2 个，石棉网 1 块，镊子 1 把，试管夹 1 个，试管架 1 个，试管刷 2 把，酒精灯 1 只，洗耳球 1 只，铁架台 1 个，铁圈 1 个，铁夹 1 个，三脚架 1 个，垫木 1 块，火柴 1 盒，吸水小毛巾(布)1 块。

去离子水(或蒸馏水)，去污粉，洗衣粉，铬酸洗液，灯用酒精。

四、实验内容

(1)清理个人实验柜。将所有仪器从实验柜取出放在实验台上，清洁实验柜。

(2)对照个人仪器清单所列的常用仪器及其规格、数量清点仪器。

(3)用合适的方法洗净所领取的玻璃和陶瓷仪器。

(4)用合适的方法干燥玻璃和陶瓷仪器。

(5)将自用仪器放入个人实验柜。

(6)清理实验台面。

五、注意事项

(1)洗涤过程需要用到大量自来水和去离子水，在保证清洗效果的前提下，尽量采用少量多次的原则，节省用水和洗涤剂。用自来水清洗时水龙头不要开得很大，避免水溅到桌面或地面上。不要将仪器或手上的水往桌面或地面上甩，尽量保持地面和桌面上无水。

(2) 洗干净的仪器内壁一般不能用布或滤纸擦拭，避免弄脏。

(3) 脱毛严重、尤其顶部脱毛的试管刷不能使用，以免损伤玻璃器皿。试管刷不使用时，不要与水接触，以免生锈。

(4) 铬酸洗液一般仅用于无法使用试管刷等清洁用具的玻璃仪器(如移液管、滴定管、容量瓶等)，或者附着较顽固有机污物的玻璃仪器。它具有很强的氧化性和腐蚀性，切勿使其溅到皮肤、衣物和桌面上，也不能与试管刷配合使用。使用过的铬酸洗液如果没有变为绿色，则倒回原瓶下次再用；如果变为绿色，表明不可再用，倒入回收容器中回收，不得直接排放进下水道中。

(5) 仪器干燥时，精度较高的带刻度计量仪器(如容量瓶、移液管、滴定管等)一般不能使用加热的方法。试管烘烤时，不能管口向上倾斜。

六、思考题

(1) 对于给定的玻璃仪器，如何选择洗涤用品和洗涤方法?

(2) 如何判断玻璃仪器是否洗净?

(3) 烘烤试管时，为什么管口要略向下倾斜?

(4) 为什么不用加热的方法对容量瓶、移液管、滴定管等仪器进行干燥?

(5) 什么情况下使用铬酸洗液?

实验 2　玻璃管(棒)加工和橡皮塞钻孔

一、实验目的

(1) 掌握酒精喷灯(或煤气灯)的构造和使用方法。

(2) 掌握玻璃管(棒)的截断、拉细、弯曲、熔光等技术。

(3) 掌握橡皮塞钻孔操作。

二、实验原理

酒精灯是化学实验室中常见的明火加热器具，使用简便，但是只适用于温度不需太高的实验。如果要加工玻璃管或玻璃棒，或者进行坩埚灼烧等高温明火实验，就要用到煤气灯或酒精喷灯。酒精喷灯是使酒精在灼热的灯管内喷出气化，并与来自气孔的空气混合，从而完全燃烧，形成可达 1000℃左右的高温火焰，调节空气调节器阀门可以控制火焰的大小。煤气灯则是直接使用煤气与空气混合燃烧，火焰温度可达 900℃左右。有关酒精喷灯和煤气灯的构造与使用方法见第 2 章。

化学实验室常用的塞子有玻璃磨口塞、橡皮塞、塑料塞和软木塞等。玻璃磨口塞不适合与强碱性物质长时间接触。橡皮塞可以耐强碱腐蚀，但可被酸、氧化剂和某些有机物质(如汽油、苯、丙酮、二硫化碳等)腐蚀。装配仪器时常用到橡皮塞，需要用适当的钻孔器在橡皮塞上钻孔，插入玻璃管、漏斗、温度计等。

1. 截断及熔光玻璃管和玻璃棒

将玻璃管(棒)平放在桌面上，左手按紧，右手持三角锉刀(或扁锉刀)，在需截断处向前方锉出一道深而短的凹痕，凹痕应与玻璃管(棒)垂直。如果划痕不明显，可以在原处再锉一两下(但不要来回锉)。然后双手持玻璃管(棒)锉痕两侧，两拇指抵在锉痕背后向前推，同时两手往外轻拉，即可使玻璃管(棒)折断并形成较平整的截面，如图 3-1 所示。

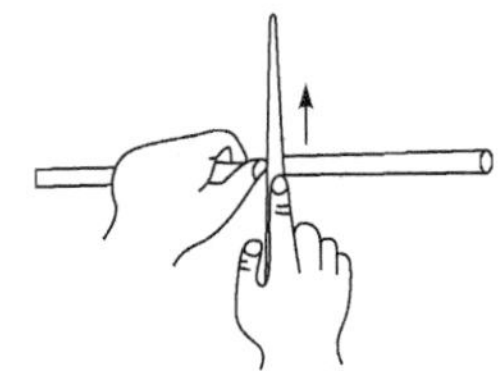

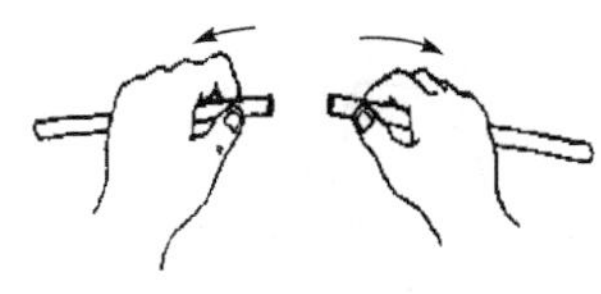

图 3-1　玻璃管(棒)截断

玻璃管(棒)的断面很锋利，容易割破皮肤、橡皮管或塞子，必须烧熔光滑才能使用，这个操作称为熔光(或圆口)。将断面斜置于氧化焰边沿处，不断转动，使断面受热均匀(图 3-2)。片刻后微红即可取出，此时玻璃毛刺熔化，断面变得光滑。加热时间不可太长，否则玻璃管口口径缩小。灼热的玻璃管(棒)应放在石棉网上冷却，不可用手摸受热的一端。

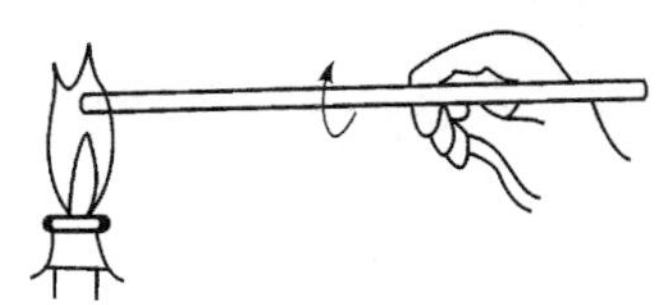

图 3-2　玻璃管(棒)熔光

2. 拉细玻璃管(棒)

先将玻璃管(棒)在小火上旋转预热，然后放在酒精喷灯(或煤气灯)氧化焰中加热(可用鱼尾灯头扩大火焰范围)，如图 3-3 所示，左右手心向上，用拇指、食指和中指夹住玻璃管，双手同时向一个方向均匀地转动玻璃管(棒)，保证玻璃管(棒)始终在一条轴线上转动。将玻璃管(棒)加热到橙色并感觉到足够软时从火焰中快速移出，稍等片刻，沿水平方向向两边拉动，同时双手同步来回转动，拉到一定程度时，一手持玻璃管(棒)一端，使整个玻璃管(棒)呈直线自然下垂，稍等片刻后放在桌面上进一步冷却，然后即可按需要的长度用薄砂轮在拉细的玻璃管(棒)上划痕，以便截断并保持断面平整。

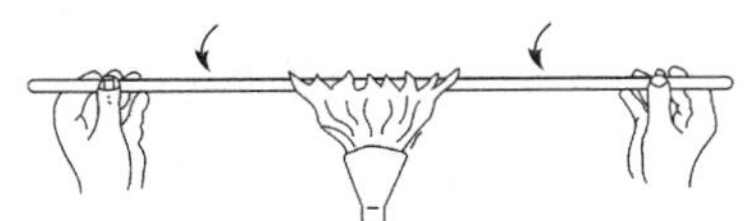
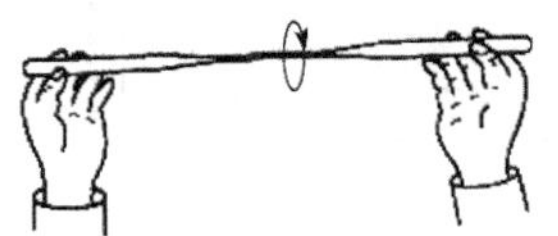

图 3-3　玻璃管(棒)加热拉细

用这个方法可以制作滴管、毛细管、小头搅拌棒等。

3. 弯曲玻璃管

加热玻璃管方法同上，但玻璃管受热程度较小。当玻璃管发黄变软但又不会自动弯曲时(加热前可在玻璃管中放少量食盐以保持玻璃管受热弯管时不变形)，自火焰中取出玻璃管，拇指和食指垂直夹住玻璃管两端 1～2s，双手在上方，玻璃管的弯曲部分在两手中间的正下方，拇指水平用力于玻璃管，使其弯曲至所需角度，待玻璃管变硬之后才能松手。如果是钝角，可以一次弯曲成功。如果是较小的角度，可分两次弯曲，先弯曲成 120°左右的角度，然后对弯角处附近部位加热软化，再次弯曲成所需角度。合格的弯管应当弯角内外侧均匀平滑，角度准确，整个玻璃管处在同一个平面上(图 3-4)。弯曲部分应及时经小火微热进行退火处理。

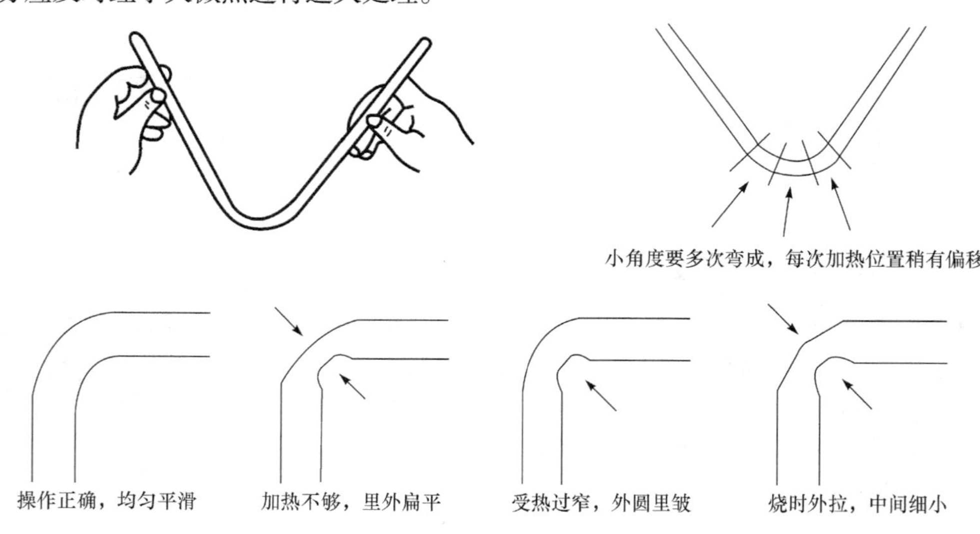

图 3-4　玻璃管弯曲及质量比较

4. 塞子钻孔

实验室给塞子钻孔要用到钻孔器(图 3-5)。它是由一端有柄、另一端管口锋利的不同直径金属管组成，还配有一个带柄的细铁棒作为通条，用来捅出钻孔时进入钻孔器中的橡皮或软木。

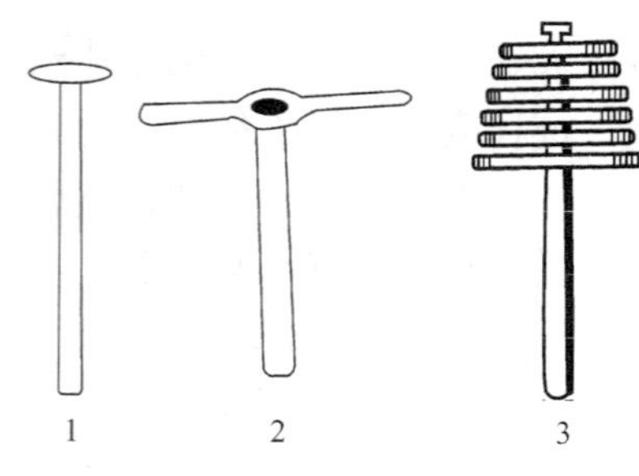

图 3-5　钻孔器

1. 通条；2. 单个钻孔器；3. 整套钻孔器

钻孔前，要根据所要插入塞子的玻璃管的直径大小来选择钻孔器。对橡皮塞，由于橡皮具有弹性，应选择比待插玻璃管外径稍大的钻孔器，这样可以保证导管插入塞子后能很好地密封。软木塞则应选择比待插玻璃管外径稍小的钻孔器，同时还要用压塞机把软木塞压紧实。

如图 3-6 所示，钻孔时，先将塞子小的一端朝上，平放在木板上。在钻孔器前端涂点润滑剂(如甘油、水或凡士林等)，左手按住塞子，右手握住钻孔器的柄，在选定的位置上以顺时针方向一边旋转一边用力向下压，始终保持钻孔器金属管与塞子垂直，不能左右摆动，更不能倾斜，以免将孔钻斜。当钻到塞子高度一半时，以反时针方向旋转上拉拔出钻孔器。然后将塞子大的一端朝上，按相同方法钻孔，直到两端的圆孔贯穿，拔出钻孔器并捅出钻孔器内的橡皮或软木。若塞孔稍小或孔道不光滑，可用圆锉修整至符合要求。

图 3-6　钻孔

5. 玻璃管插入塞子

用甘油或水将玻璃管的前端润湿，左手拿已钻孔塞子的侧面，右手握玻璃管的前半部(为了更加安全，可以先用布包住玻璃管)，将玻璃管插入塞孔并慢慢地使其旋转进入塞孔内合适位置，在旋入时，用力必须轻，且右手不能离塞子太远(图 3-7)，否则有可能折断玻璃管并刺伤手。

图 3-7　玻璃管插入塞子

三、实验用品

酒精喷灯(或煤气灯)，玻璃管(内径约 9mm)，玻璃棒(直径约 5mm)，石棉网，三角锉刀(或扁锉刀)，圆锉刀，薄砂轮，钻孔器，橡皮塞，布氏漏斗，抽滤瓶，乳胶头，量筒(10mL)，刻度尺，量角器，火柴。

灯用酒精。

四、实验内容

1. 制作搅拌棒

截取 15cm 和 25cm 长的玻璃棒各 1 根，将棒两头熔光，留作搅拌棒。

2. 制作小头搅拌棒

截取 16cm 长的玻璃棒 1 根，将中间部位拉细至长约 8cm，截面直径约 2mm，冷却后在拉细部分的中间截断，将 2 根棒的两头熔光。这种小头搅拌棒可以用于离心试管中沉淀离心分离后的搅拌洗涤。

3. 制作滴管

截取 20cm 长的玻璃管 2 根，将每一根的中间部位拉细至长约 8cm、内径约 1.5mm，冷却后在拉细部分的中间截断，共得到 4 支滴管粗品。细口的一端熔光，受热时间不宜长，以免管嘴收缩甚至封闭。粗口的一端放在火焰中充分烧软，用金属锉刀柄斜放管口内迅速而均匀旋转将管口扩大，然后在石棉网上轻压使管口外卷。也可将圆锉刀伸进管口使管口扩大，或者将粗口端烧软后直接在石棉网上垂直下压使管口外卷。冷却后粗口端套上乳胶头即成滴管。

用滴管吸水后向 10mL 量筒内逐滴加入 1mL 水，记下所用的滴数，估算从滴管中挤出的 1 滴水(或试剂)的体积。

4. 制作毛细管

截取 5cm 长的玻璃管 1 根，拉制内径约 1mm、不限长度的毛细管。用薄砂轮将毛细管截断成若干 5cm 长的小段，留作纸层析实验(实验 8)时点样使用。

5. 制作玻璃弯管

将玻璃管弯曲成 120°、90°和 60°等角度。

6. 橡皮塞钻孔

选择与抽滤瓶匹配的橡皮塞(塞子进入瓶口的高度以塞子高度的 1/2～1/3 为宜)。然后选择与布氏漏斗颈部外径大小合适的钻孔器，在橡皮塞正中钻出单孔，用圆锉适当修整后插入布氏漏斗，以后实验使用。

五、注意事项

(1)谨防烫伤！刚加热过的玻璃管或玻璃棒不能直接放在实验台上，要放在石棉网上使其冷却。即使冷却到不再呈红色或黄色，仍然有可能烫手，在确保安全之前切勿直接用手接触！玻璃管(棒)拉细的部分冷却速度较快，可以在拉细后较短的时间内直接碰触。刚使用过的酒精喷灯(或煤气灯)的灯管温度极高，手柄温度可能也很高，切勿直接用手碰触！一旦烫伤，应立即涂上烫伤膏，勿用水冲洗。

(2)谨防割伤！截断玻璃管时，锉刀或薄砂轮应向一个方向锉，不可来回拉锯式地锉，锉痕切勿过浅，截断时两手拇指抵在锉痕后面两侧，适度用力向前向外推拉，不可用猛力，以免玻璃伤手。如果不慎划破皮肤或戳伤手，必须先将伤口内的玻璃碎片挑出，然后涂上红药水、消炎粉，并用纱布包扎好。

(3)使用酒精喷灯时，在开启空气调节器点燃管口气体以前，必须充分灼热灯管，否则酒精不能全部气化，可能会有酒精液体由管口喷出，甚至可能在桌面燃烧。这时应关闭开关，用湿抹布扑灭桌面燃烧火焰，重新往预热盘添加酒精，重复上述操作点燃。如果酒精蒸气出口不畅，须用金属探针疏通。

(4)玻璃管(棒)在拉细之前，必须在加热到变软后从火焰中取出来进行，切勿在火焰中进行拉细动作，否则拉细部分极易严重收缩，甚至断掉。拉制滴管时玻璃管变软的程度不要过大，拉细时动作慢一些，拉制毛细管则可以将玻璃管烧得更软一些，拉细动作快一些。

六、思考题

(1)使用酒精喷灯应该注意什么？

(2)截断玻璃管(棒)以及拉细玻璃管(棒)时分别应该注意什么?

(3)橡皮塞钻孔时如果要求两边的孔径大小有区别(如连接布氏漏斗的橡皮塞)，如何钻孔?

实验 3　试剂取用和溶液配制

一、实验目的

(1)掌握称量仪器台秤和电子天平的使用方法。

(2)掌握容量仪器量筒、移液管和容量瓶的使用方法。

(3)熟悉化学试剂的规格和取用方法。

(4)熟悉由固体和液体试剂粗略及准确配制溶液的方法。

二、实验原理

无机化学和有机化学试剂种类繁多，世界各国和各大化学试剂生产企业对化学试剂的规格(级别或类别)的划分不尽一致，存在各种标准，尚未统一。化学试剂按用途可以分为标准试剂、一般试剂、指示剂、溶剂、生化试剂、医学临床试剂、光谱纯试剂、电子纯试剂等。我国传统上按纯度对化学试剂进行分级。表 3-1 列出了国产化学试剂的几种常用等级，这几种等级从试剂瓶标签的颜色可以方便地分辨。试剂瓶标签上还列出其他信息，包括试剂的百分含量与各种杂质最高含量、化学式量、熔点、沸点、试剂标准、生产厂家等。化学试剂的纯度越高，价格也越高。选用化学试剂应综合考虑用途、纯度、价格等因素。

表 3-1　国产化学试剂的常见规格和适用范围

等级	级别名称	英文名及缩写	标签颜色	一般适用范围
一级	优级纯	guaranteed reagent(GR)	绿色	精密分析
二级	分析纯	analytical reagent(AR)	红色	定量分析
三级	化学纯	chemical pure(CP)	蓝色	定性分析和化学制备
四级	实验试剂	laboratory reagent(LR)	棕黄色	要求不高的实验

配制溶液时，按照溶液浓度的不同要求采取相应的方法。如果溶液浓度的准确性要求不高，使用台秤、量筒、量杯、刻度烧杯等较低精度的称量和容量仪器进行粗略配制一般就能满足需要。如果溶液浓度的准确性要求较高，就须使用分析天平、移液管、容量瓶等较高精度的仪器进行准确配制。

对于易潮解或风化的试剂，称量动作要尽量快。对于易水解或易被空气氧化的物质，在配制溶液时要考虑在溶液中先加入合适的酸或还原性物质，防止水解或氧化。无论是粗略配制还是准确配制溶液，首先要根据配制溶液的浓度和体积计算所需试剂的用量，包括固体试剂的质量或液体试剂的体积(或质量)，计算结果的有效数字与配制所用仪器的精度相关，然后再进行配制。

除了根据待配制溶液浓度准确性的要求选用相应的仪器以外，还要考虑选用仪器的大小、规格的影响。例如，量筒有各种不同的容量，应根据不同需要选用。如果需要量取 8.0mL 液体时，为了提高准确度，应选用 10mL 量筒(误差为±0.1mL)，如果选用 100mL 量筒，则会产生±1mL 的误差。

三、实验用品

台秤，电子天平，烧杯(100mL)，容量瓶(50mL)，量筒(10mL、100mL)，移液管(5mL、10mL)，玻璃棒，称量纸。

$CuSO_4 \cdot 5H_2O$，NaOH，$FeSO_4 \cdot 7H_2O$，铁钉，$SnCl_2$，锡粒，乙酸溶液(HAc溶液，$2.0000mol \cdot L^{-1}$)，浓硫酸，浓盐酸。

四、实验内容

(1)读取浓硫酸试剂瓶标签上的数据，配制 20mL $3mol \cdot L^{-1}$ H_2SO_4溶液。

(2)配制 50mL $2mol \cdot L^{-1}$ NaOH 溶液。

(3)用 $CuSO_4 \cdot 5H_2O$ 晶体配制 20mL $0.5mol \cdot L^{-1}$ $CuSO_4$溶液。

(4)用 $2.0000mol \cdot L^{-1}$ 乙酸溶液配制 50mL $0.2000mol \cdot L^{-1}$ 乙酸溶液。

(5)用 $FeSO_4 \cdot 7H_2O$ 配制 50mL $0.20mol \cdot L^{-1}$ $FeSO_4$溶液。$FeSO_4 \cdot 7H_2O$ 溶于适量的去离子水中，再加入 5mL $3mol \cdot L^{-1}$ H_2SO_4，补充去离子水并加入一两颗小铁钉，以利于较长时间保存。

(6)配制 50mL $0.2mol \cdot L^{-1}$ $SnCl_2$ 溶液。$SnCl_2$ 溶于浓盐酸中，加水稀释，加入一两颗锡粒。

五、注意事项

(1)浓硫酸与水混合时，要将浓硫酸小心加入水中，不能将水加入浓硫酸中。

(2)台秤和天平不能称量热的物品。药品洒在托盘上时，必须立即清除。

(3)称量氢氧化钠时动作要迅速。

(4)不要使用滤纸称量，要使用称量纸，或者将试剂直接加入烧杯中称量。

六、思考题

(1)为什么不能直接用水配制 $SnCl_2$ 溶液？

(2)配制 $FeSO_4$溶液时，为什么要加 H_2SO_4 和铁钉？

(3)容量瓶能否加热烘干？

(4)取用固体试剂和液体试剂时应该注意什么？

(5)移液管移取的溶液放出后，残留在管尖部分的液体是否需要吹出？

实验 4　粗食盐提纯

一、实验目的

(1)学习盐类提纯的原理和方法及有关离子的鉴定。

(2)掌握称量、溶解、过滤、蒸发、浓缩、结晶、干燥等基本操作。

二、实验原理

粗食盐中含有多种不溶性和可溶性杂质，其中不溶性杂质(如泥沙等)可用过滤的方法除去，而粗食盐中的可溶性杂质主要包括 Ca^{2+}、Mg^{2+}、K^+和 SO_4^{2-}等阳离子和阴离子，选择适当的试剂使其生成难溶化合物而过滤除去。

(1)在粗盐溶液中加入稍过量的 $BaCl_2$ 溶液除去 SO_4^{2-}：

$$Ba^{2+} + SO_4^{2-} = BaSO_4\downarrow$$

(2)在滤液中加入 NaOH 和 Na_2CO_3 溶液，除去 Mg^{2+}、Ca^{2+} 和过量的 Ba^{2+}：

$$Mg^{2+} + 2OH^- = Mg(OH)_2\downarrow$$

$$Ca^{2+} + CO_3^{2-} = CaCO_3\downarrow$$

$$Ba^{2+} + CO_3^{2-} = BaCO_3\downarrow$$

(3)溶液中过量的 NaOH 和 Na_2CO_3 可以用盐酸中和而转化为 NaCl。

(4)粗盐中的 K^+和上述沉淀剂都不发生反应。由于 KCl 的溶解度大于 NaCl 的溶解度，且含量较少，因此在蒸发和浓缩过程中，NaCl 先结晶出来，而 KCl 留在溶液中。

合理设计除杂提纯的先后顺序，简化流程，减少操作步骤，不仅可以节省时间，降低工作强度，而且可以减少操作步骤多而带来的不必要的浪费，提高产率。

三、实验用品

台秤，烧杯，量筒，三角漏斗，漏斗架，铁架台，铁圈，三脚架，真空泵，布氏漏斗，抽滤瓶，蒸发皿，石棉网，酒精灯，药匙。

粗食盐，HCl 溶液($6mol \cdot L^{-1}$)，HAc 溶液($6mol \cdot L^{-1}$)，NaOH 溶液($6mol \cdot L^{-1}$)，$BaCl_2$ 溶液($1mol \cdot L^{-1}$)，Na_2CO_3 溶液(饱和)，$(NH_4)_2C_2O_4$ 溶液(饱和)，镁试剂，滤纸，pH 试纸。

四、实验内容

1. 粗食盐纯化

1)除去不溶性杂质和 SO_4^{2-}

用台秤称取 8.0g 粗食盐，放在 100mL 烧杯中，加入 30mL 水，搅拌并加热使其尽量溶解。溶液沸腾时，在搅拌下逐滴加入 $1mol \cdot L^{-1}$ $BaCl_2$ 溶液至沉淀完全。为了验证

SO_4^{2-}是否沉淀完全，可将烧杯从石棉网上取下，待沉淀下降后，取少量上层清液于试管中，加几滴 6mol · L^{-1} HCl 溶液，再滴加 1mol · L^{-1} $BaCl_2$溶液，观察溶液是否变浑浊。如果还有沉淀产生，需再加入 $BaCl_2$溶液使 SO_4^{2-}沉淀完全。用三角漏斗常压过滤，用少量水淋洗滤纸，淋洗液与滤液合并。

2）除去 Mg^{2+}、Ca^{2+}、Ba^{2+}

加热滤液，滴加 6mol · L^{-1} NaOH 溶液使 Mg^{2+}沉淀完全，滴加饱和 Na_2CO_3溶液使 Ca^{2+}和 Ba^{2+}沉淀完全。检查沉淀是否完全的方法与上一步类似。用三角漏斗常压过滤除去沉淀。

3）除去 CO_3^{2-}和 OH^-

在滤液中逐滴加入 6mol · L^{-1} HCl 溶液，直至溶液呈微酸性为止（pH 约为 6）。

4）浓缩结晶

将上述调节了酸度的溶液倒入蒸发皿中，用小火加热蒸发并不时搅拌，防止暴沸，浓缩至稀粥状的稠液为止，不可将溶液蒸干。

5）过滤烘干

冷却后，用布氏漏斗过滤，尽量将结晶抽干。将结晶放在洁净的蒸发皿中，用小火加热烘干，直至不冒水蒸气为止。产物冷至室温，称量，计算产率。产物放入指定容器中回收。

2. 产品纯度的检验

取粗盐和精盐各 1g，分别溶于 5mL 去离子水中。两种澄清溶液分别加入三支小试管中，每支试管加 1mL，分成三组，对照检验三种离子的纯度。

（1）SO_4^{2-}检验：在第一组的两支试管溶液中分别加入 2 滴 6mol · L^{-1} HCl 溶液，使溶液呈酸性，再加入 3～5 滴 1mol · L^{-1} $BaCl_2$溶液。观察有无白色沉淀和沉淀量。

（2）Ca^{2+}检验：在第二组的两支试管溶液中分别加入 2 滴 6mol · L^{-1} HAc 溶液，使溶液呈酸性，再加入 3～5 滴饱和 $(NH_4)_2C_2O_4$溶液。观察有无白色沉淀和沉淀量。

（3）Mg^{2+}检验：在第三组的两支试管溶液中分别加入 3～5 滴 6mol · L^{-1} NaOH 溶液，使溶液呈碱性，再加入 1 滴镁试剂。若有天蓝色沉淀生成，证明 Mg^{2+}存在。

五、注意事项

（1）食盐溶液浓缩时不可蒸干。

（2）抽滤时，滤纸要比布氏漏斗内径略小，但必须覆盖全部小孔。沉淀尽量完全转移到滤纸上，可使用母液多次转移。

六、思考题

（1）加入 30mL 水溶解 8g 食盐的依据是什么？加水过多或过少有什么影响？

（2）提纯后的食盐溶液浓缩时为什么不能蒸干？

（3）在检验 SO_4^{2-}时，为什么要加入盐酸溶液？

（4）粗食盐纯化的 1）、2）两步能否合并操作？

实验 5　硝酸钾的制备

一、实验目的

(1)学习盐类物质的转化法制备原理。

(2)练习掌握固体称量、溶解、热过滤、减压过滤、间接热浴和重结晶等基本操作。

二、实验原理

工业上常采用转化法制备硝酸钾，其原理可用下列复分解反应表示：

$$NaNO_3 + KCl = NaCl + KNO_3$$

以氯化钾、硝酸钠为原料，溶于水后水中同时存在四种盐，这四种盐的溶解度随温度变化的关系如表 3-2 所示。显然，氯化钠的溶解度随温度变化不大，而氯化钾、硝酸钠和硝酸钾在较高温度时具有相当大的溶解度，温度降低时溶解度明显减小(氯化钾、硝酸钠)或急剧下降(硝酸钾)。因此，将一定浓度的硝酸钠和氯化钾混合液加热浓缩时，氯化钠容易随水量减少而析出，硝酸钾因溶解度大而不易析出。趁热过滤除去氯化钠固体，再将得到的滤液冷却，即有大量硝酸钾粗产品析出，经过重结晶提纯可得到纯度较高的硝酸钾固体，其中的氯化钠杂质可用硝酸银进行检验。

表 3-2　不同温度下四种盐的溶解度

溶质	溶解度/[g·(100g H_2O)$^{-1}$]										
	0℃	10℃	20℃	30℃	40℃	50℃	60℃	70℃	80℃	90℃	100℃
KNO_3	13.3	20.9	31.6	45.8	63.9	85.5	110.0	138.0	169.0	202.0	246.0
KCl	27.6	31.0	34.0	37.0	40.0	42.6	45.5	48.7	51.1	54.0	56.7
$NaNO_3$	73.0	80.0	88.0	96.0	104.0	114.0	124.0	136.0	148.0	—	180.0
NaCl	35.7	35.8	36.0	36.3	36.6	37.0	37.3	37.8	38.4	39.0	39.8

三、实验用品

量筒(100mL、10mL)，烧杯(50mL、100mL、250mL)，台秤，石棉网，三脚架，酒精灯，铁架台，热滤漏斗，布氏漏斗，抽滤瓶，真空泵，蒸发皿，小试管。

硝酸钠，氯化钾，$AgNO_3$ 溶液 (0.1mol·L^{-1})，HNO_3 溶液 (6mol·L^{-1})，乙醇(95%)，冰，滤纸。

四、实验内容

1. 溶解和蒸发

称取 22.0g $NaNO_3$ 和 15.0g KCl 固体，置于 100mL 烧杯中，加入 35mL 水，加热溶

解，记下液面刻度。继续加热蒸发至有较大量固体析出，溶液体积浓缩为原体积的 2/3 左右。

2. 热过滤和冷却结晶

用热滤漏斗趁热将上述溶液过滤。滤液自然冷却时，随温度下降，有结晶析出。冷却至室温后放入冰水浴中，使 KNO_3 晶体充分析出。

3. 抽滤干燥

用布氏漏斗、抽滤瓶和真空泵将上述析出 KNO_3 晶体的溶液减压过滤，并用少量去离子水和 95%乙醇洗涤产物，抽滤至干。称量，计算粗产品的产量和产率。

4. 重结晶

保留少量(0.1～0.2g)粗产品供纯度检验，其余在加热条件下用尽量少的水溶解。冷却溶液至室温，待晶体析出完全后减压过滤，收集重结晶产品后用水蒸气浴烘干，称量并计算重结晶产率。

5. 纯度检验

分别取 0.1g 粗产品和重结晶产品，各放入一支小试管中并加入 2mL 去离子水溶解。在溶液中分别加入 1 滴 $6mol \cdot L^{-1}$ HNO_3 溶液酸化，再滴入 2 滴 $0.1mol \cdot L^{-1}$ $AgNO_3$ 溶液，对比分析两支试管中的现象。

五、注意事项

(1) 在溶解蒸发 $NaNO_3$ 和 KCl 的混合溶液时，溶液中会析出较多固体，因此要持续使用玻璃棒搅拌溶液，尽量避免热溶液和固体飞溅出来。

(2) 热滤漏斗夹套中的自来水不要加得太多，避免因加热使热滤漏斗内的水受热膨胀而溢出。加水量也不可太少，避免蒸干，干烧铜制漏斗会熔化接口处的焊锡，造成严重损坏！在热过滤过程中，应对铜制漏斗持续加热以使水保持微沸状态。同时，待过滤热溶液应尽快转入热滤漏斗中，避免原溶液在过滤前冷却析出产物。

(3) 热溶液冷却结晶时，不可骤冷，避免产物结晶过细，影响抽滤。

(4) 重结晶时，加热溶解粗产物的水最好少量多次地添加，在沸腾状态下刚好使粗产物溶解即可，避免水量过多，否则晶体难以析出或析出过少，影响产率。如果加水过多，要对溶液进行适当浓缩。

六、思考题

(1) 重结晶过程涉及哪些基本操作？应注意哪些问题？

(2) 用转化法制备硝酸钾时，为什么要对溶液进行加热和热过滤？

(3) 影响硝酸钾的产量、产率及纯度的主要因素有哪些？

实验 6　乙酸铬(Ⅱ)水合物的制备

一、实验目的

(1)学习对空气敏感化合物的制备原理和方法。

(2)巩固沉淀过滤、洗涤和干燥等基本操作。

二、实验原理

通常铬(Ⅱ)化合物非常不稳定，暴露在空气中很容易被氧气氧化为铬(Ⅲ)化合物，但铬(Ⅱ)的卤化物、磷酸盐、碳酸盐和乙酸盐等可在干燥、无氧气条件下存在。

乙酸铬(Ⅱ)是淡红棕色，不溶于水，但易溶于盐酸，容易被氧气氧化而变为灰色粉末状或蓝绿色糊状的乙酸铬(Ⅲ)。乙酸铬(Ⅲ)溶于水，不溶于醇。

由于铬(Ⅱ)化合物极易被空气中的氧气氧化，故只能在惰性气体(如 N_2、Ar 等)或还原性气氛(如 H_2)保护下进行制备。

本实验在封闭体系中进行，金属锌作为还原剂可将铬(Ⅲ)还原为铬(Ⅱ)，还与盐酸反应产生氢气。在该体系中，氢气不但增大反应体系的压力迫使铬(Ⅱ)溶液进入乙酸钠溶液中形成乙酸铬(Ⅱ)，还起到隔绝空气维持体系还原性气氛的作用。

有关的乙酸铬(Ⅱ)制备反应方程式如下所示：

$$2Cr^{3+} + Zn \longequal 2Cr^{2+} + Zn^{2+}$$

$$2Cr^{2+} + 4CH_3COO^- + 2H_2O \longequal [Cr(CH_3COO)_2]_2 \cdot 2H_2O$$

三、实验用品

三口圆底烧瓶(3×19#，100mL)，滴液漏斗(19#，60mL)，空心塞(19#)，单孔橡皮塞，玻璃弯管(90°，120°)，烧杯(250mL)，锥形瓶(150mL)，布氏漏斗，抽滤瓶，循环水泵，铁架台，铁夹，台秤，量筒。

浓盐酸，乙醇，去氧水(自制，去离子水煮沸后冷却备用)，六水三氯化铬，锌粒，无水乙酸钠，滤纸。

四、实验内容

(1)按图 3-8 装置仪器，并检查装置的气密性。

(2)在三口圆底烧瓶中先放入 8.0g 锌粒和 5.0g 六水三氯化铬固体，再加入 6mL 去氧水，小心摇动烧瓶得到深绿色混合物。

(3)称取 5.0g 无水乙酸钠置于锥形瓶中，加 12mL 去氧水溶解。

(4)先夹住通往盛有乙酸钠溶液的橡皮管，松开通往水封的橡皮管，通过滴液漏斗缓慢滴加 10mL 浓盐酸，并不断小心摇动三口圆底烧瓶，溶液逐渐由蓝绿色变为亮蓝色。

(5)当氢气仍能较快释放时，松开通往乙酸钠溶液的橡皮管，夹住通往水封的橡皮管，以增大体系压力，迫使二氯化铬溶液进入乙酸钠溶液中，很快有红色乙酸铬(Ⅱ)沉

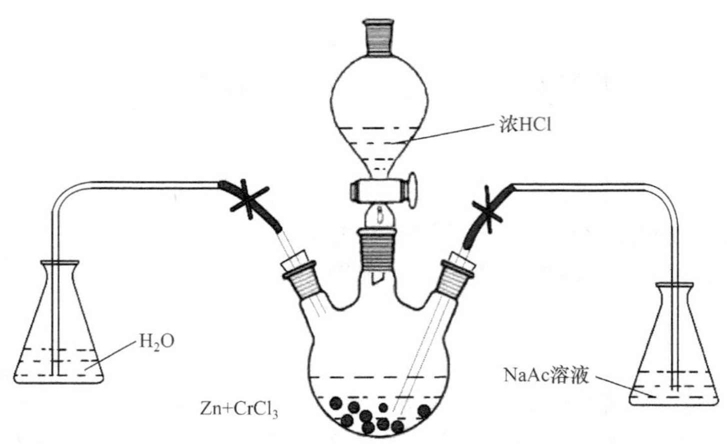

图 3-8　制备乙酸铬(Ⅱ)的装置示意图

淀生成。

(6)待沉淀完全后，使用铺有双层滤纸的布氏漏斗减压过滤，用 10mL 去氧水分次洗涤沉淀，再用少量乙醇洗涤，尽量抽干。最后将产物铺在表面皿上晾干，称量，计算产量和产率。回收产品保存。

五、注意事项

(1)滴加浓盐酸速度不宜过快，反应时间控制在 40～60min。

(2)在抽滤时，乙酸铬(Ⅱ)极易被氧化。在抽滤前，需准备好抽滤装置和去氧水，迅速完成抽滤和洗涤步骤。

(3)产品需在情性气氛中密封保存。严格密封保存的乙酸铬(Ⅱ)样品始终保持砖红色，一旦接触空气，砖红色的乙酸铬(Ⅱ)样品将逐渐变成灰绿色。

六、思考题

(1)为什么要用封闭装置制备乙酸铬(Ⅱ)?

(2)为什么用乙醇等有机溶剂洗涤产品?

(3)根据乙酸铬(Ⅱ)的性质，应如何保存?

实验 7　无水四碘化锡的制备

一、实验目的

(1)了解在非水溶剂中制备无水四碘化锡的原理和方法。

(2)学习加热回流等基本操作。

二、实验原理

无水四碘化锡为共价型化合物，晶体是橙红色，熔点 143℃，沸点 364℃，约 180℃

升华。遇水即发生水解，在空气中也会缓慢受潮水解(潮解)，易溶于二硫化碳、三氯甲烷、四氯化碳、苯等有机溶剂中，在冰醋酸中溶解度较小。

四碘化锡的性质决定了它不能在水溶液中制备，可采用碘蒸气与金属锡进行气-固相合成，也可在非水溶剂中制备。本实验采用金属锡和碘在非水溶剂四氯化碳中直接合成：

$$Sn + 2I_2 = SnI_4$$

三、实验用品

圆底烧瓶(19#，25mL)，球形冷凝管(19#)，干燥管，磁力加热搅拌器，烧杯(50mL)，量筒(10mL)，电子天平，抽滤瓶，布氏漏斗，循环水泵，铁架台，烧瓶夹，冷凝管夹。

锡箔，碘，四氯化碳，丙酮，无水氯化钙(干燥剂)，KI 溶液(饱和)，冰，滤纸。

四、实验内容

1. 无水四碘化锡制备

准确称取 1g 碘和 0.4g 锡箔加入干燥洁净的 25mL 圆底烧瓶中，加入搅拌子和 10mL 四氯化碳，装好冷凝管和干燥管，在磁力加热搅拌器上加热回流 1～1.5h，直至紫红色的碘蒸气消失，并且冷凝液不呈现碘的紫色。停止加热。趁热把溶液小心倒入干燥洁净的烧杯中，使未反应的锡箔留在烧瓶内，并用少量热的四氯化碳定量转移反应溶液，合并入烧杯内。冰水浴冷却，使结晶完全。抽滤，将结晶尽量抽干。称量，计算产率。

2. 最简式确定

将上述未反应的锡箔干燥后准确称量，根据 I_2 与 Sn 的消耗量，计算其物质的量的比值，得出产物最简式。

3. 性质实验

取少量产物溶于 5mL 丙酮中，分成两份，一份加几滴水，另一份加同样量的饱和 KI 溶液，观察实验现象并解释。

五、注意事项

(1) 制备无水四碘化锡所用仪器必须充分干燥，回流冷凝管上连接干燥管。

(2) 可使用某些香烟或口香糖等的包装用锡箔作为原料。市售锡粒不宜直接使用，可把锡粒置于坩埚中，用酒精喷灯(或煤气灯)熔化后倒入盛水的瓷盘中，形成薄锡片。

(3) 使用四氯化碳等有机溶剂时注意通风。

六、思考题

(1) 四碘化锡可采用什么方法进一步提纯？

(2) 如何判断反应是否完全？

(3) 三碘化铝能否用类似方法制得？为什么？

实验 8　纸层析分离金属离子

一、实验目的

(1) 了解纸层析的分离原理。

(2) 了解 Fe^{3+}、Co^{2+}、Ni^{2+}、Cu^{2+}四种离子的纸层析分离及鉴定。

二、实验原理

层析分离（又称色谱分离）技术利用混合物中各组分物理化学性质（如吸附力、分子形状和大小、极性、亲和力、分配系数等）的差别使各组分不同程度地分布在两相中，其中一相为固定相，另一相为流动相（展开剂或洗脱剂）。两相做相对运动时，各组分物质随流动相一起运动，并在两相间进行反复多次的分配，从而使各组分达到分离。固定相可以是固体或负载在某固体（载体）上的液体，流动相可以是液体或气体。层析法有多种类型，根据固定相类型和分离原理不同分为吸附层析、分配层析、离子交换层析、凝胶层析与亲和层析等，根据载体和操作方式不同分为柱层析、薄层层析和纸层析等。

纸层析是一种应用广泛的分配层析，以层析纸为载体，纸上吸附的水（含 20%～22%）是固定相。把待分离的物质加在纸的一端，使流动相（又称展开剂）经此移动，这样就在两相间发生分配。由于各物质分配系数不同，逐渐在纸上集中于不同的部位。在固定相中分配系数较大的组分，随流动相移动的速度就慢；反之，在流动相中分配系数较大的组分，移动速度就快。物质在纸上移动的速度可以用比移值 R_f(样品某组分移动的距离与展开剂前沿移动的距离的比值）表示。R_f 值与溶质在固定相和流动相间的分配系数有关，当层析纸、固定相、流动相和温度一定时，每种物质的 R_f 值为定值。但由于影响 R_f 的因素较多，要严格控制比较难，因此鉴定时可用已知纯组分做对照试验。

本实验用纸层析法分离鉴定 Fe^{3+}、Co^{2+}、Ni^{2+}、Cu^{2+}。在层析纸下端的原点上用毛细管滴加含有 Fe^{3+}、Co^{2+}、Ni^{2+}、Cu^{2+}的试液，以盐酸丙酮溶液为展开剂，由于毛细作用展开剂沿纸上升，流经试液时，试液中的每个组分随之向上移动。由于各组分在固定相和流动相中具有不同的分配系数，即在两相中具有不同的溶解度，在盐酸丙酮溶液中溶解度较大的组分倾向于随展开剂向上流动，向上移动的速度较快，反之向上移动的速度较慢，展开剂移动足够长的距离后所有组分可以得到分离，不同组分在不同位置形成斑点。使用显色剂与组分形成有色物质，可使斑点更明显易辨。在进行混合离子分离时，同时用已知纯组分 Fe^{3+}、Co^{2+}、Ni^{2+}、Cu^{2+}作对照，可以更清楚地得到鉴定结果。

三、实验用品

层析缸（可用 500mL 带盖广口瓶代替），毛细管，喷雾器，搪瓷盘，铅笔，刻度尺，镊子，量筒，烧杯。

层析纸(可用普通中速滤纸代替)，$CuCl_2$ 饱和溶液，$FeCl_3$ 饱和溶液，$CoCl_2$ 饱和溶液，$NiCl_2$ 饱和溶液，由这四种溶液或其中两三种混合而成的几种待测溶液(Ⅰ、Ⅱ、Ⅲ等)，展开剂(丙酮与 6mol · L^{-1} HCl 混合，体积比为 35∶10)，显色剂(提供几种选择：①氨水；②0.5mol · L^{-1} 硫化钠溶液；③0.1%二硫代二乙酰胺的乙醇溶液；④黄血盐与赤血盐混合液(两种盐均为 0.05mol · L^{-1})；⑤0.1mol · L^{-1} 硫氰酸钾溶液；⑥1%丁二酮肟)。

四、实验内容

1. 准备工作

(1) 在层析缸中加入 20mL 展开剂。

(2) 取一张 12cm×16cm 的层析纸，以 16cm 的长边为底边，距离底边 2cm 处用铅笔和刻度尺画一条与底边平行的基线，按图 3-9 将纸折叠成 8 片，在每片基线的中点用铅笔作记号，作为点样原点位置，并在每片的顶部用铅笔写上 Fe^{3+}、Co^{2+}、Ni^{2+}、Cu^{2+}和自选的两种未知样品的编号，用作标记。

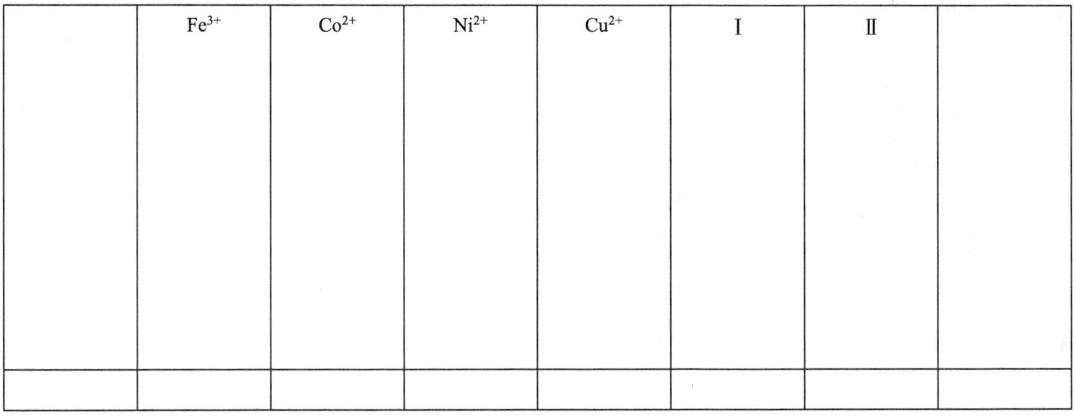

	Fe^{3+}	Co^{2+}	Ni^{2+}	Cu^{2+}	Ⅰ	Ⅱ	

图 3-9　层析纸点样图

2. 点样

取四种已知阳离子成分(Fe^{3+}、Co^{2+}、Ni^{2+}、Cu^{2+})的溶液，以及自选的两种待测混合溶液，用各溶液专用的毛细管在上述相应纸片的基线中点点样，点样斑点直径应小于 0.5cm。可以重复点样，但要待上一次点样的斑点干了以后才能在原位置再次点样(防止斑点直径过大)。自然干燥层析纸各斑点。

3. 展开

把点样后的层析纸小心放入层析缸内，使底边各处同时接触展开剂，盖上玻璃盖。仔细观察并记录在层析过程中发生的现象。当展开剂前沿上升至离纸顶边约 1cm 处时停止展开，取出层析纸，及时用铅笔画下展开剂前沿位置，于通风处晾干。根据斑点颜色用铅笔描画出斑点形状轮廓。

4. 显色

选用合适的显色剂对斑点进行显色处理。

5. 鉴定

(1) 观察待测试液展开后斑点的数量、位置和颜色，与已知离子斑点的位置和颜色进行对比，确定待测试液的阳离子成分。

(2) 测量展开结束后各斑点中心至基线的距离以及展开剂前沿至基线的距离，计算各斑点的 R_f值，比较各阳离子展开时移动的相对速度。

五、注意事项

(1) 展开开始前，必须确保展开剂的液面低于基线上样品的斑点。

(2) 展开结束后，必须用铅笔及时在层析纸上画出展开剂前沿线。

(3) 用氨水作显色剂时，可以用浸有氨水的棉球放在广口瓶中熏蒸。

(4) 有的显色剂起作用时要求有一定的介质条件。

六、思考题

(1) 为什么点样时斑点直径不能过大?

(2) 各斑点的显色可根据其所含成分的不同灵活选用显色剂。本实验中还可以用其他什么试剂作为显色剂?

(3) 展开剂的选择要考虑待分析物质的性质，有时使用单一溶剂，有时使用混合溶剂。本实验为什么要选择丙酮和盐酸作为展开剂组分?

(4) 可否用类似方法分离鉴定其他金属离子? 通过实验证明。

(5) 能否使用圆珠笔或钢笔做基线、点样点等记号?

实验 9　金属离子的萃取分离

一、实验目的

(1) 学习液液萃取分离法的基本原理。

(2) 了解 Fe^{3+}、Al^{3+}的性质差异。

(3) 学习萃取分离和蒸馏分离等基本操作。

二、实验原理

萃取是对混合物中各组分进行分离的常用方法之一，要根据样品的特点选择适当的萃取剂和萃取技术。Fe^{3+}与 Al^{3+}混合溶液可用强酸-乙醚萃取体系进行分离。在 $6mol \cdot L^{-1}$ 盐酸中，Fe^{3+}与 Cl^-生成$[FeCl_4]^-$，乙醚(Et_2O)与 H^+结合生成$[Et_2OH]^+$。由于$[FeCl_4]^-$与$[Et_2OH]^+$电荷相反，都有较大的体积，容易结合形成离子缔合物

$[Et_2OH][FeCl_4]$。该离子缔合物具有疏水性，能够溶于乙醚中，因此从水相转移到有机相。而 Al^{3+}在 6mol · L^{-1} 盐酸中与 Cl^-生成配离子的能力很弱，因此仍然留在水相中。

将 Fe^{3+}由有机相再转移到水相中的过程称为反萃取。将含有$[Et_2OH][FeCl_4]$的乙醚相与水相混合，这时体系中的 H^+和 Cl^-浓度明显降低。$[Et_2OH]^+$和$[FeCl_4]^-$解离趋势增加，又生成了水合铁离子，被反萃取到水相中。由于乙醚沸点低(34.6℃)，因此采用普通蒸馏的方法就可以蒸出乙醚，Fe^{3+}又恢复了初始的状态。

三、实验用品

圆底烧瓶(250mL)，直形冷凝管，尾接管，抽滤瓶，烧杯，分液漏斗(100mL)，量筒(100mL)，铁架台，铁环，乳胶管，橡皮塞，玻璃弯管，滤纸，pH 试纸。

$FeCl_3$ 溶液(5%)，$AlCl_3$ 溶液(5%)，浓盐酸，乙醚，$K_4[Fe(CN)_6]$溶液(5%)，NaOH 溶液(2mol · L^{-1}、6mol · L^{-1})，茜素 S 乙醇溶液(0.2%)，冰水，热水。

四、实验内容

1. 制备混合溶液

取 10mL 5% $FeCl_3$溶液和 10mL 5% $AlCl_3$溶液在烧杯中混合。

2. 萃取

(1)选择分液漏斗及配套的活塞和盖子。在活塞和塞套上适当地涂抹凡士林。检查盖子和活塞处是否严密。

(2)将 15mL $FeCl_3$-$AlCl_3$混合溶液和 15mL 浓盐酸先后由分液漏斗的上口倒入分液漏斗中，再加入 30mL 乙醚，盖好盖子。盖子上若有侧槽，必须将其与分液漏斗上端颈部的小孔错开。

(3)振荡分液漏斗，并不时放气，静置使溶液分层，轻轻地旋转分液漏斗可加速分层。

(4)当分液漏斗中的液体分成清晰的两层后，就可以进行分离。打开盖子(或者转动带侧槽的盖子，使侧槽对准分液漏斗上口的小孔)，开启活塞，放出下层水溶液到适当的容器中。当液层接近放完时关闭活塞，静置片刻，这时下层液体往往会增多，再把下层液体慢慢地放出，一旦放完要迅速关闭活塞。

(5)取下分液漏斗，打开盖子，将上层乙醚溶液从上口倒出，收集到另一指定容器中。

萃取分离后，水相若呈黄色，则表明 Fe^{3+}、Al^{3+}没有分离完全。可用乙醚重复萃取，每次 30mL，直至水相颜色很浅为止。每次分离后的有机相都合并在一起。

3. 蒸馏

选择合适的加热方式，从热源开始，安装好蒸馏装置。向合并后的有机相中加入

30mL 水，转移至圆底烧瓶中，蒸馏出乙醚，并进行回收。

4. 离子分离鉴定

(1)将上面萃取后的水相溶液、蒸出乙醚剩余的水溶液以及未分离的混合液这三种待测试液分别用盐酸调至 pH = 4。

(2)取三张滤纸，在滤纸中心各加一滴 5% $K_4[Fe(CN)_6]$溶液，再将滤纸晾干。

(3)在滤纸中心加一滴某种待测试液，再加一滴水，最后加一滴茜素 S 乙醇溶液。静置，观察滤纸上的颜色变化。$KFe[Fe(CN)_6]$被固定在滤纸中心，生成蓝斑。Al^{3+}被水洗到斑点外围，并与茜素 S 生成红色环。

比较三种试液的鉴定结果。

五、注意事项

(1)萃取操作中注意安全，萃取时一定要注意放气，防止溶液喷出。

(2)乙醚沸点低(34.6℃)，燃点也低(160℃)，并且与空气混合有较宽的爆炸区间(1.85%～36.5%)。因此，实验室内严禁明火。

(3)为了防止乙醚蒸气在实验室大量弥散，接收器和冷凝管之间必须通过尾接管紧密相连，并且把尾接管或接收器的出气口导入下水管道中。整个蒸馏体系绝不可密闭。

(4)乙醚在光的作用下容易生成过氧化物。蒸馏时，若乙醚中有过氧化物，有可能会发生爆炸。因此，实验前要检验乙醚中是否有过氧化物生成，必须在确证不含过氧化物的前提下进行蒸馏。可采用这样的检验方法：向试管中加入 1mL 新配制的 2% $(NH_4)_2Fe(SO_4)_2$溶液和 2～3 滴饱和 NH_4SCN 溶液，摇匀后再加入 1mL 要检验的乙醚，用力振荡。乙醚中有过氧化物存在时，溶液变成红色。

六、思考题

(1)分液漏斗中的上层溶液(乙醚层)能否从下口放出？为什么？

(2)萃取和蒸馏操作分别需要注意什么问题？

实验 10　去离子水制备

一、实验目的

(1)学习离子交换法纯化水的原理和方法。

(2)掌握水质检验的原理和方法。

(3)学会电导率仪的使用方法。

二、实验原理

天然水或二次水含有许多可溶性和不溶性杂质，经过一定的物理、化学和生化处理得到净化的自来水。即使这样的自来水也常含有少量可溶性无机盐，必须通过进一步净化处理才能满足科研、医药单位及电子元器件厂对高纯水的要求。水的净化处理最常用的方法有蒸馏法、电渗析法和离子交换法。蒸馏水是将水加热气化，然后冷凝水蒸气得到。对蒸馏水进行进一步蒸馏可得到二次蒸馏水(重蒸水)，可用于对水质要求更高的环境。电渗析法是通过电渗析装置(包括离子交换膜、电极、隔板等)除去水中的阴、阳离子而获得去离子水。离子交换法是使原水通过离子交换柱(内装阴、阳离子交换树脂)除去水中的阴、阳离子及部分有机物杂质实现净化的方法，用此法得到的去离子水纯度较高。

用离子交换法处理水，对原水有一定要求，城市自来水及深井水较清洁、无色，一般可用离子交换法直接处理。但其他水源通常要进行初级处理，除去大量的离子和凝聚物后才能进行离子交换，否则离子交换树脂很快就会失效。

离子交换树脂是人工合成的具有离子交换功能的多孔高分子聚合物，由三部分组成：不溶性的三维空间网状骨架、以共价键连接在骨架上的功能基团(又称固定基团)和与功能基团所带电荷相反的可交换离子。离子交换树脂的特点是不溶于一般酸、碱及有机溶剂，对热也具有一定的稳定性，并且可以反复再生使用。根据所带可交换基团的不同，可分为阳离子交换树脂和阴离子交换树脂两大类。

阳离子交换树脂是指能解离出阳离子，可与外来的阳离子进行离子交换的树脂，可用 $R—SO_3^-M^+$，$R—COO^-M^+$等表示，其中 R 代表网状骨架，$—SO_3^-$和$—COO^-$为功能基团，而 M^+(如 H^+、Na^+等)为可交换离子。按活性基团酸性强弱的不同，分为强酸性阳离子交换树脂和弱酸性阳离子交换树脂。$R—SO_3^-H^+$为强酸性阳离子交换树脂(如国产 732 树脂)，$R—COO^-H^+$为弱酸性阳离子交换树脂(如国产 724 树脂)。

阴离子交换树脂是指能解离出阴离子，可与外来的阴离子进行离子交换的树脂。同样按活性基团碱性强弱的不同，可分为强碱性阴离子交换树脂和弱碱性阴离子交换树脂。$R—N^+(CH_3)_3OH^-$为强碱性阴离子交换树脂(如国产 717 树脂)，$R—NH_3^+OH^-$为弱碱性阴离子交换树脂(如国产 701 树脂)。

离子交换树脂上进行的交换反应是可逆的。杂质离子可以交换出树脂中的 H^+和 OH^-，而H^+或 OH^-又可以交换出树脂上的杂质离子。因此，当树脂交换达到饱和，即树脂失效时，可使用再生剂进行处理后重新使用，该过程称为树脂的再生。树脂可以再生使用。一般阳离子交换树脂用 5%～10% HCl 再生，阴离子交换树脂用 5% NaOH 再生，最后用水洗至流出液接近中性为止。

另外，由于树脂是多孔网状结构，具有很强的吸附能力，还可通过吸附作用除去部分中性的有机物杂质。又由于装有树脂的交换柱本身就是一个很好的过滤器，所以颗粒状杂质也能一同除去。

将原水通过离子交换树脂时，水中杂质离子(如 Na^+、Ca^{2+}、Cl^-、SO_4^{2-}等)先通过树脂内的微孔扩散进入树脂颗粒内部，再与树脂活性基团上的 H^+或 OH^-发生交换，被交换出来的 H^+或 OH^-又通过微孔扩散到溶液中，并相互结合生成 H_2O，从而达到净化水的目的。以国产 732 和 717 树脂为例，交换反应如下：

阳离子交换树脂：$R—SO_3^-H^+ + Na^+ \rightleftharpoons R—SO_3^-Na^+ + H^+$

$2R—SO_3^-H^+ + Ca^{2+} \rightleftharpoons [R—SO_3^-]_2Ca^{2+} + 2H^+$

阴离子交换树脂：$R—N^+(CH_3)_3OH^- + Cl^- \rightleftharpoons R—N^+(CH_3)_3Cl^- + OH^-$

$2R—N^+(CH_3)_3OH^- + SO_4^{2-} \rightleftharpoons [R—N^+(CH_3)_3]_2SO_4^{2-} + 2OH^-$

经过阳、阴离子交换树脂后：$H^+ + OH^- \rightleftharpoons H_2O$

理论上将原水通过H型阳离子交换树脂和OH型阴离子交换树脂就能达到净化水的目的。但离子交换树脂上进行的交换反应是可逆的。当水中杂质离子较多时，杂质离子交换出树脂中的 H^+或 OH^-的平衡向右进行趋势强烈，但当水中杂质离子减少，树脂上的活性基团大量被杂质离子所占领时，则水中大量存在的 H^+或 OH^-反而会把杂质离子从树脂上交换下来，使树脂又转变成H型或OH型，同时导致流出液的纯度下降。由于交换反应的这种可逆性，所以只用两个离子交换柱(阳离子交换柱和阴离子交换柱)串联所生产的纯水仍含有少量的杂质离子。为了进一步提高水质，可再串联一个由阳离子交换树脂和阴离子交换树脂均匀混合的交换柱，其作用相当于串联了很多个阳离子交换柱与阴离子交换柱，而且在交换柱床层任何部位的水都是中性的，从而减少了逆反应发生的可能性，达到进一步纯化水的目的。

电导率测定是判断水质的重要方法。水中可导电的杂质(无机)离子越多，测量出的电导率值就越大，表明水的纯度就越低。

三、实验用品

电导率仪，离子交换柱(可使用简易型)，水瓶，玻璃棉(或海绵)，T 形管，量筒，螺旋夹，弹簧夹，乳胶管，橡皮塞，玻璃管，烧杯，试管。

732型强酸性阳离子交换树脂(H型)，717强碱性阴离子交换树脂(OH型)，原料水(自来水或自制含 $1\times10^{-4}mol\cdot L^{-1}$ $CaCl_2$ 和 $1\times10^{-4}mol\cdot L^{-1}$ $MgSO_4$ 的溶液作为原料水)，钙试剂(0.1%)，镁试剂(0.1%)，HNO_3 溶液($2mol\cdot L^{-1}$)，HCl 溶液(5%)，NaOH 溶液(5%、$2mol\cdot L^{-1}$、$6mol\cdot L^{-1}$)，$AgNO_3$ 溶液($0.1mol\cdot L^{-1}$)，$BaCl_2$ 溶液($1mol\cdot L^{-1}$)，pH 试纸。

四、实验内容

1. 离子交换树脂装柱

采用湿法装柱。如果使用简易型离子交换柱，需将少量润湿的玻璃棉(或海绵)塞入柱的下端，用乳胶管连接一个T形管，使用螺旋夹控制流速。在柱中注入纯水，尽量排除柱下端T形管、连接的乳胶管及玻璃棉中的空气。关闭螺旋夹(或玻璃活塞)，将湿树脂加入柱中(可在柱口插入合适漏斗，扩大柱的口径，防止树脂流到柱外)。树脂的相对密度比水大，会自动沉降于柱下部。沉降完后可轻敲柱子，使树脂层装填更紧密。注意在装柱及之后进行的离子交换等操作过程中，需始终保持柱中的液面高于树脂面至少2cm以上，防止溶液流空，产生大量气泡而破坏柱的交换效率。

通过以上操作在柱1和柱2中分别装入H型阳离子交换树脂和OH型阴离子交换树

脂。对于第 3 根柱，依据交换柱的大小，分别取一定量的阳离子交换树脂和 2 倍量的阴离子交换树脂于小烧杯中，加少量水混合均匀后，装入柱 3 中。两种树脂混合后容易聚集结块，导致树脂难以自动沉降，这时可以用细玻璃棒(或铜丝)打散树脂，并轻敲柱子，尽量使混合树脂装填紧实。

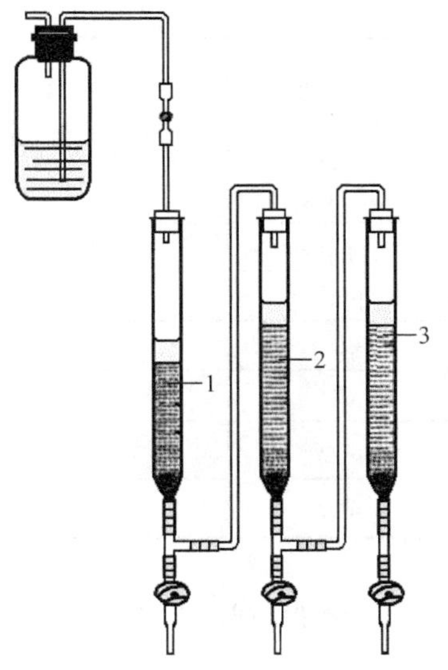

图 3-10　水处理装置示意图
1. 阳离子交换柱；2. 阴离子交换柱；3. 混合离子交换柱

2. 离子交换柱连接

按图 3-10 所示串联三根交换柱。连接时先用纯水注满连接管，以便排出管内气泡。如果不使用高位水槽，则需使三根柱的高度从 1～3 依次降低，保持位差，以使交换水顺利流出。

3. 离子交换净化水

使原料水缓慢地依次流经阳离子交换柱、阴离子交换柱、混合离子交换柱(注意：流速不能太快)，并且在盛接其中一根柱的流出液时，其他两根柱的下部螺旋夹或活塞是关闭的。去除每根柱刚开始部分的流出液(主要为树脂间空隙中的纯水)后，用小烧杯分别盛接三根柱的流出液，用于下面的分析检验。

4. 水质检验

用电导率仪对 1、2、3 号柱的流出液、原料水及实验室使用的去离子水(用作对比)进行电导率测定，用 pH 试纸测量溶液的酸碱度，并进行下列杂质离子的定性检验。

1) Mg^{2+}检验

取约 1mL 水样于试管中，加入 5 滴 6mol · L^{-1} NaOH 溶液和 2 滴镁试剂，若有天蓝色沉淀生成，表示有 Mg^{2+}存在。

2) Ca^{2+}检验

取约 1mL 水样于试管中，加入 5 滴 2mol · L^{-1} NaOH 溶液和 2 滴钙试剂，若溶液颜色转为红色，表示有 Ca^{2+}存在。

3) Cl^-检验

取约 1mL 水样于试管中，加入 2 滴 2mol · L^{-1} HNO_3 溶液酸化，再加入 3～5 滴 0.1mol · L^{-1} $AgNO_3$ 溶液，若产生白色沉淀，表示有 Cl^-存在。

4) SO_4^{2-}检验

取约 1mL 水样于试管中，加入 10 滴 1mol · L^{-1} $BaCl_2$ 溶液，若有白色沉淀析出，表示有 SO_3^{2-}存在。

将水质检验的结果列于表 3-3 中，并得出结论。

表 3-3　水质检验结果

检验项目	原料水	阳离子交换柱流出液	阴离子交换柱流出液	混合离子交换柱流出液	去离子水
电导率 /(μS · cm^{-1})					
pH					
Mg^{2+}					
Ca^{2+}					
Cl^-					
SO_4^{2-}					
结论					

5. 树脂回收

将使用过的树脂进行分类回收，以方便再生使用。

五、注意事项

1. 离子交换树脂的预处理

(1) 洗涤：树脂在合成过程中会产生一些低相对分子质量的有机残留物等杂质。对于新树脂，需先用有机溶剂乙醇或丙酮浸泡至基本无色以去除这些杂质，然后改用饱和食盐水浸泡，最后用水冲洗掉食盐水。对于多次使用过的树脂，则免除此步骤。

(2) 活化：新树脂及中毒严重或交换容量下降严重的旧树脂必须进行活化处理。一般用 3～5 倍于树脂体积的 5% HCl 溶液、H_2O、5% NaOH 溶液、H_2O 在树脂装柱条件下依次交替重复再生和洗涤两三次。

(3) 转型：本实验中阳离子交换树脂、阴离子交换树脂必须分别转为 H 型、OH 型，为此需分别用 5% HCl 溶液、5% NaOH 溶液浸泡或过柱淋洗，然后用纯水洗至中性。

2. 离子交换树脂的再生

上述转型操作也是对离子交换树脂再生的过程。

3. 装柱

在装柱过程中，如果不小心使柱中的液面低于树脂面，导致交换柱中产生气泡，可用长玻璃棒(或铜丝)插入交换柱中搅动树脂，以赶走树脂柱中的气泡。严重时应重新装柱。切记，在装柱和离子交换过程中，必须一直维持柱中液面始终高于树脂面，避免空气进入树脂层，影响交换效果。

4. 沉淀的观察

由于水中存在的无机杂质离子的浓度均较低，加入沉淀剂后产生沉淀的量可能较少，应仔细观察，必要时可做空白实验进行对比。

六、思考题

(1) 在装柱完成，串联各柱时，应如何正确操作以防止空气进入交换柱中产生气泡而影响离子交换效果？

(2) 各离子交换柱的流出液收集的时间对实验结果有何影响？

(3) 1 号阳离子交换柱流出液的电导率、pH 与原水样相比是增大、减小还是不变？为什么？2 号阴离子交换柱和 3 号混合柱流出液的电导率和 pH 又如何？

(4) 有同学测得 1 号阳离子交换柱流出液的电导率高于原料水，这种现象正常吗？

(5) 纯水 pH 测得值通常小于 7，为什么？

(6) 如何将混合的阴、阳离子交换树脂分开？(提示：两种树脂密度不同)

实验 11 离子交换法分离金属离子

一、实验目的

(1) 了解离子交换树脂的基本原理和在分离混合金属离子中的应用。

(2) 熟悉 Fe^{3+}、Co^{2+}、Ni^{2+}的分离检测方法。

二、实验原理

使用合适的阳离子或阴离子交换树脂及合适的淋洗剂可以有效分离某些金属离子。Fe^{3+}、Co^{2+}、Ni^{2+}与 HCl 形成配阴离子的能力有较大差异，本实验使用阴离子交换树脂与配阴离子进行离子交换，以不同浓度的 HCl 溶液为淋洗剂，使金属离子混合物得以分离。

浓的 HCl 溶液(大于 $8mol \cdot L^{-1}$)中，Fe^{3+}和 Co^{2+}分别与 Cl^-形成$[FeCl_6]^{3-}$和$[CoCl_4]^{2-}$，而 Ni^{2+}不会。随着 HCl 溶液浓度降低，Fe^{3+}、Co^{2+}与 Cl^-的结合有不同程度的降低。当 HCl 浓度小于 $4mol \cdot L^{-1}$ 时，$[CoCl_4]^{2-}$几乎完全解离。HCl 浓度小于 $1mol \cdot L^{-1}$时，$[FeCl_6]^{3-}$也完全解离。因此，当含有$[FeCl_6]^{3-}$、$[CoCl_4]^{2-}$和Ni^{2+}的浓 HCl 溶液进入阴离子交换柱时，$[FeCl_6]^{3-}$、$[CoCl_4]^{2-}$与树脂上的阴离子发生交换反应，留在交换柱上，而 Ni^{2+}则不发生交换反应，可以被浓 HCl 溶液洗脱下来，而$[FeCl_6]^{3-}$和$[CoCl_4]^{2-}$随淋洗剂渗入下层树脂。改用 $3mol \cdot L^{-1}$ HCl 溶液洗脱，$[CoCl_4]^{2-}$逐渐解离，Co^{2+}被洗脱下来。最后用 $0.5mol \cdot L^{-1}$ HCl 溶液洗脱，$[FeCl_6]^{3-}$也逐渐解离，Fe^{3+}从交换柱上被洗脱下来，从而 Ni^{2+}、Co^{2+}和 Fe^{3+}得以分离。

Co^{2+}和 Fe^{3+}在酸性条件下与 SCN^-分别生成蓝绿色和红色配离子，Ni^{2+}与丁二酮肟在氨存在时形成红色沉淀，这些反应可以在分离后用作离子鉴定。

三、实验用品

移液管，交换柱(1cm×30cm，可用 25mL 滴定管代替)，玻璃棉，点滴板，烧杯，锥形瓶(250mL)。

HCl 溶液(0.5mol · L^{-1}、3mol · L^{-1}、9mol · L^{-1})，氨水，Fe^{3+}、Co^{2+}、Ni^{2+}混合液(各 0.1mol · L^{-1})，NH_4SCN 溶液(饱和)，丁二酮肟试纸，717 型强碱性阴离子交换树脂。

四、实验内容

1. 装柱

将交换柱洗净，在交换柱底部垫少量玻璃棉。在柱中加去离子水至近满，排除玻璃棉及柱下部所有空气，然后将阴离子交换树脂和水一起从柱上端加入，同时开启柱下端活塞从柱中放水，使树脂自然下沉堆积，树脂高度约为 24cm，始终保持液面高于树脂。待液面降至很接近树脂面时，关闭活塞，加入 10mL 9mol · L^{-1} HCl 溶液，开启活塞，控制流速每分钟 0.5～0.8mL(整个交换过程保持这个流速)，直至液面重新降低到接近上端树脂面。

2. 试样的准备

取 2mL 试液置于小烧杯中，加入 4mL 9mol · L^{-1} HCl 溶液，混匀后加入交换柱。柱的下端用 250mL 锥形瓶收集流出液。待液面降至上端玻璃棉时，即开始 Ni^{2+}的洗脱。

3. Ni^{2+}的洗脱与检验

用 9mol · L^{-1} HCl 溶液作淋洗剂，每次加入 2～5mL，每次加淋洗剂前检查 Ni^{2+}的洗脱情况，根据检查结果酌量加入淋洗剂，直至 Ni^{2+}洗脱完全(淋洗剂用量为 15～20mL)。

取 1 滴流出液置于丁二酮肟试纸上，将试纸置于氨水蒸气上片刻，湿斑边缘出现鲜红色，表示有 Ni^{2+}存在。

4. Co^{2+}的洗脱与检验

Ni^{2+}洗脱完全后，更换锥形瓶，用 3mol · L^{-1} HCl 溶液作淋洗剂，过程控制同上(淋洗剂用量 20～30mL)。

取 1 滴流出液置于点滴板上，加 2 滴饱和 NH_4SCN 溶液，溶液变为蓝色，表示有 Co^{2+}存在。

5. Fe^{3+}的洗脱与检验

Co^{2+}洗脱完全后，更换锥形瓶，用 0.5mol · L^{-1} HCl 溶液作淋洗剂，过程控制同上(淋洗剂用量 40～60mL)。

取 1 滴流出液置于点滴板上，加 2 滴饱和 NH_4SCN 溶液，溶液变为红色，表示有 Fe^{3+}存在。

五、注意事项

(1) 丁二酮肟试纸制备：将滤纸条浸于温热的丁二酮肟饱和溶液中，取出自然晾干后备用。用试纸检验 Ni^{2+}的灵敏度比点滴板反应约高 10 倍。Ni^{2+}与丁二酮肟的特征反应不能在强酸性条件下进行。

(2) 离子交换树脂的用量和高度要足够，否则影响分离效果。

六、思考题

(1) 为什么交换柱在加入混合液前要先用浓 HCl 淋洗?

(2) 用铵型阳离子交换树脂分离 Co^{2+}和 Ni^{2+}，淋洗剂为柠檬酸铵溶液。已知 Co^{2+}和 Ni^{2+}与柠檬酸根 Cit^{3-}形成的配合物的稳定常数分别为 3.16×10^{12} 和 2.00×10^{14}，试估计哪种离子先被洗脱出来。

(3) 根据洗出液中 Fe^{3+}、Co^{2+}和 Ni^{2+}的检查结果，总结试剂显色速度及颜色深浅与离子浓度之间的关系。

第 4 章　化学原理与常数测定实验

实验 12　化学反应速率与活化能

一、实验目的

(1)熟悉浓度、温度和催化剂对反应速率的影响。

(2)了解反应速率的测定方法和实验设计方法。

(3)学习实验数据的表达与处理方法，计算反应级数、反应速率常数和反应的活化能。

二、实验原理

在水溶液中过二硫酸铵和碘化钾发生如下反应：

$$S_2O_8^{2-} + 3I^- = 2SO_4^{2-} + I_3^- \tag{4-1}$$

其反应速率可表示为

$$r = kc(S_2O_8^{2-})^m c(I^-)^n$$

式中，r 为反应的瞬时速率；$c(S_2O_8^{2-})$、$c(I^-)$ 为瞬时浓度；k 为反应速率常数；m 和 n 分别为 $S_2O_8^{2-}$和 I^-的反应级数。

实际上瞬时速率是无法直接测定的，实验能够直接测定的速率是在一段时间间隔(Δt)内反应的平均速率，当 Δt 较小时，可以近似地用平均速率代替瞬时速率：

$$r = \frac{\Delta c(S_2O_8^{2-})}{\Delta t}$$

为了测出 Δt 时间内 $S_2O_8^{2-}$浓度的改变值，可以在反应体系中加入一定量的 $Na_2S_2O_3$ 溶液和淀粉溶液，则在反应(4-1)进行的同时还会进行下列反应：

$$2S_2O_3^{2-} + I_3^- = S_4O_6^{2-} + 3I^- \tag{4-2}$$

反应(4-2)进行得非常快，几乎瞬间完成，而反应(4-1)相对要慢得多。因此，由反应(4-1)生成的 I_3^-立即与 $S_2O_3^{2-}$反应，生成无色的 $S_4O_6^{2-}$和 I^-，所以在反应的开始阶段看不到 I_3^-与淀粉反应而显示的特有蓝色。但是一旦 $Na_2S_2O_3$ 耗尽，反应(4-1)继续生成的 I_3^- 就与淀粉反应而呈现出特有的蓝色。

由于从反应开始到蓝色出现标志着 $S_2O_3^{2-}$全部耗尽，所以从反应开始到出现蓝色这段时间(Δt)内，$S_2O_3^{2-}$浓度的改变 $\Delta c(S_2O_3^{2-})$ 实际上就是 $Na_2S_2O_3$ 的起始浓度。

从反应(4-1)和反应(4-2)可以看出，$S_2O_8^{2-}$减少的量为 $S_2O_3^{2-}$减少量的一半，所以 $S_2O_8^{2-}$在 Δt 时间内减少的浓度可以从下式求得：

$$\Delta c(S_2O_8^{2-}) = \frac{c(S_2O_3^{2-})}{2}$$

因此，通过设计一系列反应体系，改变反应物 $S_2O_8^{2-}$或 I^-的初始浓度，测定消耗一定量 $S_2O_8^{2-}$［由 $c(S_2O_8^{2-})$ 决定］所需要的时间 Δt，计算得到各反应物在不同初始浓度的初速率，进而确定该反应的速率方程和反应速率常数。

可以用作图法求得反应级数 m 和 n 的值。将反应速率表示式 $r = kc(S_2O_8^{2-})^m c(I^-)^n$ 两边取对数：

$$\lg r = m\lg c(S_2O_8^{2-}) + n\lg c(I^-) + \lg k$$

当 $c(I^-)$ 不变时，以 $\lg r$ 对 $\lg c(S_2O_8^{2-})$ 作图，拟合所得直线的斜率即为 m（取整数）。同理，当 $c(S_2O_8^{2-})$ 不变时，以 $\lg r$ 对 $\lg c(I^-)$ 作图，由斜率可求得 n 的值（取整数）。将 m 和 n 代入 $r = kc(S_2O_8^{2-})^m c(I^-)^n$ 计算得到反应速率常数 k。

根据阿伦尼乌斯方程：

$$\lg k = -\frac{E_a}{2.303RT} + \lg A$$

式中，E_a 为反应的活化能；R 为摩尔气体常量；T 为热力学温度。测出不同温度下的 k 值，以 $\lg k$ 对 $\frac{1}{T}$ 作图，可拟合得一直线，直线斜率为 $-\frac{E_a}{2.303R}$，从而可求得反应的活化能 E_a。

三、实验用品

烧杯，大试管，量筒，秒表，温度计，玻璃棒。

$(NH_4)_2S_2O_8$ 溶液（$0.20mol \cdot L^{-1}$），KI 溶液（$0.20mol \cdot L^{-1}$），$Na_2S_2O_3$ 溶液（$0.010mol \cdot L^{-1}$），KNO_3 溶液（$0.20mol \cdot L^{-1}$），$(NH_4)_2SO_4$ 溶液（$0.20mol \cdot L^{-1}$），$Cu(NO_3)_2$ 溶液（$0.20mol \cdot L^{-1}$），淀粉溶液（0.2%）。

四、实验内容

1. 浓度对化学反应速率的影响

在室温条件下，按表 4-1 中各试剂的用量，用量筒分别量取 KI 溶液、$Na_2S_2O_3$ 溶液、淀粉溶液、KNO_3 溶液和 $(NH_4)_2SO_4$ 溶液，全部加入一个烧杯中，混合均匀。用另一量筒取 $(NH_4)_2S_2O_8$ 溶液，迅速倒入上述混合液中，同时启动秒表，并不断用玻璃棒搅拌溶液，注意观察溶液颜色。当溶液刚出现蓝色时，立即按停秒表，记录时间，填入表 4-1 中，进行反应速率等计算。

表 4-1　室温下浓度对反应速率的影响

实验编号		Ⅰ	Ⅱ	Ⅲ	Ⅳ	Ⅴ
试剂用量/mL	0.20mol · L^{-1} $(NH_4)_2S_2O_8$溶液	20.0	10.0	5.0	20.0	20.0
	0.20mol · L^{-1} KI 溶液	20.0	20.0	20.0	10.0	5.0
	0.010mol · L^{-1} $Na_2S_2O_3$溶液	8.0	8.0	8.0	8.0	8.0
	0.2%淀粉溶液	2.0	2.0	2.0	2.0	2.0
	0.20mol · L^{-1} KNO_3溶液	0	0	0	10.0	15.0
	0.20mol · L^{-1} $(NH_4)_2SO_4$溶液	0	10.0	15.0	0	0
起始浓度 /(mol · L^{-1})	$(NH_4)_2S_2O_8$溶液					
	KI 溶液					
	$Na_2S_2O_3$溶液					
Δt/s						
$\Delta c(S_2O_8^{2-})$ /(mol · L^{-1})						
r/(mol·L^{-1}·s^{-1})						

2. 温度对化学反应速率的影响

按表 4-1 实验编号Ⅳ的试剂用量，将装有 KI、$Na_2S_2O_3$、淀粉、KNO_3混合溶液的烧杯和装有$(NH_4)_2S_2O_8$ 溶液的烧杯分别放入高于室温约 10℃的恒温水浴中，待两者温度都与水浴温度一致时，将$(NH_4)_2S_2O_8$溶液迅速加入 KI 等的混合溶液中，立即计时并持续搅拌，当溶液刚出现蓝色时，记录反应时间。此实验编号记为Ⅵ。

用同样方法在高于室温约 20℃的恒温水浴中进行实验。此实验编号记为Ⅶ。

将实验数据Ⅵ、Ⅶ和实验Ⅳ的有关数据记入表 4-2，计算、比较反应速率。

表 4-2　温度对反应速率的影响

实验编号	Ⅳ	Ⅵ	Ⅶ
T/℃			
Δt/s			
r/(mol · L^{-1} · s^{-1})			

3. 催化剂对化学反应速率的影响

按表 4-1 实验Ⅳ的用量，把 KI 溶液、$Na_2S_2O_3$溶液、淀粉溶液、KNO_3溶液混合，再加入 2 滴 0.02mol · $L^{-1}Cu(NO_3)_2$溶液，搅匀，然后迅速加入$(NH_4)_2S_2O_8$溶液，搅拌，计时。此实验编号记为Ⅷ。比较实验Ⅷ与实验Ⅳ的反应速率。

4. 数据处理

1) 室温下反应级数和反应速率常数的作图法求算

取表 4-1 中具有相同 $c(I^-)$ 的实验Ⅰ、Ⅱ、Ⅲ的 $\lg r$ 和 $\lg c(S_2O_8^{2-})$ 数据，以 $\lg r$ 对 $\lg c(S_2O_8^{2-})$ 作图并进行直线拟合，直线斜率即为 m，填入表 4-3。取 $c(S_2O_8^{2-})$ 相同的实验Ⅰ、Ⅳ、Ⅴ相关数据，作 $\lg r$-$\lg c(I^-)$ 图并进行直线拟合，直线斜率即为 n，也填入表 4-3。计算每组实验的 k 值，也填入表 4-3。反应速率常数 k 的单位为$(mol \cdot L^{-1})^{1-m-n} \cdot s^{-1}$，与 m、n 的具体数值有关。

表 4-3　反应级数和反应速率常数的计算

实验编号	Ⅰ	Ⅱ	Ⅲ	Ⅳ	Ⅴ
$\lg r$					
$\lg c(S_2O_8^{2-})$					
$\lg c(I^-)$					
m					
n					
$k/[(mol \cdot L^{-1})^{1-m-n} \cdot s^{-1}]$					

此处所得的 k 值可填入表 4-4 相应位置（实验编号Ⅳ）。

2) 反应活化能的作图法求算

根据求出的反应级数及表 4-2 中不同温度下的反应速率，可由 $r = kc(S_2O_8^{2-})^m c(I^-)^n$ 计算出不同温度下的反应速率常数，填入表 4-4 中。以 $\lg k$ 对 $\frac{1}{T}$ 作图并进行直线拟合，由直线斜率，即 $-\frac{E_a}{2.303R}$ 可求得反应的活化能 E_a。本实验活化能测定值的误差应不超过 10%（文献值：51.8kJ · mol^{-1}）。

表 4-4　反应活化能的计算

实验编号	Ⅳ	Ⅵ	Ⅶ
T/K			
$\frac{1}{T}$ /K^{-1}			
$k/[(mol \cdot L^{-1})^{1-m-n} \cdot s^{-1}]$			
$\lg k$			
$E_a/(kJ \cdot mol^{-1})$			

五、注意事项

(1)碘化钾溶液应为无色透明溶液，不宜使用有碘析出的浅黄色溶液。过二硫酸铵要用新配制的，因为时间长了过二硫酸铵易分解。若所配制过二硫酸铵溶液的 pH<3，说明该试剂已有分解，不适合本实验使用。所用试剂中若混有少量 Cu^{2+}、Fe^{2+}等杂质，对反应会有催化作用，必要时可加几滴 0.10mol · L^{-1} 乙二酸四乙酸钠溶液屏蔽这些金属离子的影响。

(2)量取试剂的量筒分开专用。

(3)过二硫酸铵溶液与其他溶液混合之前，都要分别达到所需温度。

六、思考题

(1)溶液出现蓝色后反应 $S_2O_8^{2-} + 3I^- \Longrightarrow 2SO_4^{2-} + I_3^-$是否终止了?

(2)实验Ⅱ～Ⅳ为什么要加入 KNO_3 溶液或 $(NH_4)_2SO_4$ 溶液?

(3)下列操作对实验结果有何影响?

①6 种试剂用同一量筒;

②先加 $(NH_4)_2S_2O_8$ 溶液，最后加入 KI 溶液;

③缓慢加 $(NH_4)_2S_2O_8$ 溶液。

附：作图法处理实验数据

对实验数据用作图法处理，能直接显示数据的特点、变化规律，还能通过斜率、截距、外推值等确定有关物理量的数值。随着计算机的普及，作图工作可以方便地用计算机软件(如 Excel、Origin 等)完成，这些软件在快速确定最佳拟合曲线(包括直线)并进行有关计算等方面具有非常明显的优势，但是坐标轴的选取和标度、线形、曲线拟合的方式等工作仍然需要操作人员进行干预。传统的手工作图大多使用直角坐标纸，遵循以下原则和步骤。

1. 选取坐标轴

在坐标纸上画两条互相垂直的直线，一条为横坐标，另一条为纵坐标，分别代表实验数据的两个变量。习惯上以自变量为横坐标，因变量为纵坐标，一般在坐标轴旁中间位置标明变量名和单位。坐标轴不一定以 0 作为原点，实际上在大多数情况下不是以 0 为原点。坐标标度应能表示出实验数据的全部有效数字，从而使图中读取数据的精密度与测量的精密度相当。每一小格所对应的数值应便于计算，便于从图中数据点快速读数。图的大小布局应能使数据点尽量分散开，布局均匀。

2. 确定数据坐标

根据数据的两个变量值确定相应坐标点位置，用易辨认的符号如+、×、⊗、⊕等表示，符号的中心表示数据点的确切位置。同一曲线上各个相应的坐标点要用同一种符号，不同的曲线需用不同的符号表示。

3. 画出拟合曲线

根据数据坐标点的变化规律，画出均匀光滑的拟合直线(或曲线)，该拟合线不必通过全部坐标点，但是应使坐标点均匀分布在靠近线的两边。对于拟合直线，可从线上选取两点，以其坐标差之比确定斜率；直线外延至纵坐标，可读取截距。

实验 13　乙酸解离平衡常数测定

一、实验目的

(1)掌握弱酸的解离度和解离平衡常数的测定方法。
(2)进一步熟练掌握溶液的配制方法。
(3)学会 pH 计(酸度计)的使用方法。

二、实验原理

乙酸(CH_3COOH，HAc)是弱电解质，在水溶液中存在以下解离平衡：

$$HAc \rightleftharpoons H^+ + Ac^-$$

其解离平衡常数关系式为

$$K_a^\ominus = \frac{[H^+][Ac^-]}{[HAc]} = \frac{[H^+]^2}{c-[H^+]} = \frac{[H^+]^2}{c(1-\alpha)}$$

式中，$K_a^\ominus$ 为 HAc 的解离平衡常数，又称酸常数；c 为 HAc 的起始浓度；$[H^+]$、$[Ac^-]$、$[HAc]$分别为 H^+、Ac^-、HAc 的平衡浓度；α为 HAc 的解离度。

当$\alpha<5\%$时，$c-[H^+]\approx c$，此时 $K_a^\ominus = \frac{[H^+]^2}{c}$，解离度 $\alpha = \frac{[H^+]}{c}\times 100\%$。

根据以上关系，通过测定已知准确浓度的 HAc 溶液的 pH，由$[H^+] = 10^{-pH}$求算出$[H^+]$，代入上述表达式，即可计算出 HAc 溶液的解离度和解离平衡常数。

pH 计(酸度计)是用来测量溶液 pH 的仪器。不少酸度计还具备测量电池电动势的功能。

三、实验用品

碱式滴定管，吸量管(10mL)，容量瓶(50mL)，烧杯(50mL)，pH 计，温度计。
HAc 溶液($0.20mol \cdot L^{-1}$)，NaOH 标准溶液(约 $0.2000mol \cdot L^{-1}$)，酚酞指示剂。

四、实验内容

1. HAc 溶液浓度的标定

以酚酞为指示剂，用已知准确浓度的 NaOH 标准溶液标定 HAc 溶液的浓度。平行滴定 3 次，把结果填入表 4-5，得到 HAc 溶液的准确浓度。

表 4-5　HAc 溶液浓度的标定

滴定序号		Ⅰ	Ⅱ	Ⅲ
NaOH 标准溶液浓度/($mol \cdot L^{-1}$)				
HAc 溶液用量/mL				
NaOH 标准溶液用量/mL				
HAc 溶液浓度/($mol \cdot L^{-1}$)	计算值			
	平均值			

如果实验时间不够，HAc 溶液浓度可由准备室预先标定好。

2. 配制不同浓度的 HAc 溶液

用吸量管分别移取 10.00mL、5.00mL、2.50mL 已测得准确浓度的 HAc 溶液，加入 3 个已洗净的 50mL 容量瓶中，稀释至刻度，摇匀，计算浓度。这样连同原溶液一起共有 4 种浓度不同的待测 HAc 溶液。

3. 测定 pH，计算解离度和解离平衡常数

先用少量待测 HAc 溶液润洗洁净的 50mL 烧杯，再加入 HAc 溶液，按由稀到浓的次序编号并用 pH 计分别测定其 pH，将数据填入表 4-6 中，计算解离度和解离平衡常数。

表 4-6　pH 测定和解离平衡常数计算

溶液编号	$c/(mol \cdot L^{-1})$	pH	$[H^+]/(mol \cdot L^{-1})$	α	$K_a^\ominus$	
					计算值	平均值
1						
2						
3						
4						

本实验测定的 $K_a^\ominus$ 在 1.0×10^{-5}～2.0×10^{-5} 合格(25℃的 $K_a^\ominus$ 文献值为 1.8×10^{-5})。

五、注意事项

(1)理论上由 4 个不同浓度的 HAc 溶液通过测量其 pH 而求算出的 $K_a^\ominus$ 值应相同，但实验总是存在一定的误差。要求 4 个 $K_a^\ominus$ 值的相对偏差不得超过 10%，否则需重新配制溶液或重测数据。

(2)当 pH 计进行了高浓度溶液的 pH 测量后，如需对低浓度溶液进行测量，一般需对电极进行处理后方可继续使用。处理方法是将电极放入纯水中浸泡一段时间(如果不

断搅拌溶液，可缩短浸泡时间)后，再用标准缓冲溶液重新标定，才可进行溶液 pH 的测量。

六、思考题

(1)若所用的 HAc 浓度极低，HAc 的解离度＞5%时，是否还能用公式 $K_a^\ominus = \frac{[H^+]^2}{c}$ 计算 HAc 的解离平衡常数？为什么？

(2)改变所测 HAc 溶液的浓度或温度，则解离度和解离平衡常数有无变化？若有变化，会如何变化？

(3)稀释 HAc 溶液之前，容量瓶是否要用 HAc 溶液润洗？测定烧杯中 HAc 溶液的 pH 之前，烧杯是否要用 HAc 溶液润洗？

(4)下列情况能否用 $K_a^\ominus = \frac{[H^+]^2}{c}$ 求解离平衡常数？

①在 HAc 溶液中加入一定量的固体 NaAc(假设溶液的体积不变)；

②在 HAc 溶液中加入一定量的固体 NaCl(假设溶液的体积不变)。

(5)将 NaOH 标准溶液装入碱式滴定管中滴定待测 HAc 溶液，以下情况对滴定结果有何影响？

①滴定过程中滴定管下端产生了气泡；

②滴定近终点时，没有用去离子水冲洗锥形瓶的内壁；

③滴定完后，有液滴悬挂在滴定管的尖端处；

④滴定过程中，有一些 NaOH 标准溶液自滴定管的活塞处渗漏出来。

实验 14　碘化铅溶度积测定

一、实验目的

(1)掌握离子交换法测定难溶强电解质溶度积的原理和方法。

(2)掌握碱式滴定管的操作方法。

二、实验原理

碘化铅是难溶于水的强电解质。如果碘化铅在水中的溶解度为 s(单位为 $mol \cdot L^{-1}$)，则饱和碘化铅溶液中$[Pb^{2+}] = s$，$[I^-] = 2s$。

在饱和碘化铅溶液中，存在如下沉淀溶解平衡：

$$PbI_2(s) \rightleftharpoons Pb^{2+}(aq) + 2I^-(aq) \tag{4-3}$$

其标准平衡常数称为碘化铅的溶度积常数，简称为溶度积：

$$K_{sp}^\ominus = [Pb^{2+}][I^-]^2 = s \cdot (2s)^2 = 4s^3 \tag{4-4}$$

因此，只要通过实验测定饱和碘化铅溶液中 Pb^{2+}或 I^-的浓度，就可由式(4-4)求算出碘

化铅的 $K_{sp}^{\ominus}$。离子交换法可以用来测定难溶强电解质的溶解度，其原理与用离子交换法制备去离子水相似，都使用离子交换树脂。

本实验采用 732 型强酸性阳离子交换树脂(H 型)填柱，当一定体积的饱和碘化铅溶液流经该柱时，溶液中的 Pb^{2+}与树脂吸附的 H^+进行交换：

$$2R—SO_3^-H^+ + Pb^{2+} \rightleftharpoons (R—SO_3^-)_2Pb^{2+} + 2H^+ \qquad (4\text{-}5)$$

由式(4-5)可知，1mol 的 Pb^{2+}可从树脂上交换出 2mol 的 H^+。交换后，氢离子进入流出液。收集流出液，用氢氧化钠标准溶液滴定，可计算得到其中氢离子的准确含量，从而可以求出通过离子交换树脂的饱和碘化铅溶液中的铅离子浓度，即碘化铅在饱和溶液中的溶解度 s，代入式(4-4)即可计算出碘化铅的溶度积。

三、实验用品

离子交换柱(图 4-1)或改装后的碱式滴定管柱(50mL)(下端用新的乳胶管加螺旋夹取代，管下端细口处填少量玻璃棉，以防止树脂漏出)，碱式滴定管(25mL)，滴定管架，锥形瓶(250mL)，温度计(100℃)，烧杯，移液管(20mL)，玻璃棉，pH 试纸。

732 型阳离子交换树脂(H 型)，碘化铅溶液(饱和)，NaOH 溶液(约 0.005mol · L^{-1}，使用前进行浓度标定)，HNO_3 溶液(1mol · L^{-1})，酚酞指示剂。

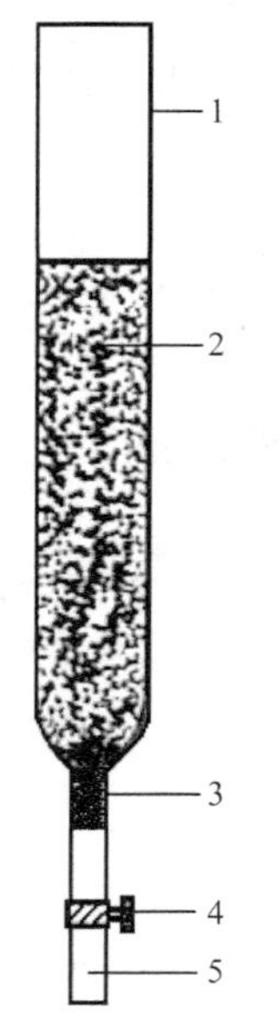

图 4-1　离子交换柱

1. 交换柱；2. 阳离子交换树脂；3. 玻璃棉；4. 螺旋夹；5. 乳胶管

四、实验内容

1. 装柱

取 30mL H 型阳离子交换树脂放在烧杯中。在交换柱中注满去离子水，小心调节螺旋夹，使水慢慢流出，同时将离子交换树脂用水转移到交换柱中，始终保持液面高于树脂面。转移完后，用 pH 试纸检查流出液是否为中性(与去离子水对比)，如果不是中性，则再用去离子水快速淋洗树脂，直至流出液呈中性。最后使液面降至接近树脂面时关闭螺旋夹。

2. 交换和淋洗

用移液管准确移取 20.00mL 饱和碘化铅溶液，小心加入柱中，尽量防止树脂床被搅动，打开螺旋夹，使水流出，同时使饱和碘化铅溶液进入树脂。用 250mL 锥形瓶接收流出液，控制一定流速，不能太快。待上部饱和碘化铅溶液的液面降至稍高于树脂面时，用水少量多次地洗涤交换柱内壁，使残留在壁上的碘化铅溶液完全进入树脂中。用水淋洗树脂，直到流出液呈中性为止(与水对比)。

3. 滴定

将碱式滴定管用水洗净，并用已标定准确浓度的 NaOH 溶液润洗，加入 NaOH 标准溶液，排除尖嘴部分的气泡，记录起始读数。向盛有流出液的锥形瓶中加入 1～2 滴酚酞指示剂，用 NaOH 标准溶液小心滴定至溶液由无色刚转变为浅玫瑰红色，且半分钟内不褪色，即达到滴定终点，记录终点读数。

4. 数据记录和处理

将实验数据记入表 4-7 中。

表 4-7 实验数据记录表

饱和碘化铅溶液温度/℃	
过柱饱和碘化铅溶液体积/mL	
NaOH 标准溶液浓度/$(mol \cdot L^{-1})$	
滴定起始读数/mL	
滴定终点读数/mL	
NaOH 标准溶液消耗体积/mL	
流出液中 H^{+}物质的量/mol	
饱和碘化铅溶液 Pb^{2+}浓度/$(mol \cdot L^{-1})$	
$K_{sp}^{\ominus}$ (PbI_2)	

本实验测定 $K_{sp}^{\ominus}$ 值数量级为 10^{-9}～10^{-8} 合格。

五、注意事项

(1) 饱和碘化铅溶液须事先制好。将过量的碘化铅固体加入煮沸后冷却至室温的去离子水中，充分搅拌，放置几小时使其达到沉淀溶解平衡。过滤得到室温下的饱和碘化铅溶液。注意，过滤时用的漏斗、玻璃棒、盛接滤液的试剂瓶等必须是干净、干燥的，避免引入水。

(2) 本实验所用强酸性阳离子交换树脂须先用硝酸（而不是常用的盐酸）转型为 H 型。实际操作中使用树脂体积 6～10 倍的 $1mol \cdot L^{-1}$ HNO_3 溶液淋洗树脂柱，然后用去离子水洗至流出液呈中性为止。

(3) 在装柱和离子交换过程中，必须一直维持柱中液面高于树脂面，避免空气进入树脂层。在装柱过程中，如果不小心使得柱中的液面低于树脂面导致离子交换树脂中产生了气泡，可用长玻璃棒插入交换柱中搅动树脂，以赶走气泡。严重时必须重新装柱。

(4) 用 NaOH 标准溶液滴定流出液时要尽量小心，避免滴加速度过快，接近终点时采取一滴或半滴滴加的方式。如果滴加过头，可用约 $0.05\ mol \cdot L^{-1}$ 准确浓度的 HCl 溶液返滴定，或者重做实验。

六、思考题

(1) 本实验所用离子交换树脂在使用之前为什么要用 HNO_3 溶液而不是常用的 HCl

溶液将树脂转为 H 型？

(2) 用移液管吸取碘化铅溶液后可以直接加入交换柱，也可先将溶液加入小烧杯，再分次转移到交换柱中，这时在操作上应注意什么问题？

(3) 用去离子水淋洗离子交换树脂时必须使流出液达到中性，可以用 pH 试纸检验，但是有学生发现 pH 总是不能达到 7，这是否正常？为什么？

(4) 如果出现下列情况，分别会对实验结果造成什么影响？

①离子交换树脂的再生转型过程中加入的硝酸量不够，树脂未完全转变成 H 型；

②加硝酸将离子交换树脂完全转变为 H 型之后，再用去离子水淋洗时，流出液未达中性；

③碘化铅溶液上柱交换和淋洗过程中，流出液有部分损失，未全部进入锥形瓶；

④碘化铅溶液上柱后淋洗不彻底，流出液未达中性；

⑤碘化铅溶液上柱后的淋洗过程中频繁地用 pH 试纸检验流出液；

⑥使用煮沸过再冷却的去离子水淋洗离子交换树脂。

(5) 某学生设计采用 OH 型阴离子交换树脂测定碘化铅的溶度积，这样是否可行？为什么？

(6) 有学生希望做两组平行实验，是否必须更换离子交换树脂？

实验 15　解离平衡与沉淀溶解平衡

一、实验目的

(1) 掌握缓冲溶液的配制方法并了解其特性。

(2) 了解同离子效应、盐效应和盐类水解作用。

(3) 认识沉淀的生成、溶解和相互转化的条件。

二、实验原理

弱电解质的解离平衡和难溶强电解质的沉淀溶解平衡是化学平衡的不同类型，遵循化学平衡的基本原理。

在弱电解质的解离平衡体系中，加入含有与弱电解质相同离子的易溶强电解质时，解离平衡向生成弱电解质的方向移动，使解离程度减小，这种作用称为同离子效应。

同离子效应使得共轭酸碱对共存的溶液在一定程度上可抵抗外来的少量酸、碱或适度稀释作用，溶液的 pH 改变很小，这种溶液称为缓冲溶液。共轭酸碱对组成的缓冲溶液，其 pH 的计算公式为

$$\mathrm{pH} = \mathrm{p}K_{\mathrm{a}}^{\ominus} - \lg\frac{c(\text{酸})}{c(\text{碱})}$$

式中，c(酸)、c(碱)分别为弱酸及其共轭碱的初始浓度；$K_{\mathrm{a}}^{\ominus}$ 为弱酸的解离平衡常数。

盐类水解可以看作是由组成盐的离子与水解离出来的离子作用，生成弱酸(碱)的过程。水解反应的结果使溶液呈酸(碱)性。水解过程也是一个可逆过程，水解程度取决于

盐的本性及温度、浓度等条件。水解生成的弱酸(碱)越弱，或水解产物的溶解度越小，则盐越易水解，升高温度或稀释溶液都可增加其水解度。盐的水解使不同盐的水溶液具有不同的酸碱性，利用水解反应可进行化合物的合成及物质的分离。

在难溶强电解质(以 A_nB_m 表示)的饱和溶液中，未溶解的难溶电解质和溶液中相应的离子之间建立了沉淀溶解平衡，这是一种多相平衡：

$$A_nB_m(s) \rightleftharpoons nA^{m+}(aq) + mB^{n-}(aq)$$

其平衡常数称为溶度积：

$$K_{sp}^{\ominus} = [A^{m+}]^n \cdot [B^{n-}]^m$$

式中，$[A^{m+}]$和$[B^{n-}]$为两种离子的平衡浓度。

如果两种离子的起始浓度分别为$c(A^{m+})$和$c(B^{n-})$，定义离子积为$J=c(A^{m+})^n \cdot c(B^{n-})^m$，由溶度积规则可判断沉淀是生成还是溶解：

(1)若 $J> K_{sp}^{\ominus}$，溶液过饱和，有沉淀析出。

(2)若 $J=K_{sp}^{\ominus}$，饱和溶液。

(3)若 $J< K_{sp}^{\ominus}$，溶液未饱和，无沉淀析出，或沉淀溶解。

使一种难溶电解质转化为另一种难溶电解质，即把一种沉淀转化为另一种沉淀的过程称为沉淀的转化。对于同种类型的沉淀，溶度积大的难溶电解质易转化为溶度积小的难溶电解质。对于不同类型的沉淀，能否进行转化要通过具体计算才能判断。

溶液中含有几种可被沉淀的离子时，直接或间接(如调节酸度)地逐渐加大沉淀剂用量，可达到分步沉淀的目的。由溶度积规则可知，体系中离子积先达到其溶度积的先沉淀出来。这种分步沉淀方法可用于离子的分离。

三、实验用品

离心机，试管，离心试管，药匙，烧杯，量筒，酒精灯。

HAc(0.2mol · L^{-1}、2mol · L^{-1})，NaAc(s、0.2mol · L^{-1})，PbI_2(饱和)，KI(0.1mol · L^{-1})，NaCl(0.1mol · L^{-1}、0.2mol · L^{-1}、1mol · L^{-1})，HCl(0.1mol · L^{-1}、2mol · L^{-1}、6mol · L^{-1})，氨水(6mol · L^{-1})，NaOH(0.1mol · L^{-1})，NH_4Cl(0.2mol · L^{-1})，NH_4Ac(0.2mol · L^{-1})，Na_3PO_4(0.2mol · L^{-1})，Na_2HPO_4(0.2mol · L^{-1})，NaH_2PO_4(0.2mol · L^{-1})，$FeCl_3$(2mol · L^{-1})，$BiCl_3$(s)，Na_2SO_4(0.001mol · L^{-1}、0.1mol · L^{-1}、0.2mol · L^{-1})，$CaCl_2$(0.001mol · L^{-1}、0.2mol · L^{-1})，Na_2CO_3(0.1mol · L^{-1})，K_2CrO_4(0.1mol · L^{-1})，$BaCl_2$(0.1mol · L^{-1})，$AgNO_3$(0.1mol · L^{-1})，Na_2S(0.1mol · L^{-1}、1mol · L^{-1})，HNO_3(6mol · L^{-1})，K_2CrO_4(0.05mol · L^{-1})，甲基橙指示剂(0.1%)，精密 pH 试纸。

四、实验内容

1. 同离子效应

(1)在试管中加入 2mL 0.2mol · L^{-1} HAc 溶液和 1 滴甲基橙指示剂，观察溶液颜色。

分出一半溶液到另一支试管中，加入少量固体 NaAc，振荡使固体全溶，观察溶液颜色的变化，说明原因。

(2) 在试管中加入 1mL 饱和 PbI_2 溶液，然后滴加 4～5 滴 $0.1mol \cdot L^{-1}$ KI 溶液，振荡试管，观察现象，如何解释？

2. 缓冲溶液

(1) 取 2mL $0.2mol \cdot L^{-1}$ NaCl 溶液，用 pH 试纸测其 pH，然后将溶液分为两份，分别滴加 2 滴 $0.1mol \cdot L^{-1}$ HCl 溶液和 $0.1mol \cdot L^{-1}$ NaOH 溶液，摇匀后，分别测其 pH。

(2) 用 $0.2mol \cdot L^{-1}$ HAc 溶液和 $0.2mol \cdot L^{-1}$ NaAc 溶液配制出 10mL pH 为 4.1 的缓冲溶液，然后用精密 pH 试纸进行验证。

(3) 在两支试管中分别加入 1mL 上述缓冲溶液，然后分别滴加 2 滴 $0.1mol \cdot L^{-1}$ HCl 溶液和 $0.1mol \cdot L^{-1}$ NaOH 溶液，摇匀后，分别测其 pH。

比较 (1) 和 (3) 的实验结果，说明缓冲溶液的作用。

3. 盐的水解平衡及其移动

(1) 用 pH 试纸分别测试 $0.2mol \cdot L^{-1}$ NaCl 溶液、NH_4Cl 溶液、NH_4Ac 溶液、NaAc 溶液、Na_3PO_4 溶液、Na_2HPO_4 溶液、NaH_2PO_4 溶液的 pH，解释酸碱性强弱的原因。对各溶液 pH 进行理论计算，与实验值对比。

(2) 在 1mL 水中加入 5 滴 $2mol \cdot L^{-1}$ $FeCl_3$ 溶液，加热，溶液有何变化？

(3) 在试管中加入少量 $BiCl_3$ 固体，再加少量水，摇匀，有何现象产生？用 pH 试纸测定溶液的 pH。加入 $6mol \cdot L^{-1}$ HCl 溶液，沉淀是否溶解？若将溶液稀释，又有什么变化？为什么？

4. 沉淀的生成和溶解

(1) 等体积 (各 1mL) 混合 $0.001mol \cdot L^{-1}$ Na_2SO_4 溶液和 $0.001mol \cdot L^{-1}$ $CaCl_2$ 溶液，有何现象？等体积 (各 1mL) 混合 $0.2mol \cdot L^{-1}$ Na_2SO_4 溶液和 $0.2mol \cdot L^{-1}$ $CaCl_2$ 溶液，又有何现象？试用溶度积规则解释。

(2) 在 3 支试管中分别加入 1mL $0.1mol \cdot L^{-1}$ Na_2CO_3 溶液、$0.1mol \cdot L^{-1}$ K_2CrO_4 溶液和 $0.1mol \cdot L^{-1}$ Na_2SO_4 溶液，再各加入 1mL $0.1mol \cdot L^{-1}$ $BaCl_2$ 溶液，离心分离所得沉淀，并用水洗涤沉淀两次，分别检验这 3 种沉淀在 $2mol \cdot L^{-1}$ HAc 溶液，以及 $2mol \cdot L^{-1}$ 和 $6mol \cdot L^{-1}$ HCl 溶液中的溶解情况。

(3) 取 5 滴 $0.1mol \cdot L^{-1}$ $AgNO_3$ 溶液，加 2 滴 $1mol \cdot L^{-1}$ NaCl 溶液，观察现象。再逐滴加入 $6mol \cdot L^{-1}$ 氨水，有什么变化？

(4) 在两支试管中各加 10 滴 $0.1mol \cdot L^{-1}$ $AgNO_3$ 溶液和 4 滴 $1mol \cdot L^{-1}$ Na_2S 溶液，观察沉淀生成。离心分离，往沉淀中分别加入 1mL $6mol \cdot L^{-1}$ HCl 溶液和 $6mol \cdot L^{-1}$ HNO_3 溶液，加热，各有什么变化？

5. 分步沉淀

取 0.5mL 0.1mol · L^{-1} NaCl 溶液和 0.5mL 0.05mol · L^{-1} K_2CrO_4 溶液，逐滴加入 0.1mol · L^{-1} $AgNO_3$ 溶液，边加边振荡试管，观察沉淀颜色变化，根据沉淀颜色变化及溶度积计算，说明先后生成的沉淀各是什么，可得出什么结论。

6. 沉淀的转化

取 5 滴 0.1mol · L^{-1} $AgNO_3$ 溶液，加入 6 滴 0.1mol · L^{-1} NaCl 溶液，观察沉淀生成。离心分离，弃去清液，往沉淀中滴加 0.1mol · L^{-1} Na_2S 溶液，观察现象并解释。

五、注意事项

(1) 离心机开动之前，注意机内离心管分布要平衡。
(2) 进行分步沉淀等实验时，注意控制滴加速度，边滴加边振荡试管。

六、思考题

(1) 如何配制 $SnCl_4$、$Bi(NO_3)_3$、$SbCl_4$ 及 Na_2S 溶液？
(2) H_2S 的酸性比 H_2CrO_4 弱，H_2CrO_4 又比 HCl 弱，$CuCrO_4$ 可溶于 HCl，而 CuS 不能，为什么？
(3) 在定性分析中，常用生成 CaC_2O_4 白色沉淀来鉴定 Ca^{2+}，沉淀剂用 $H_2C_2O_4$ 好还是 $(NH_4)_2C_2O_4$ 好？
(4) $BaSO_4$ 可转化为 $BaCO_3$，Ag_2CrO_4 可转化为 AgCl，这两种转化哪一种更容易？为什么？

实验 16　配 位 平 衡

一、实验目的

(1) 了解配合物的生成、组成和解离。
(2) 了解配位离子和简单离子、配合物和复盐的区别。
(3) 了解配合物的一些特性（颜色、溶解度）和制备方法。
(4) 利用配位反应分离混合离子。

二、实验原理

配位化合物（简称配合物）包含由中心原子和配体组成的配位单元（又称配合物的内界），可能是中性的，也可能是带正电荷的配阳离子或带负电荷的配阴离子。配位单元的解离平衡称为配位平衡。

通过配位反应形成的配合物，其性质（如颜色、溶解度、氧化还原性等）往往与原物质有很大的差别。例如，AgCl 难溶与水，但 $Ag(NH_3)_2Cl$ 易溶于水，因此可以利用

AgCl 与氨水的配位反应使 AgCl 溶解。

配位反应常用来分离和鉴定某些离子。例如，在 Cu^{2+}、Fe^{3+}、Ba^{2+}的混合溶液中加入稀 H_2SO_4，则 $BaSO_4$ 沉淀出来。分离沉淀后，在溶液中加入过量的氨水，Cu^{2+}能与过量氨水反应生成铜氨离子$[Cu(NH_3)_4]^{2+}$而溶解。Fe^{3+}则不与氨水作用生成配离子，而是生成 $Fe(OH)_3$ 沉淀，从而使 Cu^{2+}和 Fe^{3+}分离。

三、实验用品

试管，离心试管，烧杯，胶头滴管，离心机。

浓 HCl，HNO_3(6mol · L^{-1})，NaOH(2mol · L^{-1})，氨水(2mol · L^{-1}、6mol · L^{-1})，$AgNO_3$(0.1mol · L^{-1})，$CuSO_4$(0.1mol · L^{-1})，$Cu(NO_3)_2$(0.1mol · L^{-1})，$Fe(NO_3)_3$(0.1mol · L^{-1})，$BaCl_2$(0.1mol · L^{-1})，$FeCl_3$(0.1mol · L^{-1})，KSCN(0.1mol · L^{-1})，KI(0.2mol · L^{-1})，$K_3[Fe(CN)_6]$(0.1mol · L^{-1})，NaCl(0.1mol · L^{-1})，$Pb(NO_3)_2$(0.1mol · L^{-1})，$CuCl_2$(1mol · L^{-1})，$NH_4Fe(SO_4)_2$(0.1mol · L^{-1})，NaF(0.1mol · L^{-1})，乙醇(95%)，奈斯勒试剂。

四、实验内容

1. 简单离子与配离子的区别

(1)在一支试管中加入 5 滴 0.1mol · L^{-1} $FeCl_3$溶液，然后加入 1 滴 0.1mol · L^{-1} KSCN 溶液，观察现象。保留溶液。

(2)以 $K_3[Fe(CN)_6]$代替 $FeCl_3$，做同样实验，观察溶液是否呈血红色。与(1)对比，如何解释?

(3)在两支试管中各加入 10 滴 0.1mol · L^{-1} $CuSO_4$ 溶液，然后分别加入 2 滴 0.1mol · L^{-1} $BaCl_2$溶液和 2mol · L^{-1} NaOH 溶液，观察现象。

(4)取 20 滴 0.1mol · L^{-1} $CuSO_4$溶液，逐滴加入 6mol · L^{-1}氨水，至生成深蓝色溶液时再多加数滴。然后将深蓝色溶液分成两份，分别加入 2 滴 0.1mol · L^{-1} $BaCl_2$ 溶液和 2mol · L^{-1} NaOH 溶液。与(3)对比，现象有何异同，如何解释?

2. 配合物与复盐的区别

在三支试管中各加入 10 滴 0.1mol · L^{-1} $NH_4Fe(SO_4)_2$溶液，分别检验溶液中含有的 NH_4^+(用奈斯勒试剂)、Fe^{3+}、SO_4^{2-}。与实验 1.(2)的现象对比，说明配合物和复盐的区别。

3. 简单离子与配离子颜色的比较

(1)在一支试管中加入 5 滴 1mol · L^{-1} $CuCl_2$溶液，逐滴加入浓 HCl，观察溶液颜色的变化。然后逐滴加水稀释，观察溶液颜色有什么变化。解释现象。

(2)在 1.(1)保留的溶液中逐滴加入 0.1mol · L^{-1} NaF 溶液，观察溶液颜色的变化并解释。

4. 配离子的解离

(1)在两支试管中各加入 10 滴 0.1mol · L^{-1} $AgNO_3$ 溶液，然后分别加入 2 滴 0.2mol · L^{-1} KI 溶液和 2 滴 2mol · L^{-1} NaOH 溶液，各有什么现象发生？

(2)另取一支试管，加入 10 滴 0.1mol · L^{-1} $AgNO_3$ 溶液，然后滴加 2mol · L^{-1} 氨水，直到生成沉淀又溶解，再多加数滴。将所得溶液分别盛在两支试管中，分别加入 2 滴 2mol · L^{-1} NaOH 溶液和 0.2mol · L^{-1} KI 溶液。观察现象并解释。写出配离子的解离方程式。

5. 利用配位反应使难溶物质溶解

(1)在 10 滴 0.1mol · L^{-1} $AgNO_3$ 溶液中加入等量的 0.1mol · L^{-1} NaCl 溶液，离心分离，弃去清液。在沉淀中加入 2mL 6mol · L^{-1} 氨水，沉淀溶解，为什么？在此溶液中再加入 6mol · L^{-1} HNO_3 溶液，又有白色沉淀产生，为什么？

(2)在 2 滴 0.1mol · L^{-1} $Pb(NO_3)_2$ 溶液中逐滴加入 0.2mol · L^{-1} KI 溶液，首先看到有沉淀出现，而后又溶解，为什么？然后在此溶液中逐滴加水稀释，观察是否又有沉淀出现。试解释之。

6. 铜氨配合物的制备

在小烧杯中加入 5mL 0.1mol · L^{-1} $CuSO_4$ 溶液，逐滴加入 6mol · L^{-1} 氨水，直至最初生成的 $Cu_2(OH)_2SO_4$ 沉淀又溶解为止，再多加几滴，然后加入 6mL 95%乙醇。观察晶体的析出。将制得的晶体过滤，观察晶体的颜色。写出反应方程式。证明所得晶体中含有铜氨配离子。

7. 利用配位反应分离混合离子

取 0.1mol · L^{-1} $AgNO_3$ 溶液、0.1mol · L^{-1} $Cu(NO_3)_2$ 溶液和 0.1mol · L^{-1} $Fe(NO_3)_3$ 溶液各 5 滴，混合并设法分离 Ag^+、Cu^{2+}、Fe^{3+}。画出过程示意图。

五、思考题

(1)如何根据实验结果推测铜氨配离子的生成、组成和解离？

(2)配合物与复盐有何区别？如何证明？

(3)如何分离 Ag^+、Cu^{2+}、Fe^{3+}的混合溶液？

实验 17　氧化还原反应和氧化还原平衡

一、实验目的

(1)认识原电池的组成，学会原电池的组装。

(2)掌握电极的本性、电对的氧化型或还原型物质的浓度、介质的酸度等因素对电极电势、氧化还原反应的方向、产物、速率的影响。

(3)掌握电池电动势的意义及影响因素。

二、实验原理

氧化剂或还原剂的氧化还原能力强弱可通过其电极电势的相对大小来衡量。电极电势(对应于还原反应)的值越大，则氧化型的氧化能力越强，其氧化型物质是较强氧化剂。电极电势的值越小，则还原型的还原能力越强，其还原型物质是较强还原剂。较强的氧化剂和较强的还原剂反应时，$E_{(+)}-E_{(-)}>0$，氧化还原反应可以自发进行，故根据电极电势可以判断氧化还原反应的方向。

将化学能转变为电能的装置称为原电池。原电池的电动势(E_{MF})等于正、负电极电势之差：

$$E_{MF}=E_{(+)}-E_{(-)}$$

对于任何一个电极反应

$$\text{氧化型}+ne^- \rightleftharpoons \text{还原型}$$

都存在能斯特(Nernst)方程

$$E=E^{\ominus}-\frac{0.0592}{n}\lg\frac{c(\text{还原型})}{c(\text{氧化型})}$$

式中，$\frac{c(\text{还原型})}{c(\text{氧化型})}$表示还原型一边各物质浓度幂次方的乘积与氧化型一边各物质浓度幂次方乘积之比(如果有气体参与反应，则以其相对分压代替浓度)。因此，当氧化型或还原型的浓度或酸度(如果 H^+或 OH^-参加反应)改变时，其电极电势必定发生改变，电动势也将随之而变。这有可能导致氧化还原反应方向的改变，也可能影响氧化还原反应的产物。

三、实验用品

试管，烧杯，伏特计(或有伏特计功能的酸度计)，表面皿，U 形管，电极(锌片、铜片)，鳄鱼夹，导线，砂纸，滤纸。

琼脂，NH_4F(s)，HAc($6mol\cdot L^{-1}$)，H_2SO_4($1mol\cdot L^{-1}$)，NaOH($6mol\cdot L^{-1}$)，浓氨水，$ZnSO_4$($0.5mol\cdot L^{-1}$)，$CuSO_4$($0.5mol\cdot L^{-1}$)，Na_2SO_3($0.1mol\cdot L^{-1}$)，$KMnO_4$($0.01mol\cdot L^{-1}$)，KI($0.1mol\cdot L^{-1}$)，KBr($0.1mol\cdot L^{-1}$)，$FeCl_3$($1mol\cdot L^{-1}$)，$Fe_2(SO_4)_3$($0.1mol\cdot L^{-1}$)，$FeSO_4$($0.1mol\cdot L^{-1}$、$1mol\cdot L^{-1}$)，H_2O_2(3%)，KIO_3($0.1mol\cdot L^{-1}$)，溴水，碘水($0.1mol\cdot L^{-1}$)，KCl(饱和)，CCl_4，酚酞指示剂，淀粉溶液(0.4%)，红色石蕊试纸(或酚酞试纸)。

四、实验内容

1. 氧化还原反应和电极电势

(1)在试管中加入 0.5mL $0.1mol\cdot L^{-1}$ KI 溶液和 2 滴 $1mol\cdot L^{-1}$ $FeCl_3$溶液，摇匀后加入 0.5mL CCl_4溶剂，充分振荡，观察 CCl_4层颜色有无变化。

(2)用 0.1mol · L^{-1} KBr 溶液代替 KI 溶液进行同样实验，观察现象。

(3)在两支试管中分别加入 3 滴碘水、溴水，然后加入约 0.5mL 0.1mol · L^{-1} $FeSO_4$ 溶液，摇匀后加入 0.5mL CCl_4 溶剂，充分振荡，观察 CCl_4 层颜色有无变化。

根据以上实验结果，定性比较 Br_2/Br^-、I_2/I^- 和 Fe^{3+}/Fe^{2+} 3 个电对的电极电势的相对大小。

2. 浓度对电池电动势的影响

在一个小烧杯中加入约 15mL 0.5mol · L^{-1} $ZnSO_4$ 溶液，在其中插入锌片；在另一个小烧杯中加入约 15mL 0.5mol · L^{-1} $CuSO_4$ 溶液，在其中插入铜片。用盐桥将两烧杯相连，组成一个原电池。用导线将锌片和铜片分别与伏特计(或酸度计)的负极和正极相接，测量两极之间的电压(图 4-2)。

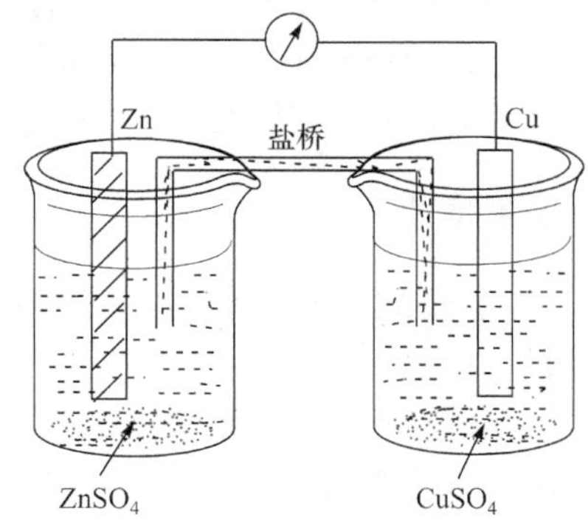

图 4-2　Cu-Zn 原电池

在 $CuSO_4$ 溶液中加入浓氨水直至生成的沉淀完全溶解为止，形成深蓝色的溶液：

$$Cu^{2+} + 4NH_3 = [Cu(NH_3)_4]^{2+}$$

测量电压，观察有什么变化。再于 $ZnSO_4$ 溶液中加入浓氨水至生成的沉淀完全溶解为止：

$$Zn^{2+} + 4NH_3 = [Zn(NH_3)_4]^{2+}$$

再测量电压，观察又有什么变化。利用能斯特方程解释实验现象。

3. 酸度对氧化还原反应的影响

(1)在 3 支均盛有 0.5mL 0.1mol · L^{-1} Na_2SO_3 溶液的试管中分别加入 0.5mL 1mol · L^{-1} H_2SO_4 溶液、0.5mL 去离子水和 0.5mL 6mol · L^{-1} NaOH 溶液，混合均匀后，再各加入 2 滴 0.01mol · L^{-1} $KMnO_4$ 溶液，观察颜色的变化有何不同。写出反应方程式。

(2)在试管中加入 0.5mL 0.1mol · L^{-1} KI 溶液和 2 滴 0.1mol · L^{-1} KIO_3 溶液，再加几滴 0.4%淀粉溶液，混合后观察溶液颜色有无变化。然后加 2～3 滴 1mol · L^{-1} H_2SO_4 溶液酸化混合液，观察有什么变化。最后滴加 2～3 滴 6mol · L^{-1} NaOH 使混合液显碱性，观察又有什么变化。写出有关反应方程式。

4. 浓度对氧化还原反应的影响

(1)在盛有 H_2O、CCl_4 溶剂和 0.1mol · L^{-1} $Fe_2(SO_4)_3$ 溶液各 0.5mL 的试管中加入 0.5mL 0.1mol · L^{-1} KI 溶液，振荡后观察 CCl_4 层的颜色。

(2)在盛有 CCl_4 溶剂、1mol · L^{-1} $FeSO_4$ 溶液和 0.1mol · L^{-1} $Fe_2(SO_4)_3$ 溶液各 0.5mL 的试管中加入 0.5mL 0.1mol · L^{-1} KI 溶液，振荡后观察 CCl_4 层的颜色。与上一实验的 CCl_4 层颜色有何区别?

(3)在实验(1)的试管中加入少量 NH_4F 固体，振荡使其溶解，观察 CCl_4 层颜色的变化。

5. 酸度对氧化还原反应速率的影响

在两支各盛有 0.5mL 0.1mol · L^{-1} KBr 溶液的试管中分别加入 5mL 1mol · L^{-1} H_2SO_4 和 6mol · L^{-1} HAc 溶液，然后各加入 2 滴 0.01mol · L^{-1} $KMnO_4$ 溶液，观察两支试管中紫红色褪去的速度。分别写出有关反应方程式。

6. 氧化态居中的物质的氧化还原性

(1) 在试管中加入 0.5mL 0.1mol · L^{-1} KI 溶液和 2～3 滴 1mol · L^{-1} H_2SO_4 溶液，再加入 1～2 滴 3% H_2O_2 溶液，观察溶液颜色的变化。

(2) 在试管中加入 2 滴 0.01mol · L^{-1} $KMnO_4$ 溶液，再加入 3 滴 1mol · L^{-1} H_2SO_4 溶液，摇匀后滴加 2 滴 3% H_2O_2 溶液，观察溶液颜色的变化。

五、注意事项

(1) 电极的锌片、铜片、导线头及鳄鱼夹等需用砂纸摩擦干净，若接触不良会影响读数。

(2) 盐桥常出现在原电池中，是为了减小液接电位、转移离子而在正、负极溶液之间连接的高浓度电解质溶液，一般使用琼脂与饱和 KCl 或饱和 KNO_3 溶液制备。一种常用制法是：称取 1g 琼脂，放在 100mL 饱和 KCl 溶液中浸泡片刻，在不断搅拌下加热煮成糊状，趁热倒入 U 形玻璃管中(管内不能留有气泡，否则会增大电阻)，冷至室温，琼脂凝结后便可使用。

六、思考题

(1) Fe^{3+}能氧化 I^-成 I_2，而 I_2 又能使 $Fe(OH)_2$ 变成 $Fe(OH)_3$，这两个反应有无矛盾？为什么？

(2) 利用浓差电池作电源电解 Na_2SO_4 水溶液，其实质是什么物质被电解？使酚酞出现红色的一极是什么极？为什么？

(2) 为什么 H_2O_2 既具有氧化性，又具有还原性？试从电极电势予以说明。

(3) 根据实验结果讨论氧化还原反应与哪些因素有关。

(4) 电解硫酸钠溶液为什么得不到金属钠？

(5) 介质对 $KMnO_4$ 的氧化性有何影响？用本实验结果及电极电势予以说明。

第5章　元素化合物性质实验

实验18　非金属元素(一)(卤素、氧、硫)

一、实验目的

(1)掌握次氯酸盐、氯酸盐的强氧化性。

(2)了解和掌握过氧化氢的氧化还原性质。

(3)掌握硫的不同氧化态化合物的氧化还原性质。

二、实验原理

卤素的价电子构型为 ns^2np^5，属周期表中ⅦA 族元素，是典型的非金属元素。卤素单质在常温下都以双原子分子存在。卤素单质的氧化性顺序是 $F_2>Cl_2>Br_2>I_2$，卤离子的还原能力为 $I^->Br^->Cl^->F^-$。

在酸性介质中，卤素的含氧酸盐有较强的氧化性。例如：

$$ClO_3^- + 6I^- + 6H^+ = Cl^- + 3I_2 + 3H_2O$$

$$2ClO_3^- + I_2 = Cl_2 + 2IO_3^-$$

氧族元素的价电子构型为 ns^2np^4，位于周期表中ⅥA 族。其中，氧和硫为较活泼的非金属元素。

H_2O_2是氧的重要化合物，是一种淡蓝色的黏稠液体，通常使用含 H_2O_2 3%或 30%的水溶液。H_2O_2 不稳定，易分解放出 O_2。光照、受热、增大溶液碱性或有痕量重金属物质(如 Cu^{2+}、MnO_2 等)存在时，都会加速 H_2O_2 的分解。H_2O_2 既有氧化性又有还原性。例如：

$$H_2O_2 + 2I^- + 2H^+ = 2H_2O + I_2$$

$$PbS + 4H_2O_2 = PbSO_4 + 4H_2O$$

$$2MnO_4^- + 5H_2O_2 + 6H^+ = 2Mn^{2+} + 5O_2\uparrow + 8H_2O$$

在酸性溶液中，H_2O_2 能使 $Cr_2O_7^{2-}$生成深蓝色的 $CrO(O_2)_2$。$CrO(O_2)_2$不稳定，但在某些有机溶剂如乙醚、戊醇中较稳定，故此反应常用来鉴定 H_2O_2 或 Cr(Ⅵ)。在水溶液中 $CrO(O_2)_2$ 与 H_2O_2 进一步反应生成 Cr^{3+}，蓝色消失：

$$4H_2O_2 + Cr_2O_7^{2-} + 2H^+ = 2CrO(O_2)_2 + 5H_2O$$

$$2CrO(O_2)_2 + 7H_2O_2 + 6H^+ = 2Cr^{3+} + 7O_2\uparrow + 10H_2O$$

硫的化合物中，H_2S、S^{2-}具有强还原性，而浓 H_2SO_4、$H_2S_2O_8$ 及其盐具有强氧化性。例如：

$$2H_2S + O_2 = 2S + 2H_2O$$

$$5S_2O_8^{2-} + 2Mn^{2+} + 8H_2O \xlongequal{Ag^+} 2MnO_4^{2-} + 10SO_4^{2-} + 16H^+$$

硫代硫酸钠($Na_2S_2O_3$)俗称海波或大苏打，是硫的重要含氧酸盐之一。$Na_2S_2O_3$在酸性溶液中分解：

$$S_2O_3^{2-} + 2H^+ = SO_2\uparrow + S\downarrow + H_2O$$

$Na_2S_2O_3$具有还原性。例如：

$$2S_2O_3^{2-} + I_2 = S_4O_6^{2-} + 2I^-$$

$$S_2O_3^{2-} + 4Cl_2 + 5H_2O = 2SO_4^{2-} + 8Cl^- + 10H^+$$

$S_2O_3^{2-}$容易与 d 区或 ds 区的金属离子形成配合物。例如，胶片中未曝光的 AgBr 可以用$Na_2S_2O_3$定影液溶解：

$$2S_2O_3^{2-} + AgBr = [Ag(S_2O_3)_2]^{3-} + Br^-$$

$S_2O_3^{2-}$与适量Ag^+反应，生成白色难溶于水的$Ag_2S_2O_3$，该白色物质在水溶液中不稳定，迅速发生分解：

$$S_2O_3^{2-} + 2Ag^+ = Ag_2S_2O_3\downarrow$$

$$Ag_2S_2O_3 + H_2O = Ag_2S\downarrow + H_2SO_4$$

上述分解过程有明显的颜色变化，可用于$S_2O_3^{2-}$和Ag^+的鉴定。

除碱金属和碱土金属外，大多数金属的硫化物具有特征的颜色，溶解度小且在不同浓度和氧化性的酸中溶解性(反应性)有所不同，利用金属硫化物的这些性质可以分离或鉴定金属。

三、实验用品

滴管，试管，离心试管，表面皿，离心机。

MnO_2(s)，$K_2S_2O_8$(s)，HCl(浓、6mol · L^{-1}、2mol · L^{-1})，H_2SO_4(浓、1∶1、3mol · L^{-1}、1mol · L^{-1})，HNO_3(浓)，NaClO(饱和)，$KClO_3$(饱和)，KI(0.1mol · L^{-1})，KBr(0.1mol · L^{-1})，$KMnO_4$(0.2mol · L^{-1})，$K_2Cr_2O_7$(0.5mol · L^{-1})，Na_2S(0.1mol · L^{-1})，$Na_2S_2O_3$(0.2mol · L^{-1})，Na_2SO_3(0.5mol · L^{-1})，$ZnSO_4$(0.2mol · L^{-1})，$CdSO_4$(0.2mol · L^{-1})，$CuSO_4$(0.2mol · L^{-1})，$MnSO_4$(0.2mol · L^{-1})，$Pb(NO_3)_2$(0.2mol · L^{-1})，$AgNO_3$(0.1mol · L^{-1})，H_2O_2(3%)，氯水，溴水，碘水，CCl_4，乙醚，品红溶液，pH 试纸，淀粉碘化钾试纸，滤纸。

四、实验内容

1. Cl_2、Br_2、I_2的氧化性及Cl^-、Br^-、I^-的还原性

在给定试剂中选择最少种类的试剂和最少的步骤设计实验并实施，验证卤素单质的氧化性顺序和卤离子的还原性顺序。记录实验现象，写出相应的离子反应方程式，并由此给出相关电对电极电势由高到低的顺序，与查表得到的有关标准电极电势数据进行对比。

2. 卤素含氧酸盐的性质

1)次氯酸盐的氧化性

取 4 支试管，分别加入 3～5 滴饱和 NaClO 溶液，然后进行下面的实验：

在第一支试管中加入 2 滴 $1mol \cdot L^{-1}$ H_2SO_4 溶液和 4 滴 CCl_4 溶剂，再加入 2～3 滴 $0.1mol \cdot L^{-1}$ KI 溶液，振荡试管，观察 CCl_4 层颜色变化。

在第二支试管中加入 2～3 滴 $0.2mol \cdot L^{-1}$ $MnSO_4$ 溶液，振荡试管，观察实验现象。

在第三支试管中加入 2～3 滴浓 HCl，用淀粉碘化钾试纸检验有无 Cl_2 放出。

在第四支试管中加入 2 滴品红溶液，振荡试管，观察品红溶液颜色变化。

解释实验现象，写出相应的离子反应方程式。

2)氯酸盐的氧化性

取 2 支试管，分别加入 5 滴饱和 $KClO_3$ 溶液，然后进行下面的实验：

在第一支试管中加入 2～3 滴浓 HCl，用淀粉碘化钾试纸检验有无 Cl_2 放出。

在第二支试管中加入 2～3 滴 $0.1mol \cdot L^{-1}$ KI 溶液，振荡试管，观察实验现象。再用 3 滴 1∶1 H_2SO_4 溶液酸化，观察溶液颜色的变化。继续往该溶液中滴加饱和 $KClO_3$ 溶液，又有何变化？如果现象不明显，可微热。

解释实验现象，写出相应的离子反应方程式。

3. H_2O_2 的性质

1) H_2O_2 的氧化还原性

查出有关标准电极电势数据，用 3% H_2O_2 溶液、$0.2mol \cdot L^{-1}$ $Pb(NO_3)_2$ 溶液、$0.1mol \cdot L^{-1}$ Na_2S 溶液、$0.2mol \cdot L^{-1}$ $KMnO_4$ 溶液、$3mol \cdot L^{-1}$ H_2SO_4 溶液、$0.1mol \cdot L^{-1}$ KI 溶液等设计实验，验证 H_2O_2 的氧化性和还原性。记录实验现象，写出相应的离子反应方程式。

2)介质的酸碱性对 H_2O_2 氧化还原性的影响

在试管中加入 0.5mL $0.1mol \cdot L^{-1}$ KI 溶液，滴加 3～5 滴 3% H_2O_2 溶液，观察试管中有无变化。再滴加 3～5 滴 $3mol \cdot L^{-1}$ H_2SO_4 溶液，此时试管中有何变化？写出相应的离子反应方程式。

请自行设计实验证明介质酸碱性对 H_2O_2 还原性的影响。

3) H_2O_2 的鉴定反应

在试管中加入 0.5mL $1mol \cdot L^{-1}$ H_2SO_4 溶液和 1 滴 $0.5mol \cdot L^{-1}$ $K_2Cr_2O_7$ 溶液，再加入 0.5mL 3% H_2O_2 溶液和 0.5mL 乙醚，振荡试管，观察水层和乙醚层颜色的变化并解释。

4. 硫化物的性质

取 3 支离心试管，分别加入 3～5 滴 $0.2mol \cdot L^{-1}$ $ZnSO_4$ 溶液、$0.2mol \cdot L^{-1}$ $CdSO_4$ 溶

液和 0.2mol · L^{-1} $CuSO_4$溶液，然后各滴加 2～3 滴 0.1mol · L^{-1} Na_2S 溶液，观察沉淀的生成和颜色。离心分离，弃去溶液，洗涤沉淀。分别试验这些沉淀在 2mol · L^{-1} HCl、浓 HCl 和浓 HNO_3 中的溶解情况。

根据实验结果，总结金属硫化物的溶解情况，写出相应的离子反应方程式。

5. 亚硫酸盐的性质

(1) 在试管中加入新配制的 0.5mL 0.5mol · L^{-1} Na_2SO_3溶液，用 3mol · L^{-1} H_2SO_4溶液酸化，迅速分别用润湿的 pH 试纸和 $KMnO_4$试纸(自制)移近管口，观察试纸有何变化。

(2) 将上步得到的溶液分为两份，一份滴加 0.1mol · L^{-1} Na_2S 溶液，另一份滴加 0.5mol · L^{-1} $K_2Cr_2O_7$溶液，观察现象。

以上实验说明亚硫酸盐具有什么性质？写出相应的离子反应方程式。

6. 硫代硫酸盐的性质

(1) 在试管中加入 3 滴 0.2mol · L^{-1} $Na_2S_2O_3$溶液，再加入 2 滴 3mol · L^{-1} H_2SO_4溶液，有何现象？该现象说明 $Na_2S_2O_3$有何性质？写出相应的离子反应方程式。

(2) 在两支试管中各加入 3 滴 0.2mol · L^{-1} $Na_2S_2O_3$溶液，再分别滴加氯水、碘水，观察两支试管中的变化，该现象说明 $Na_2S_2O_3$有何性质？写出反应方程式。选择试剂，验证两支试管中的产物不同。

(3) 在试管中加入 5 滴 0.1mol · L^{-1} $AgNO_3$溶液，逐滴加入 0.2mol · L^{-1} $Na_2S_2O_3$溶液，边滴加边振荡试管，有何现象？该现象说明 $Na_2S_2O_3$ 有何性质？写出相应的离子反应方程式。

(4) 颠倒上一步实验中试剂的加入顺序，先在试管中加入 5 滴 0.2mol · L^{-1} $Na_2S_2O_3$溶液，再逐滴加入 0.1mol · L^{-1} $AgNO_3$溶液，现象如何？为什么？

7. 过二硫酸盐的氧化性

在试管中加入 2mL 1mol · L^{-1} H_2SO_4溶液、2mL 水、1 滴 0.2mol · L^{-1} $MnSO_4$溶液，混合均匀后分为两份。

第一份中加入少量 $K_2S_2O_8$ 固体。第二份中加入 2 滴 0.1mol · L^{-1} $AgNO_3$溶液和少量 $K_2S_2O_8$ 固体。将两支试管同时放入同一热水浴中加热，观察两支试管中溶液颜色变化有无不同，说明原因，写出相应的离子反应方程式。

五、注意事项

(1) 氯气是一种有毒和有刺激性气味的气体，大量吸入会引起呼吸道疾病，在进行涉及氯气的实验时要在通风良好的条件下进行。

(2) H_2S 气体对人体的中枢神经、黏膜及呼吸系统有较大损害，吸入较多时会引起头晕、呕吐等症状，严重者会导致昏迷，甚至窒息死亡，因此涉及 H_2S 气体的实验一定要在通风良好的条件下进行。

六、思考题

(1)用淀粉碘化钾试纸检验氯气时，试纸先呈蓝色，当在氯气中放置时间较长时，蓝色褪去。为什么?

(2)什么条件下 H_2O_2 可以将 Mn^{2+}氧化为 MnO_2? 什么条件下 MnO_2 又可氧化 H_2O_2? 二者有无矛盾? 为什么? 试用有关电极电势值分析说明。

(3)酸性条件下 H_2O_2 与 $Cr_2O_7^{2-}$的反应是不是氧化还原反应?

(4)为什么亚硫酸盐中常含有 SO_4^{2-}? 如何检验亚硫酸盐中的 SO_4^{2-}?

(5)在卤素含氧酸盐的性质实验 2)中，当第二支试管中的溶液变为无色时，如何设计实验，验证此时该溶液中有无 IO_3^-存在?

实验 19　非金属元素(二)(氮、磷、硅、硼)

一、实验目的

(1)了解和掌握几种不同氧化态氮的化合物的主要性质。

(2)了解和掌握磷酸盐的酸碱性和溶解性。

(3)了解和掌握硅酸盐、硼酸和硼砂的主要性质。练习“硼砂珠试验”的操作。

二、实验原理

氮、磷位于周期表ⅤA 族，其价电子结构分别为 $2s^22p^3$ 和 $3s^23p^3$，有 5 个价电子。氮可以形成氧化态从−3 到+5 的化合物，磷主要形成氧化态为−3、+3、+5 的化合物。

亚硝酸是弱酸，通常由亚硝酸盐与强酸反应得到，它极不稳定，低温下即可分解，常温下更易发生歧化分解：

$$2HNO_2 \xlongequal{\text{低温}} N_2O_3(\text{蓝色}) + H_2O$$

$$2HNO_2 \xlongequal{} NO_2\uparrow + NO\uparrow + H_2O$$

亚硝酸及其盐有氧化性也有还原性，遇到强氧化剂时显示还原性，遇到强还原剂时显示氧化性。例如：

$$2NO_2^- + 2I^- + 4H^+ \xlongequal{} 2NO\uparrow + I_2 + 2H_2O$$

$$5NO_2^- + 2MnO_4^- + 6H^+ \xlongequal{} 5NO_3^- + 2Mn^{2+} + 3H_2O$$

硝酸具有强氧化性。浓硝酸受热或见光易分解：

$$4HNO_3 \xlongequal{} 4NO_2\uparrow + O_2\uparrow + 2H_2O$$

因此，实验室中使用的硝酸常因为久置而呈现黄色。

铵盐容易发生热分解，其分解方式与酸根及温度等条件有关。硝酸盐的热分解随金属元素活泼性的不同而不同。

磷酸为非氧化性的三元中强酸，易溶的磷酸盐均发生分级水解。在难溶的磷酸盐中，正盐的溶解度最小。磷酸分子间易脱水缩合而成环状或链状的多磷酸，如偏磷酸、焦磷酸等，这些酸根对金属离子有很强的配位能力，故可用作软水剂、去垢剂、金属离子的掩蔽剂等。

因为二氧化硅难溶于水，所以硅酸不能通过二氧化硅溶于水得到。硅酸通常是用易溶于水的硅酸盐与强酸反应得到，如用硅酸钠溶液与盐酸反应时，首先得到正硅酸（H_4SiO_4），正硅酸也称为原硅酸，少量的正硅酸易溶于水，放置后则会因为缩合作用从水溶液中析出凝胶状的硅酸沉淀。硅酸凝胶经烘干、脱水后得到常用的干燥剂硅胶。

$$SiO_3^{2-} + 2H^+ = H_2SiO_3 \downarrow$$

硼的价电子构型为 $2s^22p^1$，价电子数少于价轨道数，故硼的化学性质主要与缺电子性有关。例如，硼酸为一元弱酸，不是由于硼酸在水溶液中本身解离出 H^+，而是硼原子空轨道接受一个水分子的 OH^-的孤电子对，使水释放出 H^+：

$$H_3BO_3 + H_2O = H^+ + [B(OH)_4]^-$$

如果在硼酸溶液中加入多羟基化合物（如甘油等），由于生成了比$[B(OH)_4]^-$更稳定的配离子，可大大增强硼酸的酸性。

在浓硫酸存在下，硼酸能与醇（如甲醇、乙醇）发生酯化反应生成硼酸酯。硼酸酯燃烧呈特有的绿色火焰，可用于鉴别硼酸根。

$$H_3BO_3 + 3CH_3OH = B(OCH_3)_3 + 3H_2O$$

硼砂（$Na_2B_4O_7$）、B_2O_3、H_3BO_3 在熔融状态均能溶解一些金属氧化物，得到有特征颜色的偏硼酸盐，称为“硼砂珠试验”，可用于金属离子的鉴定。例如：

$$3Na_2B_4O_7 + Cr_2O_3 = 6NaBO_2 \cdot 2Cr(BO_2)_3\text{（绿色）}$$

$$CoO + B_2O_3 = Co(BO_2)_2\text{（蓝色）}$$

三、实验用品

试管，烧杯（50mL），酒精灯，蒸发皿，表面皿。

硝酸钠，硝酸铜，硝酸银，氯化钙，硝酸钴，硫酸铜，硫酸镍，硫酸锌，硫酸锰，硫酸亚铁，三氯化铁，三氯化铬，硼酸，硼砂，锌片，H_2SO_4（浓、$3mol \cdot L^{-1}$），HNO_3（浓、$2mol \cdot L^{-1}$、$0.5mol \cdot L^{-1}$），HCl（浓、$6mol \cdot L^{-1}$、$2mol \cdot L^{-1}$），$NaNO_2$（饱和、$0.5mol \cdot L^{-1}$），$KMnO_4$（$0.1mol \cdot L^{-1}$），KI（$0.1mol \cdot L^{-1}$），H_3PO_4（$0.1mol \cdot L^{-1}$），$Na_4P_2O_7$（$0.1mol \cdot L^{-1}$），Na_3PO_4（$0.1mol \cdot L^{-1}$），Na_2HPO_4（$0.1mol \cdot L^{-1}$），NaH_2PO_4（$0.1mol \cdot L^{-1}$），$AgNO_3$（$0.1mol \cdot L^{-1}$），$CaCl_2$（$0.5mol \cdot L^{-1}$），$CuSO_4$（$0.2mol \cdot L^{-1}$），氨水（$2mol \cdot L^{-1}$），NaOH（40%），Na_2SiO_3（20%），硼砂（饱和），硼酸（饱和），无水乙醇，甘油，pH 试纸，冰，木条，铂丝（或镍铬丝）。

四、实验内容

1. 亚硝酸和亚硝酸盐

1）亚硝酸的生成和分解

将盛有 1mL 饱和 $NaNO_2$ 溶液的试管放入冰水中冷却后，在试管中加入 1mL

3mol · L^{-1} H_2SO_4 溶液，观察溶液的颜色变化。稍后将试管从冰水中取出，在通风处振荡试管，观察有何变化，写出相应的离子反应方程式。

如果在进行上述实验时，先把 1mL 饱和 $NaNO_2$ 溶液与 1mL 3mol · L^{-1} H_2SO_4 溶液混合均匀，并充分振荡后再放入冰水中冷却，观察实验现象有何不同。如何解释？

2) 亚硝酸盐的氧化还原性

在两支试管中分别加入 1～2 滴 0.1mol · L^{-1} KI 溶液和 0.1mol · L^{-1} $KMnO_4$ 溶液，用 3mol · L^{-1} H_2SO_4 溶液酸化，然后滴加 0.5mol · L^{-1} $NaNO_2$ 溶液，观察两支试管中的变化，写出相应的离子反应方程式。

由上述实验总结亚硝酸及其盐的性质。

2. 硝酸和硝酸盐

1) 硝酸的氧化性

分别在两支各盛一粒锌片（或少量锌粒）的试管中加入 1mL 浓 HNO_3 和 1mL 0.5mol · L^{-1} HNO_3 溶液，观察两者反应速率和反应现象有何不同，写出相应的离子反应方程式。

NH_4^+的检出（气室法）：取两个表面皿，在其中一个表面皿上滴入 2 滴锌与稀硝酸反应的溶液，再将一小片润湿的 pH 试纸贴于另一个表面皿凹处。向装有溶液的表面皿中加 1 滴 40% NaOH 溶液，迅速将贴有试纸的表面皿倒扣其上并且放在蒸汽浴上加热。观察试纸颜色的变化。

2) 硝酸盐的热分解

分别试验固体硝酸钠、硝酸铜、硝酸银的热分解，观察反应的情况和产物的颜色，用火柴余烬检验反应有无氧气生成，写出反应方程式。总结硝酸盐的热分解产物与阳离子的关系。

3. 磷酸盐的性质

1) 磷酸盐的酸碱性

用 pH 试纸分别测定浓度均为 0.1mol · L^{-1} 的 Na_3PO_4、Na_2HPO_4、NaH_2PO_4 溶液的 pH。分别在 3 支试管中加入 0.5mL 浓度均为 0.1mol · L^{-1} 的 Na_3PO_4、Na_2HPO_4、NaH_2PO_4 溶液，再各加入 5 滴 0.1mol · L^{-1} $AgNO_3$ 溶液，观察有无沉淀产生，并用 pH 试纸测定溶液的酸碱性有无变化。解释实验现象，写出相应的离子反应方程式。

2) 磷酸盐的溶解性

分别在 3 支试管中加入 0.5mL 浓度均为 0.1mol · L^{-1} 的 Na_3PO_4、Na_2HPO_4、NaH_2PO_4 溶液，加入等量的 0.5mol · L^{-1} $CaCl_2$ 溶液，观察有无沉淀生成。再滴加 2mol · L^{-1} 氨水，有何变化？再滴加 2mol · L^{-1} HCl 溶液，又有何变化？

比较磷酸钙、磷酸氢钙、磷酸二氢钙的溶解性，说明它们之间相互转化的条件，写出相应的离子反应方程式。

3）磷酸盐的配位性

在试管中加入 5 滴 0.2mol · L^{-1} $CuSO_4$ 溶液，逐滴加入 0.1mol · L^{-1} $Na_4P_2O_7$ 溶液，有无沉淀生成？继续滴加 $Na_4P_2O_7$ 溶液，有何变化？写出相应的离子反应方程式。

4. 硅酸和硅酸盐

1）硅酸水凝胶的生成

在试管中加入 2mL 20% Na_2SiO_3 溶液，加入 3 滴 6mol · L^{-1} HCl 溶液，观察试管中的现象，放置约 2min 后，再振荡试管，观察有何变化。记录产物的颜色、状态。

2）微溶性硅酸盐的生成——“水中花园”

在 50mL 烧杯中加入约 2/3 体积的 20% Na_2SiO_3 溶液，然后在不同位置放入一小粒氯化钙、硝酸钴、硫酸铜、硫酸镍、硫酸锌、硫酸锰、硫酸亚铁、三氯化铁固体，放置一段时间后观察有何现象发生。

5. 硼酸性质和鉴定

1）硼酸的性质

在试管中加入 1mL 饱和硼酸溶液，用 pH 试纸测其 pH，然后在硼酸溶液中加入 3～4 滴甘油，再测溶液的 pH。写出反应方程式，解释 pH 变化的原因。

由于分子间氢键的形成，硼酸在冷水中的溶解度较小，易从水溶液中析出。试设计实验验证该性质。

2）硼酸的鉴定反应

在蒸发皿中放入少量硼酸晶体、1mL 无水乙醇和几滴浓 H_2SO_4，混合后点燃，观察火焰的特征颜色。

6. 硼砂珠试验

1）硼砂珠的制备

用 6mol · L^{-1} HCl 清洗铂丝，然后将其置于氧化焰中灼烧片刻，取出再浸入酸中，如此重复数次直至铂丝在氧化焰中灼烧不产生离子特征的颜色，表示铂丝已经洗净。将处理过的铂丝沾上一些硼砂固体，在氧化焰中灼烧并熔融成圆珠，观察硼砂珠的颜色、状态。

2）用硼砂珠鉴定钴盐和铬盐

用烧热的硼砂珠分别沾上少量硝酸钴和三氯化铬固体，熔融。冷却后观察硼砂珠的颜色，写出相应的反应方程式。

五、注意事项

（1）所有氮的氧化物均有毒，其中 NO_2 对人体危害最大。凡涉及氮氧化物生成的反应均应在通风良好的条件下进行。

（2）几种金属硼砂珠的颜色见表 5-1。

表 5-1　几种金属硼砂珠的颜色

样品元素	氧化焰		还原焰	
	热时	冷时	热时	冷时
铬	黄色	黄绿色	绿色	绿色
钼	淡黄色	无色～白色	褐色	褐色
锰	紫色	紫红色	无色～灰色	无色～灰色
铁	黄色～淡褐色	黄色～褐色	绿色	淡绿色
钴	青色	青色	青色	青色
镍	紫色	黄褐色	无色～灰色	无色～灰色
铜	绿色	青绿色～淡青色	灰色～绿色	红色

六、思考题

(1) 在氧化还原反应中，能否用 HNO_3 作为反应的酸性介质？为什么？

(2) 用 3 种方法区别 $NaNO_3$ 和 $NaNO_2$。

(3) 用最简单的方法鉴别 $NaNO_2$、$Na_2S_2O_3$、Na_3PO_4 溶液。

(4) 氮的含氧化合物中，何者呈蓝色？在本次实验中是否观察到有该物质生成？该物质在何种条件下才能够存在？

(5) 写出氯水与 $Na_2S_2O_3$ 溶液的反应方程式。如果在实验中观察到有乳白色沉淀生成，试分析原因。

实验 20　常见非金属阴离子的分离与鉴定

一、实验目的

(1) 学习和掌握水溶液中常见阴离子的分离和鉴定方法。

(2) 掌握离子检出的基本操作。

二、实验原理

1. 初步性质检验

初步性质检验一般包括试液的酸碱性试验。在非金属阴离子中，有的与酸作用生成挥发性的物质，有的与试剂作用生成沉淀，也有的呈现氧化还原性质。利用这些特点，再根据溶液中离子共存情况，排除不可能存在的离子，然后鉴定可能存在的离子。

1) 试液的酸碱性试验

用 pH 试纸测定待测溶液的酸碱性，若试液呈强酸性，则易被酸分解的离子如 CO_3^{2-}、NO_2^-、$S_2O_3^{2-}$、SO_3^{2-}等不存在，而 PO_4^{3-}不能完全确定。

2) 是否产生气体的试验

在试液中加入稀 H_2SO_4 或稀 HCl 溶液，若有气体产生，表示可能存在 CO_3^{2-}、$S_2O_3^{2-}$、SO_3^{2-}、S^{2-}、NO_2^-等离子。根据生成气体的颜色和气味及生成气体具有某些特征反应，确证其含有的阴离子。例如，NO_2^-能被酸分解生成红棕色 NO_2 气体，S^{2-}被酸酸化产生 H_2S 气体可使湿润的乙酸铅试纸变黑等。

3) 氧化性阴离子试验

试液先用稀 H_2SO_4 溶液酸化，再加入 KI 溶液和 CCl_4，振荡后 CCl_4 层呈紫色，则有氧化性阴离子存在，如 ClO_3^-、ClO^-、NO_2^-等。

4) 还原性阴离子试验

试液先用稀 H_2SO_4 溶液酸化，再加入稀 $KMnO_4$ 溶液，若紫色褪去，则可能存在 S^{2-}、$S_2O_3^{2-}$、SO_3^{2-}、Br^-、I^-、NO_2^-等还原性离子；若紫色不褪，则上述离子都不存在。

当经过上一步检验，确认有还原性阴离子后，可再取试液用稀 H_2SO_4 溶液酸化，加入 I_2-淀粉溶液，若蓝色褪去，则表示强还原性的 $S_2O_3^{2-}$、SO_3^{2-}、S^{2-}等离子可能存在。

5) 难溶盐阴离子试验

在中性或弱碱性时，SO_4^{2-}、SO_3^{2-}、$S_2O_3^{2-}$、CO_3^{2-}、PO_4^{3-}等阴离子与 $BaCl_2$ 溶液生成白色沉淀。Cl^-、Br^-、S^{2-}、$S_2O_3^{2-}$等阴离子可与 $AgNO_3$ 生成沉淀，若用稀 HNO_3 溶液酸化，沉淀不溶解，再结合沉淀的颜色，可初步判断 Cl^-、Br^-、S^{2-}、$S_2O_3^{2-}$等阴离子的存在。

2. 鉴定反应的要求

用于离子鉴定的反应一般要满足三个方面的要求：①有明显的外观特征；②反应速率快；③灵敏度高。

例如，NO_2^-可根据其在弱酸性介质中与格里斯试剂(对氨基苯磺酸和α-萘胺混合物)生成红色物质的特征反应进行鉴定：

$$H_2N-C_6H_4-SO_3H + C_{10}H_7NH_2 + NO_2^- + 2H^+ = H_2N-C_{10}H_6-N{=}N-C_6H_4-SO_3H + 2H_2O$$

NO_2^-浓度大时，粉红色很快消失，并生成黄色溶液或褐色沉淀，所以当 NO_2^-浓度较大时，应适当稀释，然后再鉴定。

$S_2O_3^{2-}$的鉴定可以用下面的反应：

$$S_2O_3^{2-} \xrightarrow{Ag^+} Ag_2S_2O_3\downarrow \xrightarrow{H_2O} Ag_2S\downarrow$$

生成的沉淀逐渐发生以下颜色变化：白色→黄色→棕色→黑色。

S^{2-}的鉴定除可以利用 S^{2-}的还原性，用氧化性试剂与其生成单质硫沉淀外，也可以用亚硝酰铁氰化钠 $Na_2[Fe(CN)_5(NO)]$与 S^{2-}生成紫红色配离子$[Fe(CN)_5(NOS)]^{4-}$的特征反应：

$$S^{2-} + [Fe(CN)_5(NO)]^{2-} = [Fe(CN)_5(NOS)]^{4-}$$

3. 影响鉴定反应的因素

反应介质的酸碱性、反应离子的浓度或试剂的浓度、反应的温度、催化剂、溶剂等都可能影响鉴定反应。

例如，用 Pb^{2+}与 CrO_4^{2-}反应生成黄色 $PbCrO_4$ 沉淀鉴定 CrO_4^{2-}时，溶液的酸度要控制在中性或弱碱性，因为碱性介质中 Pb^{2+}会生成白色的 $Pb(OH)_2$沉淀，若碱性太强，则生成$[Pb(OH)_3]^-$，影响 CrO_4^{2-}的检出；若酸性太强，则不能产生沉淀。

SO_3^{2-}可用几种方法鉴定，其中一个特征反应用到饱和 $ZnSO_4$ 溶液、$Na_2[Fe(CN)_5(NO)]$溶液和 $K_4[Fe(CN)_6]$溶液。$ZnSO_4$ 与 $K_4[Fe(CN)_6]$反应产生白色 $Zn_2[Fe(CN)_6]$沉淀，再加入 $Na_2[Fe(CN)_5(NO)]$溶液和 SO_3^{2-}试液，则白色沉淀转化为 $Zn_2[Fe(CN)_5(NOSO_3)]$红色沉淀：

$$2Zn^{2+} + SO_3^{2-} + [Fe(CN)_5(NO)]^{2-} = Zn_2[Fe(CN)_5(NOSO_3)]\downarrow(红色)$$

该沉淀在酸性溶液中溶解，因此如果要鉴定酸性溶液中的 SO_3^{2-}，应当用氨水将反应调为中性。

4. 提高鉴定反应选择性或灵敏度的方法

控制溶液的酸度，使鉴定反应在适宜的酸度下进行，既可以保证鉴定反应的现象明显，又可以排除在该酸度下不适宜反应的离子的干扰。

为了提高鉴定反应选择性或灵敏度，有时需要加入掩蔽剂，或通过氧化还原反应、沉淀反应等，通过掩蔽、消除或分离的方法消除其他离子的干扰，提高鉴定结果的可靠性。

例如，用 Ag^+与 $S_2O_3^{2-}$的反应鉴定 $S_2O_3^{2-}$时，S^{2-}的存在会对反应造成干扰，因此必须先从体系中分离出 S^{2-}以排除其干扰。

为了提高反应的灵敏度，增加生成物的稳定性，常借助一些有机溶剂。例如，利用生成 I_2 鉴定 I^-时，通常加入 CCl_4。用 H_2O_2 鉴定 $Cr_2O_7^{2-}$，或反过来用 $Cr_2O_7^{2-}$鉴定 H_2O_2时，为了增加生成的蓝色 CrO_5 的稳定性，通常加入乙醚或戊醇。

对于 PO_4^{3-}的鉴定，通常是利用下列反应，生成黄色的磷钼酸铵(磷钼黄)沉淀：

$$PO_4^{3-} + 12MoO_4^{2-} + 3NH_4^+ + 24H^+ = (NH_4)_3PO_4 \cdot 12MoO_3 \cdot 6H_2O\downarrow + 6H_2O$$

在进行该鉴定实验时，要注意几个问题。一是要事先排除体系中还原性离子的干扰，避免产生蓝色的低氧化态钼化合物(磷钼蓝)干扰反应。二是要保证 MoO_4^{2-}过量，因为磷钼酸铵沉淀会溶于过量的磷酸盐中。同时还需要用玻璃棒摩擦试管底部内壁，以便玻璃细屑形成结晶中心，促使沉淀快速生成。

在具体进行离子鉴定时，还可以通过已知离子的平行实验或对比实验，帮助进行鉴定结果的判断。

三、实验用品

试管，离心试管，点滴板，离心机，水浴锅，玻璃棒。

Na_2S(0.1mol · L^{-1})，Na_2SO_3(0.1mol · L^{-1})，$Na_2S_2O_3$(0.1mol · L^{-1})，Na_3PO_4(0.1mol · L^{-1})，NaCl(0.1mol · L^{-1})，KBr(0.1mol · L^{-1})，KI(0.1mol · L^{-1})，$NaNO_3$ (0.1mol · L^{-1})，$NaNO_2$(0.1mol · L^{-1})，Na_2CO_3(0.1mol · L^{-1})，$(NH_4)_2MoO_4$(0.1mol · L^{-1})，$BaCl_2$(0.1mol · L^{-1})，$KMnO_4$(0.1mol · L^{-1})，$ZnSO_4$(饱和)，$K_4[Fe(CN)_6]$(0.5mol · L^{-1})，$AgNO_3$(0.1mol · L^{-1})，HCl(6mol · L^{-1})，H_2SO_4(浓，2mol · L^{-1}，1mol · L^{-1})，HNO_3 (6mol · L^{-1})，NaOH(2mol · L^{-1})，氨水(6mol · L^{-1})，H_2O_2(3%)，氯水，CCl_4，格里斯试剂，$Na_2[Fe(CN)_5(NO)]$ (9%)，乙酸铅试纸，$CdCO_3$(s)，锌粉。

四、实验内容

1. 常见阴离子的特征反应

可根据情况选择下列常见阴离子中的几种离子，进行单个阴离子的鉴定实验，了解这些阴离子鉴定实验的现象，以便进行混合离子及未知离子的鉴定。

1) NO_2^-

取 5 滴 NO_2^-试液于试管中，加入 1 滴格里斯试剂，溶液变为红色。

2) SO_3^{2-}

在盛有 5 滴 SO_3^{2-}试液的试管中加入 2 滴 1mol · L^{-1} H_2SO_4 溶液，迅速加入 1 滴 0.1mol · L^{-1} $KMnO_4$溶液，紫色褪去。

也可以在白色点滴板中加入 1 滴饱和 $ZnSO_4$溶液和 1 滴 0.5mol · L^{-1} $K_4[Fe(CN)_6]$溶液，产生白色沉淀，继续加入 1 滴 9% $Na_2[Fe(CN)_5(NO)]$溶液、1 滴 SO_3^{2-}试液(中性)，则白色沉淀转化为红色沉淀。

3) $S_2O_3^{2-}$

取 5 滴 $S_2O_3^{2-}$试液于试管中，加入 10 滴 0.1mol · L^{-1} $AgNO_3$ 溶液，有白色沉淀生成，振荡试管，沉淀迅速变棕、变黑。

4) PO_4^{3-}

取 0.5mL PO_4^{3-}试液于试管中，加入 5 滴 6mol · L^{-1} HNO_3 溶液，再加入约 1mL 0.1mol · L^{-1} $(NH_4)_2MoO_4$ 溶液，水浴温热，有黄色沉淀生成。如果现象不明显，可用玻璃棒轻轻摩擦试管底部内壁，促使黄色沉淀生成。

5) S^{2-}

取 5 滴 S^{2-}试液于试管中，加入 1 滴 2mol · L^{-1} NaOH 溶液碱化，再加入 2 滴 9% $Na_2[Fe(CN)_5(NO)]$溶液，溶液变成紫红色。

6) Cl^-

取 5 滴 Cl^-试液于离心试管中，加入 1 滴 6mol · L^{-1} HNO_3 溶液酸化，再滴加 0.1mol · L^{-1} $AgNO_3$溶液，振荡试管。若有白色沉淀产生，初步说明试液中可能有 Cl^-存在。将离心试管置于水浴中微热，离心分离，弃去清液，向试管中加入 3～5 滴

6mol · L^{-1} 氨水，用细玻璃棒搅拌，沉淀立即溶解，再加入 5 滴 6mol · L^{-1} HNO_3 溶液酸化，重新生成白色沉淀。

7) I^-

取 5 滴 I^- 试液于试管中，加入 2 滴 2mol · L^{-1} H_2SO_4 溶液及 5 滴 CCl_4，然后逐滴加入氯水，并不断振荡试管，CCl_4 层呈现紫红色 (I_2)，然后褪至无色 (IO_3^-)。

8) Br^-

取 5 滴 Br^- 试液于试管中，加入 3 滴 2mol · L^{-1} H_2SO_4 溶液及 5 滴 CCl_4，然后逐滴加入 5 滴氯水并振荡试管，CCl_4 层出现黄色或橙红色。

2. 已知混合离子的分离鉴定

1) Cl^-、Br^-、I^- 混合离子的分离和鉴定

取 1～2mL 含有 Cl^-、Br^-、I^- 3 种离子的溶液，参考图 5-1 的步骤和操作进行离子的分离和鉴定。

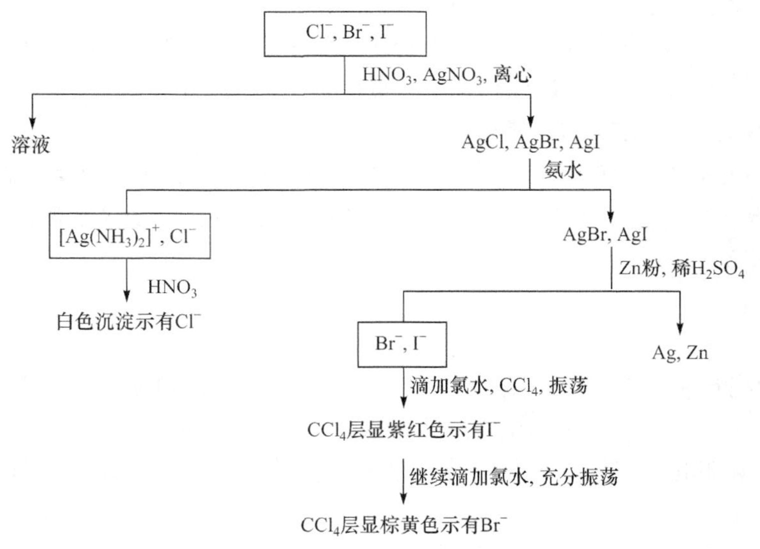

图 5-1　Cl^-、Br^-、I^- 混合物的分离鉴定步骤示意图

提示：实验中所用硝酸、氨水等试剂的浓度和用量，以及实验操作等都可能对实验结果造成影响。

2) S^{2-}、SO_3^{2-}、$S_2O_3^{2-}$、PO_4^{3-} 混合离子的分离和鉴定

取 1～2mL 含有 S^{2-}、SO_3^{2-}、$S_2O_3^{2-}$、PO_4^{3-} 4 种离子的溶液，参考图 5-2 的步骤和操作进行离子的分离和鉴定。

提示：混合溶液中不干扰鉴定反应的离子无需分离，因为分离可能会导致下一步需要鉴定的离子浓度变小，鉴定难度增大。对有些干扰离子，可以通过氧化还原反应等消除其干扰。

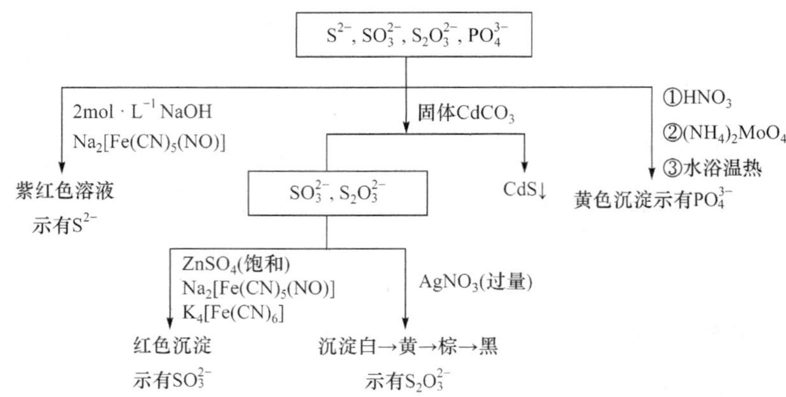

图 5-2　S^{2-}、SO_3^{2-}、$S_2O_3^{2-}$、PO_4^{3-}混合离子的分离鉴定步骤示意图

3. 未知混合离子的分离鉴定

1) Cl^-、Br^-、I^-混合离子的分离和鉴定

取 1～2mL 可能含有 Cl^-、Br^-、I^-的未知溶液，参考图 5-1 的步骤，并对比已知 Cl^-、Br^-、I^-混合溶液的鉴定过程和现象，得出鉴定结论。

2) S^{2-}、SO_3^{2-}、$S_2O_3^{2-}$、PO_4^{3-}混合离子的分离和鉴定

取 1～2mL 可能含有 S^{2-}、SO_3^{2-}、$S_2O_3^{2-}$、PO_4^{3-} 4 种或其中几种离子的溶液，参考图 5-2 的步骤，并对比已知含有 S^{2-}、SO_3^{2-}、$S_2O_3^{2-}$、PO_4^{3-} 4 种离子的溶液的鉴定过程和现象，得出鉴定结论。

五、注意事项

(1) 对于混合离子的鉴定，实验时一定注意所用试剂量和浓度要适当，否则可能导致现象不明显或造成溶液中离子浓度过低，对下一步离子的鉴定造成困难。

(2) 对于未知混合溶液中离子的分离鉴定，在设计实验步骤时，应尽量使方法最简单、实验步骤最少。

六、思考题

(1) 有 4 种标签已脱落的试剂，可能是 Na_2SO_4、Na_2SO_3、$Na_2S_2O_3$、$Na_2S_4O_6$，试设计一简便方法鉴别。

(2) 某阴离子未知液经初步试验结果如下：

①试液呈酸性时无气体产生；

②酸性溶液中加入 $BaCl_2$ 溶液无沉淀产生；

③加入稀 HNO_3 溶液和 $AgNO_3$ 溶液产生黄色沉淀；

④酸性溶液中加入 $KMnO_4$，紫色褪去，加 I_2-淀粉溶液，蓝色不褪去；

⑤与 KI 无反应。

由以上初步试验结果，推测哪些阴离子可能存在，并说明理由。

(3) 加稀 H_2SO_4 或稀 HCl 溶液于固体试样中，若观察到有气泡产生，则该固体试样

中可能存在哪些阴离子?

(4)有一阴离子未知液，用稀 HNO_3 溶液调节至酸性后，加入 $AgNO_3$ 试剂，发现并无沉淀生成，则可以确定哪几种阴离子不存在?

(5)用 MnO_4^-溶液在酸性介质中与 SO_3^{2-}反应时，如果观察到有棕黄色的沉淀生成，可能是什么原因?

实验 21　主族金属元素

一、实验目的

(1)比较碱金属、碱土金属的活泼性。

(2)试验并比较碱土金属、铝、锡、铅、锑、铋的氢氧化物和盐类的溶解性。

(3)练习焰色反应的操作。

二、实验原理

1. 碱金属和碱土金属

碱金属和碱土金属分别属于周期表ⅠA 族和ⅡA 族，在同一族中，金属活泼性由上至下逐渐增强；在同一周期中，金属性从左至右逐渐减弱。例如，ⅠA 族中钠、钾与水的反应，钾强于钠；第三周期的钠、镁与水的反应，钠强于镁。碱金属在室温下能迅速与空气中的氧反应，钠、钾在空气中稍微加热即可燃烧生成过氧化物和超氧化物(如 Na_2O_2 和 KO_2)。碱土金属活泼性略差，室温下这些金属表面会缓慢生成氧化膜。

碱金属盐类绝大多数易溶于水，而且在水中能完全解离，但也有极少数是微溶的，如六羟基锑(Ⅴ)酸钠 $Na[Sb(OH)_6]$、酒石酸氢钾 $KHC_4H_4O_6$、钴亚硝酸钠钾 $K_2Na[Co(NO_2)_6]$等。钠、钾的这些微溶盐可用于鉴定钠、钾离子。

碱土金属盐类除氯化物、硝酸盐、硫酸镁、铬酸镁、铬酸钙易溶于水外，碳酸盐、硫酸盐、草酸盐、铬酸盐等都是难溶于水的。

碱金属离子、碱土金属离子在焰色反应中呈现出美丽的颜色，可以用于定性鉴别。其他很多金属离子也可以用焰色反应进行初步的定性分析，见附录 15。

2. 铝

铝为ⅢA 族金属，在一般化学反应中氧化态为+3，是典型的两性元素，新生成的氢氧化铝既溶于酸，又溶于碱。铝的标准电极电势的数值虽然较负，但在水中稳定，主要是由于金属表面形成致密的氧化膜不溶于水，并且这种氧化膜可以很好地保护内层的铝不被腐蚀。

3. 锡、铅、锑、铋的氢氧化物的性质

锡、铅是ⅣA 族金属，氧化态有+2 和+4。氧化物难溶于水。Sn(Ⅱ)和 Pb(Ⅱ)的氢

氧化物都是白色沉淀，且具有两性；从锡到铅，相同氧化态的氢氧化物的碱性增强，酸性减弱。

$$Sn(OH)_2 + 2OH^- = [Sn(OH)_4]^{2-}$$

$$Pb(OH)_2 + 2OH^- = [Pb(OH)_4]^{2-}$$

锑、铋是ⅤA 族金属，以+3、+5 氧化态存在。$Sb(OH)_3$既溶于酸又溶于碱，$Bi(OH)_3$易溶于酸难溶于碱。

$$Sb(OH)_3 + 3OH^- = [Sb(OH)_6]^{3-}$$

4. 锡盐、铅盐、锑盐、铋盐的水解和铅的难溶盐

锡、铅、锑、铋的强酸盐都水解，锡的强酸盐水解生成相应的羟基盐沉淀，锑、铋的强酸盐水解生成相应的酰基盐沉淀。

$$Sn^{2+} + Cl^- + H_2O = Sn(OH)Cl\downarrow(\text{白色}) + H^+$$

$$Sb^{3+} + Cl^- + H_2O = SbOCl\downarrow(\text{白色}) + 2H^+$$

$$Bi^{3+} + NO_3^- + H_2O = BiONO_3\downarrow(\text{白色}) + 2H^+$$

Pb(Ⅱ)的化合物除$Pb(NO_3)_2$和$Pb(Ac)_2$外大多难溶于水。$PbCl_2$为白色，微溶于冷水，易溶于热水，也能溶于浓盐酸中形成配合物$H_2[PbCl_4]$。PbI_2为金黄色丝状有亮光的沉淀，易溶于沸水，溶于过量 KI 溶液，形成可溶性配合物 $K_2[PbI_4]$。$PbCrO_4$ 为难溶的黄色沉淀，溶于硝酸和较浓的碱。$PbSO_4$为白色沉淀，能溶于饱和 NH_4Ac 溶液。

5. 锡、铅、锑、铋的氧化还原性质

锡的+4 氧化态较稳定，+2 价锡具有还原性。$SnCl_2$是实验室常用的还原剂，可以将$HgCl_2$的 Hg(Ⅱ)逐步还原为 Hg(Ⅰ)、Hg(0)。

$$Sn^{2+}(\text{适量}) + 8Cl^- + 2Hg^{2+} = Hg_2Cl_2\downarrow(\text{白色}) + [SnCl_6]^{2-}$$

$$Sn^{2+}(\text{过量}) + 4Cl^- + Hg_2Cl_2 = 2Hg\downarrow(\text{黑色}) + [SnCl_6]^{2-}$$

在实验中，可观察到沉淀的颜色由白色→灰色→黑色，该反应可用于鉴定 Sn^{2+}或Hg^{2+}。

在碱性介质中，Sn(Ⅱ)还可以还原 Bi(Ⅲ)生成黑色的单质 Bi 沉淀：

$$3[Sn(OH)_4]^{2-} + 2Bi^{3+} + 6OH^- = 3[Sn(OH)_6]^{2-} + 2Bi\downarrow(\text{黑色})$$

该反应可用于鉴定 Bi^{3+}。

由于惰性电子对效应，Pb(Ⅱ)、Bi(Ⅲ)氧化态较稳定，Pb(Ⅳ)、Bi(Ⅴ)氧化态有强氧化性，如在酸性介质中 PbO_2 可将 Mn^{2+}为 MnO_4^-。

$$5PbO_2 + 2Mn^{2+} + 4H^+ = 5Pb^{2+} + 2MnO_4^- + 2H_2O$$

$$5NaBiO_3 + 2Mn^{2+} + 14H^+ = 5Bi^{3+} + 5Na^+ + 2MnO_4^- + 7H_2O$$

这两个反应可用于鉴定 Mn^{2+}。

6. 锡、锑、铅、铋的硫化物的生成和性质

锡、铅、锑、铋都能生成有颜色的难溶于水的硫化物，又因为这些硫化物的酸碱性和氧化还原性不同，可用于它们的分离和鉴定。

三、实验用品

烧杯(250mL)，试管(10mL)，小刀，镊子，坩埚，坩埚钳，离心机，钴玻璃片(蓝色玻璃片)，镶有铂丝(也可用镍铬丝代替)的玻璃棒，砂纸，水浴锅，滤纸。

钠，钾，镁条，铝片，NaAc(s)，PbO_2(s)，$NaBiO_3$(s)，K_2CrO_4(0.5mol · L^{-1})，$KMnO_4$(0.1mol · L^{-1})，KCl(1mol · L^{-1})，KI(1mol · L^{-1})，LiCl(1mol · L^{-1})，Na_2SO_4(0.5mol · L^{-1})，NaCl(1mol · L^{-1})，Na_2S(新配 1mol · L^{-1})，NaOH(新配 2mol · L^{-1}、6mol · L^{-1})，$CaCl_2$(1mol · L^{-1})，$SrCl_2$(1mol · L^{-1}、0.5mol · L^{-1})，$BaCl_2$(1mol · L^{-1})，$SnCl_2$(s，0.5mol · L^{-1})，$SnCl_4$(0.5mol · L^{-1})，$Pb(NO_3)_2$(s，0.5mol · L^{-1}、0.1mol · L^{-1})，$SbCl_3$(s，0.5mol · L^{-1})，$Bi(NO_3)_3$(s，0.5mol · L^{-1})，$MnSO_4$(0.5mol · L^{-1})，$HgCl_2$(0.2mol · L^{-1})，H_2S(饱和)，HCl(2mol · L^{-1}、1mol · L^{-1}、浓)，HNO_3(6mol · L^{-1}、浓)，H_2SO_4(2mol · L^{-1})，$(NH_4)_2S_x$(新配 1mol · L^{-1})，$BiCl_3$(0.5mol · L^{-1})，酚酞指示剂，pH 试纸。

四、实验内容

1. 钠、钾、镁、铝的金属活泼性

1)钠与空气中氧气的作用

用镊子取一小块(绿豆大小)金属钠，用滤纸吸干其表面的煤油，立即放在坩埚中加热。当开始燃烧时，停止加热。观察反应情况和产物的颜色、状态。冷却后，用玻璃棒轻轻捣碎产物并转移到试管中，加入约 2mL 去离子水使产物溶解，并观察溶解过程中的现象，用 pH 试纸测定溶液的酸碱性。再用 2mol · L^{-1} H_2SO_4溶液酸化，滴加 1～2 滴 0.1mol · L^{-1} $KMnO_4$溶液。观察紫色是否褪去。由此说明钠在空气中燃烧的产物是Na_2O_2还是Na_2O。写出有关反应方程式。

2)金属钠、钾、镁、铝与水的作用

分别取一小块(绿豆大小)金属钠和钾，用滤纸吸干其表面煤油，把它们分别投入盛有半杯水的烧杯中，当金属块投入水中时，立即用倒置漏斗覆盖在烧杯口上，观察反应情况。反应完后，滴入 1～2 滴酚酞指示剂，检验溶液的酸碱性。根据反应进行的剧烈程度，比较钠、钾的金属活泼性。写出反应方程式。

分别取一小段镁条和一小块铝片，用砂纸擦去表面的氧化物，分别放入试管中，加入少量冷水，观察反应现象。各滴入 2 滴酚酞指示剂，观察颜色变化。然后加热煮沸，观察又有何现象发生。写出反应方程式。

另取一小块铝片，用砂纸擦去表面氧化物，然后在表面上加 2 滴 0.2mol · L^{-1} $HgCl_2$溶液，放置约 2min，观察产物的颜色和状态。用滤纸将液体擦干。观察铝片上长出的白色铝毛。擦去铝毛后置于盛水的试管中，观察气体的放出，如反应缓慢，可将试管加

热，观察反应现象。写出有关反应方程式。

2. 碱金属盐和碱土金属盐的焰色反应

取镶有铂丝(或镍铬丝)的玻璃棒(尖端弯成小环状)，反复蘸取浓盐酸后在氧化焰中灼烧至近无色，使铂丝洁净。用洁净的铂丝分别蘸取浓度均为 $1mol \cdot L^{-1}$ 的 LiCl 溶液、NaCl 溶液、KCl 溶液、$CaCl_2$ 溶液、$SrCl_2$ 溶液、$BaCl_2$ 溶液在氧化焰中灼烧，观察火焰的颜色，并透过蓝色玻璃片再观察，记录使用蓝色玻璃片前后各离子的焰色。

3. 锡、铅、锑、铋的氢氧化物的生成和酸碱性

在 4 支试管中分别加入约 0.5mL 浓度均为 $0.5mol \cdot L^{-1}$ 的 $SnCl_2$ 溶液、$Pb(NO_3)_2$ 溶液、$SbCl_3$ 溶液、$Bi(NO_3)_3$ 溶液，再分别滴加新配制的 $2mol \cdot L^{-1}$ NaOH 溶液，观察沉淀的生成，写出相应的离子反应方程式。

把上述沉淀分为两份，分别滴加 $2mol \cdot L^{-1}$ HCl 溶液和 $2mol \cdot L^{-1}$ NaOH 溶液，观察沉淀在酸中和碱中的溶解情况，有反应的写出相应的离子反应方程式，对锡、铅、锑、铋的相应氢氧化物的酸碱性得出结论。

4. 锡盐、铅盐、锑盐、铋盐的水解和铅的难溶盐

1)盐的水解

在 4 支试管中分别加入小米粒大小的 $SnCl_2$、$Pb(NO_3)_2$、$SbCl_3$、$Bi(NO_3)_3$ 固体，加入约 1mL 水，有何现象？用 pH 试纸试验溶液的酸碱性。再滴加与这些盐的阴离子相对应的浓盐酸或浓硝酸，有什么变化？再加水稀释，又有什么现象发生？解释上述现象，写出相应的离子反应方程式。

2)铅的难溶盐

在试管中加入 0.5mL $0.1mol \cdot L^{-1}$ $Pb(NO_3)_2$ 溶液，再滴入 3～5 滴稀盐酸，观察氯化铅沉淀的生成和颜色。将所得沉淀连同溶液一起加热，沉淀是否溶解？再把溶液冷却，又有什么变化？解释上述现象。试验沉淀在浓盐酸中的溶解情况，得出结论，写出相应的离子反应方程式。

取 5 滴 $0.1mol \cdot L^{-1}$ $Pb(NO_3)_2$ 溶液，滴加 $1mol \cdot L^{-1}$ KI 溶液，观察碘化铅沉淀的生成和颜色。试验它在热水和过量 KI 溶液中的溶解情况，得出结论，写出相应的离子反应方程式。

取 5 滴 $0.1mol \cdot L^{-1}$ $Pb(NO_3)_2$ 溶液，再滴加几滴 $0.5mol \cdot L^{-1}$ K_2CrO_4 溶液，观察铬酸铅沉淀的生成和颜色。试验它在 $6mol \cdot L^{-1}$ HNO_3 溶液和 NaOH 溶液中的溶解情况，写出相应的离子反应方程式。

取 5 滴 $0.1mol \cdot L^{-1}$ $Pb(NO_3)_2$ 溶液，再滴加几滴 $0.5mol \cdot L^{-1}$ Na_2SO_4 溶液，观察硫酸铅沉淀的生成和颜色。加入少量固体 NaAc，微热，并不断搅拌，沉淀是否溶解？得出结论，写出相应的离子反应方程式。

5. 锡(Ⅱ)的还原性和铅(Ⅳ)、铋(Ⅴ)的氧化性

取 5 滴 0.5mol · L^{-1} $SnCl_2$ 溶液，加入 2 滴 0.5mol · L^{-1} $BiCl_3$ 溶液，有何现象？再加入过量的 2mol · L^{-1} NaOH 溶液，又有何现象？

取 5 滴 0.2mol · L^{-1} $HgCl_2$ 溶液，然后逐滴加入 0.5mol · L^{-1} $SnCl_2$ 溶液，观察现象。写出反应方程式。

在试管中加 5 滴 0.5mol · L^{-1} $MnSO_4$ 溶液和 1mL 6mol · L^{-1} HNO_3 溶液，再加少量 PbO_2 固体，水浴加热，观察溶液颜色变化。

在试管中加 5 滴 0.5mol · L^{-1} $MnSO_4$ 溶液和 1mL 6mol · L^{-1} HNO_3 溶液，再加少量 $NaBiO_3$ 固体，水浴加热，观察溶液颜色变化。

6. 锡、铅、锑和铋的硫化物

1) 硫化亚锡、硫化锡

在两支试管中分别加入 0.5mL 浓度均为 0.5mol · L^{-1} 的 $SnCl_2$ 溶液和 $SnCl_4$ 溶液，然后各加入少量饱和 H_2S 溶液，观察沉淀的颜色有何不同。分别试验沉淀物与浓度均为 1mol · L^{-1} 的 HCl 溶液、Na_2S 溶液和 $(NH_4)_2S_x$ 溶液的反应。

通过这些实验，对于硫化亚锡、硫化锡的溶解性、氧化还原性可得出什么结论？写出相应的离子反应方程式。

2) 铅、锑、铋硫化物

在 3 支试管中分别加入 0.5mL 浓度均为 0.5mol · L^{-1} 的 $Pb(NO_3)_2$ 溶液、$SbCl_3$ 溶液、$Bi(NO_3)_3$ 溶液，然后各加入少量饱和 H_2S 溶液，观察沉淀的颜色有何不同。分别试验沉淀物与浓盐酸、2mol · L^{-1} NaOH 溶液、1mol · L^{-1} Na_2S 溶液、1mol · L^{-1} $(NH_4)_2S_x$ 溶液和浓硝酸的反应情况，写出相应的离子反应方程式。

五、注意事项

(1) 注意金属钠、钾的安全操作。金属钠、钾保存在煤油中。取用时，可在煤油中用小刀切割，用镊子夹取，并用滤纸把煤油吸干。切勿与皮肤接触，未用完的金属碎屑不能乱丢，可放回原瓶中或者放在少量乙醇中，使其缓慢反应消耗掉。

(2) 锡、铅、锑、铋的化合物有毒，使用时须特别注意，切勿入口，切勿与有伤口的皮肤接触，废液应回收处理。

(3) Na_2S 溶液和 $SnCl_2$ 溶液容易变质失效，使用时要注意。

六、思考题

(1) 实验室配制 $SnCl_2$ 溶液时为什么加入盐酸和锡粒？

(2) 选用合适的试剂，分离和鉴定下列两组离子：

Sn^{2+}和 Pb^{2+}；Sb^{3+}和 Bi^{3+}。

(3) 如何区别下列各组物质？

$SnCl_2$ 和 $SnCl_4$；$BaSO_4$ 和 $PbSO_4$；$SbCl_3$ 和 $PbCl_2$；$Bi(NO_3)_3$ 和 $Pb(NO_3)_2$。

(4) 若实验室中发生镁燃烧的事故，可否用水或二氧化碳灭火器扑灭？应用何种方法灭火？

(5) 对于 $Pb(OH)_2$ 在酸中的溶解，应选择什么酸？为什么？

(6) 溶液中 $SnCl_2$ 还原 $HgCl_2$ 时产生的汞单质为什么呈现为黑色粉末？

实验 22　ds 区金属元素

一、实验目的

(1) 了解铜、银、锌、镉、汞的氧化物或氢氧化物的酸碱性、硫化物的溶解性。

(2) 掌握 Cu(Ⅰ) 与 Cu(Ⅱ)、Hg(Ⅰ) 和 Hg(Ⅱ) 重要化合物的性质及相互转化条件。

(3) 了解铜、银、锌、镉、汞的配位性质。

二、实验原理

ds 区元素包括周期表ⅠB 族的 Cu、Ag、Au 和ⅡB 族的 Zn、Cd、Hg 6 种元素，价电子构型为 $(n-1)d^{10}ns^{1\sim2}$，它们的许多性质与 d 区元素相似，而与相应的主族ⅠA 和ⅡA 族相比，除了形式上均可形成氧化态为+1 和+2 的化合物外，更多地呈现较大的差异性。ⅠB、ⅡB 族离子具有 18 电子构型和较强的极化力与变形性，易形成配合物。

1. 氢氧化物

$Cu(OH)_2$ 以碱性为主，溶于酸，但又有微弱的酸性，可溶于过量的浓碱溶液。AgOH 为白色沉淀，在水中极易脱水转变为棕黑色 Ag_2O。$Zn(OH)_2$ 为两性，$Cd(OH)_2$ 两性偏碱性，$Hg(OH)_2$ 极易脱水而转变为黄色 HgO，HgO 不溶于碱。

2. 硫化物

铜、银、锌、镉、汞的硫化物是具有特征颜色的难溶物。CuS 为黑色，Ag_2S 为黑色，ZnS 为白色，CdS 为黄色，HgS 为黑色。通过控制硫化物的生成和溶解条件，可利用这些硫化物进行 ds 区金属离子的分离和鉴定。

3. 配合物

ds 区金属离子都有较强的接受配体形成配合物的能力，如与 X^-、NH_3、SCN^-、$S_2O_3^{2-}$ 等形成配位数为 2 或 4 的配合物。例如：

$$Hg^{2+} + 2SCN^- = Hg(SCN)_2\downarrow \text{(白色)}$$

$$Hg(SCN)_2 + 2SCN^- = [Hg(SCN)_4]^{2-}$$

$[Hg(SCN)_4]^{2-}$可用于定性检验 Zn^{2+}：

$$[Hg(SCN)_4]^{2-} + Zn^{2+} = Zn[Hg(SCN)_4]\downarrow \text{(白色)}$$

Hg^{2+}和过量的 I^-可以生成$[HgI_4]^{2-}$，$[HgI_4]^{2-}$与 KOH 或 NaOH 的混合溶液称为奈斯勒试剂，可用于 NH_4^+的鉴定：

$$Hg^{2+} + 2I^- = HgI_2\downarrow \text{(橙红色)}$$

$$HgI_2 + 2I^- = [HgI_4]^{2-}$$

$$NH_4^+ + 2[HgI_4]^{2-} + 4OH^- = HgO\cdot Hg(NH_2)I\downarrow \text{(棕色)} + 7I^- + 3H_2O$$

4. Cu(Ⅱ)、Hg(Ⅱ)的氧化性和 Cu(Ⅰ)与 Cu(Ⅱ)、Hg(Ⅰ)与 Hg(Ⅱ)的相互转化

Cu^{2+}可氧化 I^-生成 CuI：

$$2Cu^{2+} + 4I^- = 2CuI\downarrow \text{(白色)} + I_2$$

Hg^{2+}可氧化 Sn^{2+}生成 Hg_2^{2+}或单质 Hg。

Cu^+在水溶液中不稳定，自发歧化，生成 Cu^{2+}和 Cu：

$$2Cu^+ = Cu^{2+} + Cu\downarrow \qquad K^\ominus = 1.4\times10^6$$

Cu(Ⅰ)在水溶液中只能以稳定的配合物或难溶物存在。例如：

$$Cu^{2+} + Cu + 4Cl^- = 2[CuCl_2]^-$$

$$2Cu^{2+} + 4OH^-\text{(过量)} + C_6H_{12}O_6\text{(葡萄糖)} = Cu_2O\downarrow \text{(红色)} + 2H_2O + C_6H_{12}O_7$$

Hg_2^{2+}能够稳定存在于水溶液中，可以由 Hg^{2+}溶液和单质 Hg 振荡得到：

$$Hg(l) + Hg^{2+} = Hg_2^{2+} \qquad K^\ominus = 87.7$$

上述平衡常数并不是很大，若加入一种试剂降低 Hg^{2+}浓度，Hg_2^{2+}将发生歧化。因此，加入碱、硫化物等 Hg(Ⅱ)的沉淀剂或氰离子等易与 Hg(Ⅱ)配位的试剂都会促使 Hg_2^{2+}歧化：

$$Hg_2^{2+} + S^{2-} = HgS\downarrow + Hg\downarrow$$

$$Hg_2^{2+} + 2OH^- = HgO\downarrow + Hg\downarrow + H_2O$$

$$2Hg_2^{2+} + 4NH_3\cdot H_2O + NO_3^- = HgO\cdot Hg(NH_2)(NO_3)\downarrow \text{(白色)} + 2Hg\downarrow \text{(黑色)} + 3NH_4^+ + 3H_2O$$

三、实验用品

烧杯(250mL、50mL)，离心机，离心试管，水浴锅，试管。

碘化钾，铜屑，HCl(2mol·L^{-1}、浓)，H_2SO_4(2mol·L^{-1})，HNO_3(2mol·L^{-1}、浓)，NaOH(2mol·L^{-1}、6mol·L^{-1}、40%)，氨水(2mol·L^{-1}、浓)，$CuSO_4$(0.2mol·L^{-1})，$ZnSO_4$(0.2mol·L^{-1})，$CdSO_4$(0.2mol·L^{-1})，$CuCl_2$(0.5mol·L^{-1})，$Hg(NO_3)_2$(0.2mol·L^{-1})，$SnCl_2$(0.2mol·L^{-1})，$AgNO_3$(0.1mol·L^{-1}、0.2mol·L^{-1})，Na_2S(0.1mol·L^{-1})，KI(0.2mol·L^{-1})、KSCN(0.1mol·L^{-1})，$Na_2S_2O_3$(0.5mol·L^{-1})，NaCl(0.2mol·L^{-1})，金属汞，葡萄糖溶液(10%)，KOH(40%)。

四、实验内容

1. 铜、银、锌、镉、汞的氢氧化物或氧化物

1) 铜、锌、镉的氢氧化物

在 3 支试管中分别加入 0.5mL 浓度均为 0.2mol · L^{-1} 的 $CuSO_4$ 溶液、$ZnSO_4$ 溶液、$CdSO_4$ 溶液，再滴加新配制的 2mol · L^{-1} NaOH 溶液，观察溶液颜色变化及沉淀的生成。在各试管中滴加 2mol · L^{-1} H_2SO_4 溶液，观察现象，写出相应的离子反应方程式。

另取 3 支试管，重复上述实验，但 2mol · L^{-1} H_2SO_4 溶液以 2mol · L^{-1} NaOH 溶液代替，观察现象，写出相应的离子反应方程式。

2) 银、汞的氧化物

取 0.5mL 0.1mol · L^{-1} $AgNO_3$ 溶液，滴加新配制的 2mol · L^{-1} NaOH 溶液，观察 Ag_2O 的生成、颜色和状态。离心分离并洗涤沉淀，将沉淀分成两份：一份加入 2mol · L^{-1} HNO_3 溶液，另一份加入 2mol · L^{-1} 氨水。观察沉淀的溶解情况，写出相应的离子反应方程式。

取 0.5mL 0.2mol · L^{-1} $Hg(NO_3)_2$ 溶液，滴加新配制的 2mol · L^{-1} NaOH 溶液，观察沉淀的生成和颜色。将沉淀分成两份，一份加入 2mol · L^{-1} HNO_3 溶液，另一份加入 40% NaOH 溶液。观察沉淀的溶解情况，写出相应的离子反应方程式。

2. 锌、镉、汞的硫化物

在 3 支分别盛有 0.5mL 浓度均为 0.2mol · L^{-1} 的 $ZnSO_4$ 溶液、$CdSO_4$ 溶液、$Hg(NO_3)_2$ 溶液的离心试管中滴加 0.1mol · L^{-1} Na_2S 溶液，振荡试管，观察沉淀的生成和颜色。

将沉淀离心分离、洗涤，然后将每种沉淀分成 3 份，第一份加入 2mol · L^{-1} HCl 溶液，第二份加入浓 HCl，第三份加入王水（自配），水浴加热。观察沉淀的溶解情况。

根据实验现象，并查阅溶度积数据，归纳总结铜、银、锌、镉、汞的硫化物的有关性质，写出相应的离子反应方程式。

3. 铜、银、锌、汞的配合物

1) 氨合物

在 4 支分别盛有 0.5mL 浓度均为 0.2mol · L^{-1} 的 $CuSO_4$ 溶液、$AgNO_3$ 溶液、$ZnSO_4$ 溶液、$Hg(NO_3)_2$ 溶液的试管中滴加 2mol · L^{-1} 氨水，边滴加边振荡试管，观察沉淀的生成。继续滴加 2mol · L^{-1} 氨水至过量，又有何现象发生？写出相应的离子反应方程式。

比较 Cu^{2+}、Ag^{+}、Zn^{2+}、Hg^{2+} 与氨水反应有什么不同。

2) 汞配合物

(1) HgI_2 和 $[HgI_4]^{2-}$。

在试管中加入 0.5mL 0.2mol · L^{-1} $Hg(NO_3)_2$ 溶液，再逐滴加入 0.2mol · L^{-1} KI 溶液，边滴加边振荡试管，观察沉淀的生成和颜色的变化。继续加入 0.2mol · L^{-1} KI 溶液直至沉淀刚好溶解，溶液显何颜色？写出相应的离子反应方程式。

(2)奈斯勒试剂与 NH_4^+的鉴定。

在(1)所得的溶液中滴入几滴 40% KOH 溶液，此时得到的溶液即为奈斯勒试剂。在自制的奈斯勒试剂中滴加几滴氨水，振荡试管，观察沉淀的颜色，写出相应的离子反应方程式。

(3) $[Hg(SCN)_4]^{2-}$与 Zn^{2+}的检验。

在试管中加入 0.5mL 0.2mol · L^{-1} $Hg(NO_3)_2$溶液，逐滴加入 0.1mol · L^{-1} KSCN 溶液，观察 $Hg(SCN)_2$沉淀的生成和颜色，继续滴加 KSCN 溶液至沉淀溶解。在该溶液中加几滴 0.2mol · L^{-1} $ZnSO_4$溶液，观察 $Zn[Hg(SCN)_4]$白色沉淀的生成(必要时用玻璃棒摩擦试管壁)。

4. Cu(Ⅰ)和 Cu(Ⅱ)、Hg(Ⅰ)和 Hg(Ⅱ)化合物的生成与相互转化

1)氧化亚铜

在两支试管中各加入 5 滴 0.2mol · L^{-1} $CuSO_4$溶液，并滴加过量的 6mol · L^{-1} NaOH 溶液，边滴加边振荡试管，使生成的蓝色沉淀溶解成深蓝色溶液。然后在溶液中加入 0.5mL 10%葡萄糖溶液，混匀后微热，有黄色沉淀产生，进而变成红色沉淀。写出相应的离子反应方程式。

将反应物转移到离心试管中离心分离，洗涤沉淀，然后将沉淀分为两份。一份加入 1mL 2mol · L^{-1} H_2SO_4溶液，观察沉淀和溶液有何变化；另一份加入 1mL 浓氨水，振荡后，静置一段时间，观察溶液的颜色。放置一段时间后，溶液颜色又有什么变化？解释实验现象，写出相应的离子反应方程式。

2)氯化亚铜

在 50mL 小烧杯中加入 10mL 0.5mol · L^{-1} $CuCl_2$溶液，再加入约 3mL 浓盐酸和少量铜屑，小火加热沸腾至液体呈深棕色(绿色完全消失)。取几滴上述溶液加入 10mL 去离子水中，如有白色沉淀产生，则迅速把全部溶液倾入 100mL 去离子水中，将白色沉淀洗涤至无蓝色为止。

取少量沉淀分成两份：一份与 3mL 浓氨水作用，观察有何变化；另一份与 3mL 浓盐酸作用，观察又有何变化。写出相应的离子反应方程式。

3)碘化亚铜

在盛有 0.5mL 0.2mol · L^{-1} $CuSO_4$溶液的试管中滴加 0.2mol · L^{-1} KI 溶液并振荡，使溶液变为棕黄色(提示：I_2溶于 KI 呈黄色)。再滴加适量 0.5mol · L^{-1} $Na_2S_2O_3$溶液，以除去反应中生成的碘，观察沉淀产物的颜色和状态。写出有关的离子反应方程式。

4)汞(Ⅱ)与汞(Ⅰ)的相互转化

(1) Hg^{2+}的氧化性。

在试管中加入 5 滴 0.2mol · L^{-1} $Hg(NO_3)_2$溶液，逐滴加入 0.2mol · L^{-1} $SnCl_2$溶液，边滴加边振荡试管，有何现象发生？写出相应的离子反应方程式。

(2) Hg^{2+}转化为 Hg_2^{2+}和 Hg_2^{2+}的歧化分解。

在盛有 0.5mL 0.2mol · L^{-1} $Hg(NO_3)_2$溶液的试管中滴入 1 滴金属汞，充分振荡。用滴管把清液转入另两支试管中(余下的汞回收)，一支试管中加入 0.2mol · L^{-1} NaCl 溶液，另一支试管中滴入 2mol · L^{-1} 氨水，观察现象，写出相应的离子反应方程式。

五、注意事项

(1) 汞在常温下为液态，易挥发。汞蒸气吸入人体内会引起慢性中毒，因此汞要用水封保存。由于汞的相对密度较大，取用时要特别小心，往试管中加汞时，试管要尽量靠近盛汞的试剂瓶，避免洒落。如果不小心洒落，应立即将洒落的汞收集起来放入水中，然后在有残存汞的地方撒上一层硫磺粉，并摩擦，使汞生成难挥发的 HgS。

(2) 所有含汞离子的废液不能随意弃去，要回收到指定的容器中集中处理。

六、思考题

(1) 在制备碘化亚铜时，加入硫代硫酸钠的作用是什么？若硫代硫酸钠加入过量，会产生什么现象？为什么？

(2) 在制备氯化亚铜时，加入浓盐酸的目的是什么？能否用氯化铜和铜屑在用盐酸酸化呈微弱的酸性条件下反应？为什么？若用浓氯化钠溶液代替盐酸，此反应能否进行？为什么？

(3) 现有三瓶已失标签的硝酸汞、硝酸亚汞和硝酸银溶液，至少用两种方法鉴别。

(4) 在 Hg^{2+}溶液中分别滴加 NaOH 溶液和氨水，都有沉淀生成，如何判断两种沉淀物是否相同？写出 Hg^{2+}分别与 NaOH 溶液和氨水反应的离子反应方程式。

(5) CuI 与 Hg 反应变为棕红色：$4CuI + Hg = Cu_2[HgI_4]$（棕红色）$+ 2Cu$。该反应可用于检出空气中的汞蒸气含量。在 15℃时，如果 3h 内不变色，表明空气中汞含量小于 $0.1mg \cdot m^{-3}$。请用本次实验中制取的 CuI，设计检测本实验室的空气中汞蒸气的含量。

实验 23　d 区金属元素

一、实验目的

(1) 掌握铬、锰、铁、钴、镍的氢氧化物的生成和性质。

(2) 掌握铬、锰、铁、钴、镍不同氧化态的氧化还原性及其介质的影响。

(3) 掌握铁、钴、镍重要配合物的生成及性质。

二、实验原理

铬、锰、铁、钴、镍位于周期表中 d 区第一过渡系列，铬、锰分别属于ⅥB、ⅦB族，铁、钴、镍统称铁系元素，归入Ⅷ族。这些过渡元素及其化合物拥有丰富的颜色、氧化还原性、配位性和磁性。

1. 氢氧化物的酸碱性

在铬、锰、铁、钴、镍的氢氧化物中，除 $Cr(OH)_3$ 为两性外，$Mn(OH)_2$、

$Fe(OH)_2$、$Fe(OH)_3$、$Co(OH)_2$、$Ni(OH)_2$为碱性。$Cr(OH)_3$既可溶于酸又可溶于碱：

$$Cr(OH)_3 + 3H^+ = Cr^{3+} + 3H_2O$$

$$Cr(OH)_3 + OH^- = [Cr(OH)_4]^-$$

2. 氧化还原性

在碱性溶液中，Mn(Ⅱ)、Fe(Ⅱ)极不稳定，易被空气中的氧所氧化。Cr(Ⅲ)、Co(Ⅱ)、Ni(Ⅱ)在有强氧化剂存在时也表现出还原性：

$$2Mn(OH)_2 + O_2 = 2MnO(OH)_2\downarrow$$

$$4Fe(OH)_2 + O_2 + 2H_2O = 4Fe(OH)_3\downarrow$$

$$2[Cr(OH)_4]^- + 3H_2O_2 + 2OH^- = 2CrO_4^{2-} + 8H_2O$$

$$2Co(OH)_2 + ClO^- + H_2O = 2Co(OH)_3\downarrow + Cl^-$$

$$2Ni(OH)_2 + ClO^- + H_2O = 2Ni(OH)_3\downarrow + Cl^-$$

Mn(Ⅱ)在酸性介质中比较稳定，但遇到强氧化剂时也表现出还原性：

$$3Mn^{2+} + 2MnO_4^- + 2H_2O = 5MnO_2\downarrow + 4H^+$$

$$2Mn^{2+} + 5NaBiO_3(s) + 14H^+ = 2MnO_4^- + 5Bi^{3+} + 7H_2O + 5Na^+$$

其中，Mn^{2+}与$NaBiO_3$在酸性介质中生成紫色MnO_4^-的反应可用于鉴定Mn^{2+}。

在酸性介质中，铬、锰、铁、钴、镍的高价化合物都有一定的氧化性。例如：

$$Cr_2O_7^{2-} + 3SO_3^{2-} + 8H^+ = 2Cr^{3+} + 3SO_4^{2-} + 4H_2O$$

$$Cr_2O_7^{2-} + 6Fe^{2+} + 14H^+ = 2Cr^{3+} + 6Fe^{3+} + 7H_2O$$

在碱性介质中，Cr(Ⅵ)主要以CrO_4^{2-}存在。CrO_4^{2-}与$Cr_2O_7^{2-}$在水溶液中存在下列平衡：

$$2CrO_4^{2-} + 2H^+ \rightleftharpoons Cr_2O_7^{2-} + H_2O$$

除加酸、加碱条件下可使上述平衡发生移动外，向溶液中加入 Ba^{2+}、Pb^{2+}或 Ag^+，由于生成溶度积较小的铬酸盐，也能使上述平衡向左移动。因此，向铬酸盐溶液或重铬酸盐溶液中加入这些金属离子，生成的都是铬酸盐沉淀。例如：

$$Cr_2O_7^{2-} + 2Ba^{2+} + H_2O \rightleftharpoons 2BaCrO_4\downarrow(\text{柠檬黄色}) + 2H^+$$

$$Cr_2O_7^{2-} + 2Pb^{2+} + H_2O \rightleftharpoons 2BaCrO_4\downarrow(\text{铬黄色}) + 2H^+$$

$$Cr_2O_7^{2-} + 4Ag^+ + H_2O \rightleftharpoons 2Ag_2CrO_4\downarrow(\text{砖红色}) + 2H^+$$

Mn(Ⅳ)、Mn(Ⅵ)和 Mn(Ⅶ)的重要化合物是 MnO_2、K_2MnO_4、$KMnO_4$，它们在酸性介质中都有强氧化性。例如：

$$MnO_2 + SO_3^{2-} + 2H^+ = Mn^{2+} + SO_4^{2-} + H_2O$$

$$2MnO_4^- + 5SO_3^{2-} + 6H^+ = 2Mn^{2+} + 5SO_4^{2-} + 3H_2O$$

而在中性或碱性介质中 $KMnO_4$的还原产物不同。中性介质：

$$2MnO_4^- + 3SO_3^{2-} + H_2O = 2MnO_2\downarrow + 3SO_4^{2-} + 2OH^-$$

碱性介质：

$$2MnO_4^- + SO_3^{2-} + 2OH^- = 2MnO_4^{2-} + SO_4^{2-} + H_2O$$

锰酸盐只存在于强碱性溶液中才是稳定的(pH≥14.4)，如果在酸性、弱碱性或中性条件下，会发生歧化反应：

$$3MnO_4^{2-} + 4H^+ = 2MnO_4^- + MnO_2\downarrow + 2H_2O$$

3. 配合物的生成和性质

铁、钴、镍都能形成多种配合物。这些配合物形成时常伴随有颜色的变化，所以可作为 Fe^{2+}、Fe^{3+}、Co^{2+}、Ni^{2+}的鉴定方法。例如，铁氰化钾与 Fe^{2+}反应、亚铁氰化钾与 Fe^{3+}反应都会生成相同的普鲁士蓝(或滕氏蓝)沉淀 $KFe[Fe(CN)_6]$，可以分别鉴定 Fe^{2+} 和 Fe^{3+}：

$$Fe^{2+} + K^+ + [Fe(CN)_6]^{3-} = KFe[Fe(CN)_6]\downarrow \text{(深蓝色)}$$

$$Fe^{3+} + K^+ + [Fe(CN)_6]^{4-} = KFe[Fe(CN)_6]\downarrow \text{(深蓝色)}$$

Fe^{3+}与 SCN^-反应生成血红色的配合物，该反应可用于 Fe^{3+}的鉴定：

$$Fe^{3+} + nSCN^- = [Fe(NCS)_n]^{3-n}\ (n=1\sim6)\ \text{(血红色)}$$

Co^{2+}与 SCN^-反应生成蓝色的$[Co(NCS)_4]^{2-}$，它在水溶液中不稳定，但能稳定地存在于乙醚、丙酮等有机溶剂中。该反应可用于鉴定 Co^{2+}：

$$Co^{2+} + 4SCN^- = [Co(NCS)_4]^{2-}\text{(蓝色)}$$

Ni^{2+}在弱碱性条件下与丁二酮肟生成鲜红色的螯合物沉淀，该反应可用于鉴定 Ni^{2+}，丁二酮肟也因此被称为镍试剂：

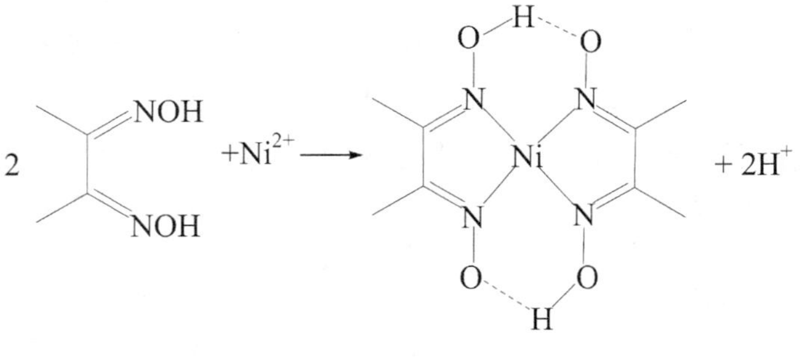

2 (NOH, NOH) $+Ni^{2+} \longrightarrow$ (O—H…O, N, Ni, N, O…H—O) $+ 2H^+$

Co(Ⅱ)、Co(Ⅲ)均可形成氨配合物，但后者比前者稳定：

$$Co^{2+} + Cl^- + NH_3\cdot H_2O = Co(OH)Cl\downarrow + NH_4^+$$

$$Co(OH)Cl + 5NH_3 + NH_4^+ = [Co(NH_3)_6]^{2+} + H_2O + Cl^-$$

$$4[Co(NH_3)_6]^{2+} + O_2 + 2H_2O = 4[Co(NH_3)_6]^{3+} + 4OH^-$$

Ni^{2+}与 NH_3 能形成蓝色的$[Ni(NH_3)_6]^{2+}$，但该配离子遇酸、碱均可发生分解反应：

$$[Ni(NH_3)_6]^{2+} + 6H^+ = Ni^{2+} + 6NH_4^+$$

$$[Ni(NH_3)_6]^{2+} + 2OH^- = Ni(OH)_2\downarrow + 6NH_3\uparrow$$

三、实验用品

试管，离心试管，蒸发皿，水浴锅，点滴板，滴管。

亚硫酸钠，高锰酸钾，硫酸亚铁铵，硫氰酸钾，铋酸钠，H_2SO_4(6mol · L^{-1}、2mol · L^{-1}、1mol · L^{-1})，NaOH(6mol · L^{-1}、2mol · L^{-1})，HCl(浓、2mol · L^{-1})，HNO_3(6mol · L^{-1})，$Cr_2(SO_4)_3$(0.1mol · L^{-1})，氨水(浓、6mol · L^{-1}、2mol · L^{-1})，$K_2Cr_2O_7$(0.1mol · L^{-1})，K_2CrO_4(0.1mol · L^{-1})，$AgNO_3$(0.1mol · L^{-1})，$BaCl_2$(0.1mol · L^{-1})，$Pb(NO_3)_2$(0.1mol · L^{-1})，$MnSO_4$(0.2mol · L^{-1})，NH_4Cl(2mol · L^{-1})，NaClO(稀)，$KMnO_4$(0.1mol · L^{-1})，Na_2SO_3(0.1mol · L^{-1})，$(NH_4)_2Fe(SO_4)_2$(0.1mol · L^{-1})，$FeCl_3$(0.1mol · L^{-1})，$CoCl_2$(0.1mol · L^{-1})，$NiSO_4$(0.1mol · L^{-1})，KI(0.5mol · L^{-1})，$K_4[Fe(CN)_6]$(0.5mol · L^{-1})，$K_3[Fe(CN)_6]$(0.5mol · L^{-1})，KSCN (0.5mol · L^{-1})，氯水，碘水，四氯化碳，戊醇，乙醚，H_2O_2(3%)，丁二酮肟(1%)，pH 试纸，淀粉碘化钾试纸。

四、实验内容

1. 铬的化合物

1) 铬(Ⅵ)的氧化性

在试管中加入约 0.5mL 0.1mol · L^{-1} $K_2Cr_2O_7$ 溶液，加入适量自行选择的还原剂(应选择怎样的还原剂？)，观察溶液颜色的变化，再加入 2mol · L^{-1} H_2SO_4 溶液，振荡试管，又有何变化？解释发生上述变化的原因，写出相应的离子反应方程式。保留所得到的 Cr^{3+}溶液供下面实验 4) 中的对比实验用。

2) 铬(Ⅵ)的缩合平衡

在试管中加入 0.5mL 0.1mol · L^{-1} $K_2Cr_2O_7$ 溶液，滴加数滴 2mol · L^{-1} NaOH 溶液，有何变化？再滴加数滴 2mol · L^{-1} H_2SO_4 溶液，又有何变化？

解释上述现象，写出相应的离子反应方程式。$Cr_2O_7^{2-}$与 CrO_4^{2-}在何种介质中可相互转化？

3) 氢氧化铬(Ⅲ)的两性

在试管中加入 0.5mL 0.1mol · L^{-1} $Cr_2(SO_4)_3$ 溶液后，逐滴加入 2mol · L^{-1} NaOH 溶液，观察沉淀的生成和颜色。分别试验沉淀与酸、碱的反应，观察溶液的颜色。写出相应的离子反应方程式。保留沉淀与碱反应的溶液供下面实验 4) 用。

4) 铬(Ⅲ)的还原性

在实验 3) 得到的$[Cr(OH)_4]^-$溶液中加入适量 3% H_2O_2 溶液作氧化剂，水浴加热，观察溶液颜色的变化，写出相应的离子反应方程式。

在实验 1) 得到的 Cr^{3+}溶液中滴加过量的 2mol · L^{-1} NaOH 溶液，得到$[Cr(OH)_4]^-$后，重复实验 4) 的操作，并与实验 4) 的现象进行对比，两者有无不同？解释原因。

5) 重铬酸盐和铬酸盐的溶解性

分别在 $Cr_2O_7^{2-}$和 CrO_4^{2-}溶液中各加入少量 $Pb(NO_3)_2$ 溶液、$BaCl_2$ 溶液和 $AgNO_3$ 溶液，观察产物的颜色和状态，比较并解释实验结果，写出相应的离子反应方程式。

2. 锰的化合物

1) 氢氧化锰(Ⅱ)的生成和性质

取 3 支试管，各加入 0.5mL 0.2mol · L^{-1} $MnSO_4$ 溶液，分别进行下面的实验：

第一支试管：用长滴管吸取 2mol · L^{-1} NaOH 溶液，插入试管底部，把 NaOH 溶液慢慢挤出，观察沉淀的颜色。继续加入过量 NaOH 溶液，沉淀是否溶解？振荡试管，有何变化？

第二支试管：按第一支试管同样操作得到 $Mn(OH)_2$ 沉淀后，迅速加入 2mol · L^{-1} HCl 溶液，有何现象发生？

第三支试管：按第一支试管同样操作得到 $Mn(OH)_2$ 沉淀后，迅速加入 2mol · L^{-1} NH_4Cl 溶液，沉淀是否溶解？

写出相应的离子反应方程式，并由此说明 $Mn(OH)_2$ 具有哪些性质。

2) 锰(Ⅱ)的还原性

(1) 在试管中加入 5 滴 0.2mol · L^{-1} $MnSO_4$ 溶液，然后滴加 0.1mol · L^{-1} $KMnO_4$ 溶液，振荡试管，观察沉淀的生成和颜色，写出相应的离子反应方程式。保留沉淀供下面实验 3) 使用。

(2) 取 5 滴 0.2mol · L^{-1} $MnSO_4$ 溶液和 0.5mL 6mol · L^{-1} HNO_3 溶液于试管中，加少量固体 $NaBiO_3$，振荡试管，观察溶液颜色的变化，写出相应的离子反应方程式。

3) 锰(Ⅳ)的氧化性

在实验 2)(1) 得到的沉淀中加入 1mol · L^{-1} H_2SO_4 溶液和 0.1mol · L^{-1} Na_2SO_3 溶液，振荡试管，沉淀是否溶解？写出相应的离子反应方程式。

4) 锰(Ⅶ)的氧化性

在 3 支试管中分别加入 5 滴 0.1mol · L^{-1} $KMnO_4$ 溶液，在第一支试管中加入 3 滴 2mol · L^{-1} H_2SO_4 溶液(使呈酸性)，在第二支试管中加入 3 滴去离子水(中性)，在第三支试管中加入 3 滴 2mol · L^{-1} NaOH 溶液(使呈碱性)，再各加入 3 滴 0.1mol · L^{-1} Na_2SO_3 溶液，观察 3 支试管中的变化，写出相应的离子反应方程式。

3. 铁、钴、镍的化合物

1) 铁(Ⅱ)、钴(Ⅱ)、镍(Ⅱ)的还原性

(1) 在 3 支试管中分别加入 5 滴浓度均为 0.1mol · L^{-1} 的 $(NH_4)_2Fe(SO_4)_2$ 溶液、$CoCl_2$ 溶液、$NiSO_4$ 溶液，再各滴加 2 滴 2mol · L^{-1} H_2SO_4 溶液，最后各滴加几滴氯水，观察 3 支试管中的变化，写出相应的离子反应方程式。[为了更好地观察现象变化，可在 $(NH_4)_2Fe(SO_4)_2$ 溶液的试管中滴加 1 滴 KSCN 溶液]

(2) 在一支试管中加入 2mL 去离子水和 3 滴 6mol · L^{-1} H_2SO_4 溶液煮沸，以赶尽溶于其中的空气，然后加入少量硫酸亚铁铵晶体。在另一支试管中加入 3mL 6mol · L^{-1} NaOH 溶液煮沸，冷却后，用长滴管吸取 NaOH 溶液，插入 $(NH_4)_2Fe(SO_4)_2$ 溶液(直至试管底部)，慢慢挤出滴管中的 NaOH 溶液，观察产物颜色和状态。充分振荡后放置一段时间，观察又有何变化，写出相应的离子反应方程式。保留产物供下面实验使用。

在盛有 0.5mL 0.1mol · L^{-1} $CoCl_2$ 溶液的试管中滴入 2mol · L^{-1} NaOH 溶液，观察沉淀的生成。所得沉淀分成两份，一份置于空气中，另一份加入 NaClO 溶液，观察有何变化。把第二份沉淀离心、洗涤，留待下面实验用。

用 0.1mol · L^{-1} $NiSO_4$ 溶液代替 $CoCl_2$ 溶液进行实验，观察现象，同样把第二份沉淀离心、洗涤，留待下面实验用。

2) 铁(Ⅲ)、钴(Ⅲ)、镍(Ⅲ)的氧化性

(1) 在前面实验中保留下来的氢氧化铁(Ⅲ)、氢氧化钴(Ⅲ)和氢氧化镍(Ⅲ)沉淀中均加入浓盐酸，振荡后各有何变化，并用淀粉碘化钾试纸检验所放出的气体。写出相应的离子反应方程式。

(2) 在上述制得的 $FeCl_3$ 溶液中加入 KI 溶液，再加入 CCl_4，振荡后观察现象，写出相应的离子反应方程式。

根据上述实验现象，比较+2 氧化态的铁、钴、镍相应化合物的还原性和+3 氧化态的铁、钴、镍相应化合物的氧化性的强弱，说明介质酸碱性的影响。

4. 配合物的生成

1) 硫氰配合物

(1) 在盛有 0.5mL 新配制的 $(NH_4)_2Fe(SO_4)_2$ 溶液的试管中加入碘水，摇动试管后，将溶液分成两份，各滴入数滴硫氰酸钾溶液，然后向其中一支试管中滴入几滴 3% H_2O_2 溶液，对比两支试管中溶液颜色的变化，解释变化原因，写出相应的离子反应方程式。

(2) 在盛有 0.5mL 0.1mol · L^{-1} $CoCl_2$ 溶液的试管中加入少量硫氰酸钾固体，观察固体周围的颜色。再加入几滴戊醇和乙醚，振荡后，观察水相和有机相的颜色，这个反应可用来鉴定 Co^{2+}。

2) 氨配合物

(1) 在 0.5mL 0.1mol · L^{-1} $CoCl_2$ 溶液中滴加浓氨水，至生成的沉淀刚好溶解为止，静置一段时间后，观察溶液的颜色有何变化。解释变化的原因，写出相应的离子反应方程式。

(2) 在 1mL 0.1mol · L^{-1} $NiSO_4$ 溶液中加入过量 6mol · L^{-1} 氨水，观察现象。静置片刻，再观察有无变化，写出相应的离子反应方程式。把溶液分成两份：一份加入 2mol · L^{-1} NaOH 溶液，另一份加入 1mol · L^{-1} H_2SO_4 溶液，观察有何变化，解释变化的原因，写出相应的离子反应方程式。

3) Fe^{2+}、Fe^{3+}、Ni^{2+}的鉴定

(1) Fe^{3+}的鉴定：在试管中加入 3 滴 0.5mol · L^{-1} $K_4[Fe(CN)_6]$溶液，再滴加 $FeCl_3$ 溶液并振荡，观察反应现象。

(2) Fe^{2+}的鉴定：在试管中加入 3 滴 0.5mol · L^{-1} $K_3[Fe(CN)_6]$溶液，再滴加新配制的 $(NH_4)_2Fe(SO_4)_2$ 溶液并振荡，观察反应现象。

(3) Ni^{2+}的鉴定：取 1 滴 0.1mol · L^{-1} $NiSO_4$ 溶液于白色点滴板上，加 1 滴 2mol · L^{-1} $NH_3 \cdot H_2O$ 和 1 滴 1%丁二酮肟，观察沉淀的生成和颜色。

五、注意事项

(1) Cr 及其化合物有毒。Cr(Ⅵ)对消化道和皮肤有强刺激作用，可致癌。Cr(Ⅲ)可使蛋白凝聚。因此，使用含 Cr 试剂时用量要少，实验后的废液要倒入指定的废液回收容器中统一处理后再排放。

(2) 在进行 $Fe(OH)_2$ 和 $Mn(OH)_2$ 的制备等有关实验时，要尽量除去溶液中的氧(怎样简便地除去？)，操作也要迅速，以防止其被氧化，影响实验结果。

六、思考题

(1) 在进行把 $K_2Cr_2O_7$ 溶液中的 Cr(Ⅵ)还原为 Cr(Ⅲ)的实验时，从电极电势和溶液颜色的影响等因素考虑，应选择哪些还原剂？

(2) 用本实验中的实验现象说明，介质的酸碱性如何影响 Mn(Ⅱ)的还原性。

(3) 试从配合物的生成对电极电势的影响解释，为什么$[Fe(CN)_6]^{4-}$能把 I_2 还原成 I^-，而 Fe^{2+}则不能？

(4) 在本实验配合物的生成 1) (1) 中，如果加入的 H_2O_2 溶液过量太多，会有什么现象发生？为什么？

(5) 设计实验，证明 Fe(Ⅱ)、Co(Ⅱ)、Ni(Ⅱ)还原性和 Fe(Ⅲ)、Co(Ⅲ)、Ni(Ⅲ)氧化性的强弱变化规律。

实验 24　常见金属离子的分离与鉴定

一、实验目的

(1) 掌握常见金属离子的基本性质和鉴定反应。

(2) 掌握常见金属离子的分离和鉴定方法。

(3) 巩固离子鉴定的基本操作。

二、实验原理

由于阳离子的种类较多，在进行个别离子的定性检出时，容易发生相互干扰，所以要利用阳离子与常用试剂在反应中所表现的不同性质(参考附录 12)，才可能对阳离子进行分离和鉴定。一般是先将阳离子分成几组，然后根据阳离子的个别特性加以检出。例如，Ag^+、Pb^{2+}、Hg_2^{2+}等与盐酸反应都生成白色沉淀，但它们与氨水的反应会产生不同的现象。

$$AgCl + 2NH_3 = [Ag(NH_3)_2]^+ + Cl^-$$

$$PbCl_2 + NH_3 \cdot H_2O = Pb(OH)Cl\downarrow\text{(白色)} + NH_4^+ + Cl^-$$

$$Hg_2Cl_2 + 2NH_3 = Hg(NH_2)Cl\downarrow\text{(白色)} + Hg\downarrow\text{(黑色)} + NH_4^+ + Cl^-$$

离子的分离和检出需要在一定的条件下进行，溶液的酸度、反应物的浓度、反应温度、干扰离子的存在等都会影响反应和结果。例如，Al^{3+}、Pb^{2+}、Cd^{2+}都可与 NaOH 溶液反应生成氢氧化物白色沉淀，但加入过量 NaOH 溶液时，$Cd(OH)_2$不溶，而 $Al(OH)_3$ 和 $Pb(OH)_2$溶解：

$$Al(OH)_3 + OH^- = [Al(OH)_4]^-$$
$$Pb(OH)_2 + 2OH^- = [Pb(OH)_4]^{2-}$$

利用 Al^{3+}、Pb^{2+}、Cd^{2+}等与过量 NaOH 溶液反应的不同现象，可对它们进行分离或鉴定。

离子能发生的反应并非都可作为它的鉴定反应，只有灵敏度高的才有可能作为鉴定反应。

三、实验用品

试管，烧杯，离心机，离心试管，水浴锅。

HCl($2mol \cdot L^{-1}$、$6mol \cdot L^{-1}$、浓)，H_2SO_4($2mol \cdot L^{-1}$、$6mol \cdot L^{-1}$)，HNO_3($6mol \cdot L^{-1}$)，HAc($2mol \cdot L^{-1}$、$6mol \cdot L^{-1}$)，NaOH($2mol \cdot L^{-1}$、$6mol \cdot L^{-1}$)，氨水($6mol \cdot L^{-1}$)，KOH($2mol \cdot L^{-1}$)，NaCl($1mol \cdot L^{-1}$)，KCl($1mol \cdot L^{-1}$)，$MgCl_2$($0.5mol \cdot L^{-1}$)，$CaCl_2$($0.5mol \cdot L^{-1}$)，$BaCl_2$($0.5mol \cdot L^{-1}$)，$AlCl_3$($0.5mol \cdot L^{-1}$)，$SnCl_2$($0.5mol \cdot L^{-1}$)，$Pb(NO_3)_2$($0.5mol \cdot L^{-1}$)，$SbCl_3$($0.1mol \cdot L^{-1}$)，$HgCl_2$($0.2mol \cdot L^{-1}$)，$Bi(NO_3)_3$($0.1mol \cdot L^{-1}$)，$CuCl_2$($0.5mol \cdot L^{-1}$)，$AgNO_3$($0.1mol \cdot L^{-1}$)，$ZnSO_4$($0.2mol \cdot L^{-1}$)，$Cd(NO_3)_2$($0.2mol \cdot L^{-1}$)，$Al(NO_3)_3$($0.5mol \cdot L^{-1}$)，$NaNO_3$($0.5mol \cdot L^{-1}$)，$Ba(NO_3)_2$($0.5mol \cdot L^{-1}$)，Na_2S($0.5mol \cdot L^{-1}$)，$KSb(OH)_6$(饱和)，$NaHC_4H_4O_6$(饱和)，$(NH_4)_2C_2O_4$(饱和)，NaAc($2mol \cdot L^{-1}$)，K_2CrO_4($1mol \cdot L^{-1}$)，Na_2CO_3(饱和)，NH_4Ac($2mol \cdot L^{-1}$)，$K_4[Fe(CN)_6]$($0.5mol \cdot L^{-1}$)，镁试剂，铝试剂(0.1%)，罗丹明 B，苯，硫脲(2.5%)，$(NH_4)_2[Hg(SCN)_4]$试剂，pH 试纸，镍丝，$NH_4(SCN)$。

四、实验内容

1. 常见阳离子的个别鉴定反应

1) K^+的鉴定反应

在盛有 0.5mL $1mol \cdot L^{-1}$ KCl 溶液的试管中加入 0.5mL 饱和 $NaHC_4H_4O_6$(酒石酸氢钠)溶液，有白色结晶状沉淀产生(可用玻璃棒摩擦试管壁，促进结晶生成)。

2) Mg^{2+}的鉴定反应

取 2 滴 $0.5mol \cdot L^{-1}$ $MgCl_2$溶液于试管中，再滴加 $6mol \cdot L^{-1}$ NaOH 溶液至生成絮状的 $Mg(OH)_2$沉淀，然后加入 1 滴镁试剂，振荡，沉淀变为蓝色。

3) Ba^{2+}的鉴定反应

取 2 滴 $0.5mol \cdot L^{-1}$ $BaCl_2$溶液于试管中，再分别加入 2 滴 $2mol \cdot L^{-1}$ HAc 溶液和 $2mol \cdot L^{-1}$ NaAc 溶液，然后滴加 2 滴 $1mol \cdot L^{-1}$ K_2CrO_4溶液，有黄色沉淀生成。

4) Al^{3+}的鉴定反应

取 2 滴 $0.5mol \cdot L^{-1}$ $AlCl_3$溶液于小试管中，加 2～3 滴水、2 滴 $2mol \cdot L^{-1}$ HAc 溶液及 2 滴 0.1%铝试剂，搅拌后，置水浴上加热片刻，再加入 1～2 滴 $6mol \cdot L^{-1}$ 氨水，有红色絮状沉淀产生。

5) Ag^+的鉴定反应

取 5 滴 0.1mol · L^{-1} $AgNO_3$ 溶液于试管中，加入 5 滴 2mol · L^{-1} HCl 溶液，产生白色沉淀。在沉淀中加入 6mol · L^{-1} 氨水至沉淀完全溶解。此溶液再用 6mol · L^{-1} HNO_3 溶液酸化，生成白色沉淀。

6) Cd^{2+}的鉴定反应

取 2 滴 0.2mol · L^{-1} $Cd(NO_3)_2$ 溶液于小试管中，加入 2 滴 0.5mol · L^{-1} Na_2S 溶液，生成亮黄色沉淀。

2. 金属离子混合溶液的分离和鉴定

1) 已知混合阳离子的分离和鉴定

取 1mL 含有 Ag^+、Cd^{2+}、Al^{3+}、Ba^{2+}、Fe^{3+}的混合溶液，参考图 5-3 进行分离和鉴定。

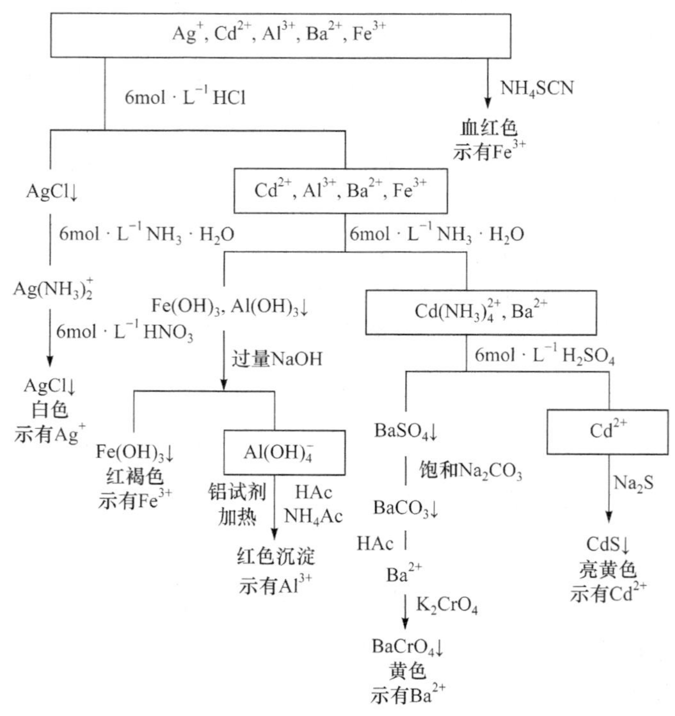

图 5-3 Ag^+、Cd^{2+}、Al^{3+}、Ba^{2+}、Fe^{3+}混合离子的分离鉴定步骤示意图

2) 未知混合阳离子的分离和鉴定

取约 1mL 可能含有 Ag^+、Cd^{2+}、Al^{3+}、Ba^{2+}、Fe^{3+}中的部分或全部离子的硝酸盐待检溶液，设计实验方案进行分离和鉴定，得出鉴定结论。

五、注意事项

(1) 在一般情况下，为了沉淀完全，加入的沉淀剂只需比理论计算量过量 20%～50%。沉淀剂过量太多，会引起较强盐效应、配合物生成等副作用，反而增大沉淀的溶解度。

(2) 在未知混合离子的分离和鉴定时，根据离子的性质，如果对某离子的鉴定不存在干扰，可以在无需分离的情况下对某些离子的存在与否进行排查，以简化分离和鉴定的步骤，有利于较快地得到正确结果。排查实验可以利用溶液的酸碱性、沉淀反应、特征反应等。

(3) 当有 Ag^{+}存在时，用生成 CdS 黄色沉淀鉴定 Cd^{2+}会受到干扰，要注意排除。

六、思考题

(1) 在未知溶液分析中，当由碳酸盐制取铬酸盐沉淀时，为什么必须用乙酸溶液溶解碳酸盐沉淀，而不用强酸如盐酸溶解？

(2) 选用一种试剂区别四种溶液：KCl，$Cd(NO_3)_2$，$AgNO_3$ 和 $ZnSO_4$。

(3) 如何把 $BaSO_4$ 转化为 $BaCO_3$？与 Ag_2CrO_4 转化为 AgCl 相比，哪一种转化比较容易？为什么？

(4) 设计实验方案，分离鉴定含有 Ag^{+}、Al^{3+}、Cu^{2+}、Fe^{3+}的混合溶液。

第 6 章　综合与设计实验

实验 25　硫酸亚铁铵的制备和分析

一、实验目的

(1)了解复盐的一般制备方法。
(2)掌握水浴加热、过滤、蒸发、结晶等基本制备操作。
(3)学习产品纯度的限量分析检验方法。

二、实验原理

六水硫酸亚铁铵化学式为$(NH_4)_2Fe(SO_4)_2 \cdot 6H_2O$ 或$(NH_4)_2SO_4 \cdot FeSO_4 \cdot 6H_2O$，商品名为莫尔盐(Mohr's salt)，为浅蓝绿色单斜晶体，易溶于水，难溶于乙醇、丙酮等常见有机溶剂。硫酸亚铁铵在空气中比一般亚铁盐稳定，不易被氧化，容易得到纯净的晶体，可用于对磁天平进行校正，常用来配制亚铁离子的标准溶液，在制药、电镀、印刷等工业中也有应用。

与其他复盐类似，$(NH_4)_2SO_4 \cdot FeSO_4 \cdot 6H_2O$ 在水中的溶解度比组成它的两种简单盐的溶解度都要小。表 6-1 为三种盐在水中不同温度下的溶解度。

表 6-1　三种盐在水中不同温度下的溶解度

温度/℃	溶解度/[g · (100g H_2O)$^{-1}$]		
	$FeSO_4 \cdot 7H_2O$	$(NH_4)_2SO_4$	$(NH_4)_2Fe(SO_4)_2 \cdot 6H_2O$
0	28.8	70.6	17.8
10	40.0	73.0	18.1
20	48.0	75.4	21.2
30	60.0	78.0	24.5
40	73.3	81.0	—
50	—	84.5	31.3
60	100.7	88.0	—
70	—	91.9	38.5
80	79.9	95.3	—
90	—	98.0	—
100	57.8	103	—

本实验以铁为起始原料，先将其溶于稀硫酸生成硫酸亚铁溶液：

$$Fe + H_2SO_4 = FeSO_4 + H_2\uparrow$$

再往硫酸亚铁溶液中加入硫酸铵并使其全部溶解，加热浓缩制得的混合溶液，最后冷却即可得到溶解度较小的硫酸亚铁铵晶体。

$$FeSO_4 + (NH_4)_2SO_4 + 6H_2O = (NH_4)_2Fe(SO_4)_2 \cdot 6H_2O$$

产品中可能含有杂质 Fe^{3+}，可用限量分析法粗略估计其含量。限量分析是将样品配制成一定浓度的溶液与标准系列溶液进行目视比色或比浊，以确定杂质的含量范围。如果被分析溶液的颜色或浊度不超过某一标准溶液，则杂质含量就低于相应的限度。Fe^{3+}与 SCN^-能生成红色配合物$[Fe(NCS)_n]^{3-n}$，其颜色深浅与 Fe^{3+}的量有关。将所制备的硫酸亚铁铵晶体与 KSCN 溶液配制成待测溶液，在比色管中将它所呈现的红色与含一定Fe^{3+}量所配制成的标准溶液的红色进行比较(目视比色)，确定待测溶液中杂质 Fe^{3+}的含量范围。

三、实验用品

台秤，布氏漏斗，抽滤瓶，真空泵，烧杯，量筒，锥形瓶，蒸发皿，表面皿，比色管(25mL)，酒精灯，滤纸。

铁屑或碎铁片，H_2SO_4(3mol · L^{-1})，Na_2CO_3(10%)，$(NH_4)_2SO_4$，HCl(2mol · L^{-1})，KSCN(1mol · L^{-1})，乙醇，Fe^{3+}标准溶液(0.01g · L^{-1})。

四、实验内容

1. 铁的净化

称取 2.0g 铁屑或碎铁片，放入锥形瓶中，加入 10mL 10% Na_2CO_3溶液，小火加热约 10min 以除去铁上的油污，倾去碱液，先后用自来水和去离子水将铁屑或铁片清洗干净。如果使用不含油污的铁，此步可省略。

2. $FeSO_4$溶液的制备

在上述锥形瓶中加入 15mL 3mol · L^{-1} H_2SO_4溶液，在垂直通风良好的条件下水浴加热(温度为 70～80℃)至不再有明显气泡放出，趁热减压过滤。若有剩余铁渣，则用少量热水洗涤，抽干。将滤液转移至洁净的蒸发皿中。将铁渣用滤纸片吸干后称量，计算出已反应的铁的质量。

3. $(NH_4)_2Fe(SO_4)_2 \cdot 6H_2O$ 晶体的制备

由已反应的铁的质量计算出所需$(NH_4)_2SO_4$ 的质量。称取$(NH_4)_2SO_4$，用尽量少的水溶解后，与上述 $FeSO_4$溶液混合。水蒸气浴加热，用 3mol · L^{-1} H_2SO_4溶液调节至 pH 为 1～2，蒸发浓缩至表面出现结晶薄膜为止。静置冷却，$(NH_4)_2Fe(SO_4)_2 \cdot 6H_2O$ 晶体析出完全后，减压过滤，用乙醇洗涤晶体，抽干，蒸汽浴烘干产品。观察晶体的颜色和形状。称量，计算产率。

4. 产品检验

(1) Fe^{3+}的限量分析。

标准色阶的配制。在 3 支 25mL 比色管中分别加入 5mL、10mL、15mL 0.01g · L^{-1} Fe^{3+}标准溶液，然后分别加入 2mL 2mol · L^{-1} HCl 和 1mL 1mol · L^{-1} KSCN 溶液，加不含氧的去离子水稀释至刻度，摇匀，得到 3 种颜色深浅程度不同的红色溶液。这 3 种溶液中分别含 Fe^{3+} 0.05mg、0.10mg、0.20mg，分别是Ⅰ级(优级纯)、Ⅱ级(分析纯)、Ⅲ级(化学纯)莫尔盐试剂的最大允许 Fe^{3+}含量。

称取 1.0g 产品于 25mL 比色管中，用 15mL 不含氧的去离子水溶解，再加入 2mL 2mol · L^{-1} HCl 溶液和 1mL 1mol · L^{-1} KSCN 溶液，加不含氧的去离子水稀释至刻度，摇匀。与上述标准色阶进行目视比色，确定 Fe^{3+}浓度范围和产品级别。

(2) 选用合适的试剂定性鉴定产品中的 NH_4^+、Fe^{2+}和 SO_4^{2-}。

(3) (选做)设计实验方案，定量测定产品中 Fe^{2+}和结晶水的含量。

五、注意事项

(1) 铁屑或铁片与稀硫酸作用过程中会产生 H_2，可能还有少量有毒气体，应注意通风。

(2) 铁与稀硫酸反应期间可能需要补充少量水或 H_2SO_4 溶液以防止 $FeSO_4$ 析出并保持溶液 pH 在 2 以下。

(3) 在进行 Fe^{3+}的限量分析时，应使用不含氧(或含氧少)的去离子水配制硫酸亚铁铵溶液。

(4) 铁屑或铁片可不必反应完，溶解大部分即可。

(5) 收集铁屑残渣时若有困难，可以在减压过滤时用双层滤纸(大小质量一致)，抽滤结束后下层滤纸与上层盛有残渣的滤纸的质量差即为渣重。

六、思考题

(1) 为什么要保持硫酸亚铁溶液和硫酸亚铁铵溶液有较强的酸性?

(2) 在蒸发浓缩过程中若发现溶液变为黄色，是什么原因? 如何防止?

(3) 铁屑或碎铁片外有铁锈时，可采取何种措施? 为什么?

(4) 目视比色时，可从比色管侧面观察颜色，也可从上向下观察，哪种方式更灵敏? 为什么?

(5) 用碳酸氢钠溶液去除铁屑或铁片上的油污后必须将碱液清洗干净，为什么? 可以用什么方法检查是否清洗干净?

(6) 产品检验步骤中用到不含氧的去离子水，这种水如何用简单方法制备?

(7) 蒸发浓缩 $(NH_4)_2Fe(SO_4)_2 \cdot 6H_2O$ 时，不要轻易搅拌，为什么?

(8) 如何定量测定产品中的 Fe^{2+}含量?

(9) 能否用磁天平对产品进行分析?

(10) 冷却结晶的速度快慢对产品质量有何影响?

(11) 为什么采用水浴加热?

实验 26　葡萄糖酸锌的制备和分析

一、实验目的

(1)了解锌的生物意义和葡萄糖酸锌的一种制备方法。

(2)熟练掌握蒸发、浓缩、过滤、重结晶、滴定等操作。

(3)了解葡萄糖酸锌的分析方法。

二、实验原理

锌是生物体内多种蛋白质，尤其是水解酶，如碳酸酐酶、羧肽酶、醇脱氢酶等必需的微量元素。在人体内的微量元素中，它的含量仅次于铁，居第二位。缺锌会导致儿童出现厌食、异食、生长迟缓、智力障碍、免疫力低下等问题。人体需要的锌主要从日常饮食，尤其是动物性食物和硬壳果中获得。缺锌严重时，可能需要在医生指导下服用含锌制剂。以前常用的补锌剂是硫酸锌，对肠胃有刺激，现在一般用葡萄糖酸锌，其具有见效快、吸收率高、副作用小、使用方便等优点。

葡萄糖酸锌有多种制备方法，本实验采用葡萄糖酸钙和硫酸锌反应制得：

$$Ca(C_6H_{11}O_7)_2 + ZnSO_4 \xlongequal{} Zn(C_6H_{11}O_7)_2 + CaSO_4\downarrow$$

过滤除去硫酸钙沉淀，溶液经浓缩可得无色或白色葡萄糖酸锌结晶，无嗅，无味，易溶于水，极难溶于乙醇。

葡萄糖酸锌须进行多个项目的检测才能用于制作药物或食品添加剂。本实验对产品质量进行初步分析，分别用乙二胺四乙酸(EDTA)配位滴定法和比浊法检测所制产物的锌和硫酸根含量。《中国药典》规定葡萄糖酸锌[以 $Zn(C_6H_{11}O_7)_2$ 计]含量应为 97.0%～102%。

三、实验用品

烧杯，蒸发皿，布氏漏斗，抽滤瓶，循环水泵，酸式滴定管(50mL)，锥形瓶(250mL)，比色管(25mL)，烘箱，台秤，水浴锅，电炉。

葡萄糖酸钙，$ZnSO_4 \cdot 7H_2O$，活性炭，乙醇(95%)，乙二胺四乙酸二钠标准溶液($0.0500mol \cdot L^{-1}$)，铬黑 T 指示剂，氨-氯化铵缓冲溶液(pH 10.0)，盐酸($3mol \cdot L^{-1}$)，硫酸钾标准溶液(SO_4^{2-}含量为 $100mg \cdot L^{-1}$)，氯化钡溶液(25%)。

四、实验内容

1. 葡萄糖酸锌制备

在 200mL 烧杯中加 40mL 水，加入 6.7g $ZnSO_4 \cdot 7H_2O$，搅拌并加热至完全溶解。将烧杯置于 90℃水浴中，慢慢加入 10g 葡萄糖酸钙，加热搅拌约 30min。减压抽滤，除去

$CaSO_4$ 滤渣。滤液转入烧杯，加热近沸，加入适量活性炭脱色，趁热过滤。滤液转入蒸发皿中，用小火加热浓缩至黏稠状，静置冷却至室温，加入 20mL 95%乙醇，并快速搅拌，有大量胶状葡萄糖酸锌析出，用倾析法除去清液后，再加入 20mL 95%乙醇，充分搅拌，使结晶析出完全，抽滤得到葡萄糖酸锌粗产品，称量，计算粗产率。用水重结晶，乙醇洗涤，尽量抽干，得到精制的产品，80℃烘干，称量并计算产率。

2. 硫酸盐检查

取 0.5g 产品，加水溶解并稀释至 20mL(溶液如显碱性，可滴加盐酸使成中性。溶液如不澄清，应过滤或离心，取清液)，置于 25mL 比色管中，加 2mL 稀盐酸，摇匀。另取硫酸钾标准溶液 2.5mL，稀释至 20mL，置于 25mL 比色管中，加 2mL 稀盐酸，摇匀，即得对照溶液。在两份溶液中分别加入 2.5mL 25%氯化钡溶液，用水稀释至 25mL，充分摇匀，放置 10min，与对照液比较。

3. 锌含量测定

准确称取约 0.7g 产品于锥形瓶，加 100mL 水，微热使溶解，加 5mL 氨-氯化铵缓冲溶液与少量铬黑 T 指示剂，用 $0.0500mol \cdot L^{-1}$ 乙二胺四乙酸二钠标准溶液滴定至溶液自紫红色刚好转变为纯蓝色。平行测定 3 次。计算锌和葡萄糖酸锌的含量。

五、注意事项

(1) 葡萄糖酸钙与硫酸锌的反应时间不可过短，保证充分生成硫酸钙沉淀。

(2) 抽滤除去硫酸钙沉淀后的滤液如果无色，可不用脱色处理。如果脱色处理，一定要趁热过滤，防止产物过早冷却析出。

(3) 氨-氯化铵缓冲溶液(pH 10.0)配制方法如下：称取 5.4g 氯化铵，加 20mL 水溶解后，加 35mL 氨水，再加水稀释到 100mL。

六、思考题

(1) 可否用以下化合物与葡萄糖酸钙反应制备葡萄糖酸锌？为什么？

①ZnO；②$ZnCl_2$；③$ZnCO_3$；④$Zn(CH_3COO)_2$。

(2) 如果使用葡萄糖酸为原料，则上述四种含锌化合物应选用哪种？为什么？

(3) 在硫酸盐杂质检查试验中，最好使用黑色背景，自上而下地观察，为什么？

(4) 本实验中，乙醇起什么作用？

实验 27　一氯 · 五氨合钴(Ⅲ)配合物的制备及组成测定

一、实验目的

(1) 了解取代反应和氧化还原反应制备金属配合物的基本原理。

(2) 学习配合物组成的初步推断方法。

(3)巩固金属离子及非金属离子的鉴定方法。

(4)巩固电导率仪的使用。

二、实验原理

取代反应和氧化还原反应是合成金属配合物的常用方法。通过水溶液中的取代反应制取金属配合物实质是用适当的配体取代水合金属配离子中的水分子配体形成新的配合物。氧化还原反应则是将一定氧化态的金属离子，在配体存在下使其氧化或还原以制得配合物。

取代反应能快速进行的配合物称为取代活性配合物，取代反应速度慢的称为取代惰性配合物。Co(Ⅱ)的八面体配合物具有取代活性，而 Co(Ⅲ)配合物的取代反应则很难进行。因此，制备 Co(Ⅲ)配合物常以 Co(Ⅱ)盐为原料(在水中即成为水合配合物)，先使其与配体快速发生取代反应得到 Co(Ⅱ)配合物，再加入氧化剂使 Co(Ⅱ)氧化转变为 Co(Ⅲ)。

八面体钴氨配合物是最早得到充分研究的一类配合物，在配位化学的创立过程中扮演了非常重要的角色。根据制备条件不同，可以得到一些不同组成或立体结构的钴氨配合物，其颜色、溶解度或电导率等性质也有所不同，如$[Co(NH_3)_6]Cl_3$(黄色)、$[Co(H_2O)(NH_3)_5]Cl_3$(粉红色)、$[CoCl(NH_3)_5]Cl_2$(紫红色)等。

物质的组成有许多种分析手段。用化学分析方法确定配合物的组成时，要确定配合物的外界(反离子)和内界(配离子)，对配离子可以先在一定条件下使配位键断裂再考察其组成成分。通常可用加热或改变溶液酸碱性来破坏配离子。

游离的 Co^{2+}在酸性溶液中可与 KSCN 作用生成蓝色配合物$[Co(NCS)_4]^{2-}$，但因其在水中解离度大，故需加入 KSCN 的浓溶液或固体，并加入戊醇和乙醚以提高配离子的稳定性，由此可鉴定 Co^{2+}是否存在：

$$Co^{2+} + 4SCN^- = [Co(NCS)_4]^{2-}\text{(蓝色)}$$

游离的 NH_4^+可用奈斯勒试剂进行鉴定：

$$NH_4^+ + 2[HgI_4]^{2-} + 4OH^- = HgO \cdot Hg(NH_2)I\downarrow\text{(棕色)} + 7I^- + 3H_2O$$

用电导率仪测定一定浓度的配合物溶液的电导率，计算出摩尔电导率 Λ_m(单位为 $cm^2 \cdot S \cdot mol^{-1}$)，根据表 6-2 可确定阴、阳离子数目之比，进一步确定化学式和原子结合方式。

表 6-2　不同类型电解质的摩尔电导率范围

溶剂	摩尔电导率/($cm^2 \cdot S \cdot mol^{-1}$)			
	1∶1 型	1∶2 型	1∶3 型	1∶4 型
丙酮	100～140	160～200	270	360
甲醇	80～115	160～220	290～350	450
乙醇	35～45	70～90	120	160
水	110～131	235～273	408～435	523～560
硝基甲烷	75～95	150～180	220～260	290～330
硝基苯	20～30	50～60	70～82	80～100

三、实验用品

台秤，烧杯，锥形瓶，量筒，研钵，布氏漏斗，抽滤瓶，循环水泵，三脚架，酒精灯，试管，试管夹，石棉网，温度计，电导率仪。

氯化铵，氯化钴，硫氰酸钾，浓氨水，浓硝酸，盐酸（6mol · L^{-1}、浓），H_2O_2（30%），$AgNO_3$（0.5mol · L^{-1}），$SnCl_2$（新配 0.5mol · L^{-1}），奈斯勒试剂（新配），乙醚，戊醇，pH试纸，滤纸。

四、实验内容

1. 配合物的制备

在小锥形瓶中加入1.0g氯化铵和6mL浓氨水，振荡使固体溶解完全。分批加入2.0g氯化钴粉末，边加边振荡，加完后继续摇动使溶液成棕色稀浆状。往混合溶液中滴加2～3mL 30% H_2O_2 溶液并持续振荡。当固体完全溶解、溶液中停止起泡后，缓慢加入6mL 浓盐酸。加完后在水浴上加热 10～15min。将混合溶液冷却到室温，有固体沉淀析出。抽滤，用 5mL 冷水及 5mL 6mol · L^{-1} 冷 HCl 溶液洗涤沉淀。蒸汽浴烘干后收集产品，观察产品的颜色，称量，计算产率。

2. 配合物组成的初步推断

(1) 称取 0.3g 产品，加入 35mL 去离子水，混匀后用 pH 试纸检验溶液的酸碱性。

(2) 取 5mL 上述溶液置于小烧杯中，慢慢滴加 0.5mol · L^{-1} $AgNO_3$ 溶液，直至沉淀完全。过滤，往滤液中加1～2mL浓硝酸并充分搅拌，再往溶液中滴加$AgNO_3$溶液，观察是否仍有沉淀析出。

(3) 在试管中加入 2mL Co(Ⅲ)配合物溶液，再加 1mL 0.5mol · L^{-1} $SnCl_2$溶液，充分振荡，加少量 KSCN 固体，振荡使其溶解。加入 1mL 戊醇和 1mL 乙醚，振荡后观察上层溶液的颜色。

(4) 在试管中加入 2mL Co(Ⅲ)配合物溶液，加 2 滴奈斯勒试剂，观察现象。

(5) 将剩余的配合物溶液加热，仔细观察溶液变化，直至其完全变成棕黑色。冷却后用pH试纸检验溶液的酸碱性，过滤（必要时用双层滤纸）。取清液分别进行实验(3)、(4)。观察现象与未加热前有何不同。

通过这些实验写出该配合物的化学式。

(6) 根据初步推断得到的化学式配制 50mL 0.01mol · L^{-1} 和 50mL 0.001mol · L^{-1} Co(Ⅲ)配合物溶液，然后用电导率仪测定其电导率，计算出摩尔电导率，与表 6-2 的值对比，确定配合物的化学式中所含离子数。

五、注意事项

(1) 在制备配合物的过程中，水浴温度不得超过 85℃。

(2) 为使配合物制备反应充分进行，在加入氯化钴、H_2O_2 及浓盐酸时，应充分振荡反应混合物，在加完后仍需振荡使其混合均匀。

六、思考题

(1)将氯化钴加入氯化铵与浓氨水的混合液中会发生什么反应，生成什么配合物?

(2)在制备过程中过氧化氢和浓盐酸分别有什么作用?

(3)有 5 种不同的配合物，分析其组成可确定有共同的实验式：$K_2CoCl_2I_2(NH_3)_2$。由电导率测定判断这 5 种化合物都是 1∶2 型的。试说明这些配合物在结构上有何不同。

(4)如何判断产物中是否含有结晶水?

(5)查阅文献，了解其他类似的钴氨配合物的制备方法。

实验 28　三草酸根合铁(Ⅲ)酸钾的制备、性质和组成分析

一、实验目的

(1)掌握三草酸根合铁(Ⅲ)酸钾的制备方法。

(2)熟悉化学分析、热分析、电导率测定等方法在化合物组成分析中的应用。

(3)了解三草酸根合铁(Ⅲ)酸钾的光化学性质。

二、实验原理

三草酸根合铁(Ⅲ)酸钾的合成工艺有多种。例如，可采用氢氧化铁和草酸氢钾反应；也可用硫酸亚铁铵与草酸反应得到草酸亚铁，再在过量草酸根存在下用过氧化氢氧化制得。本实验采用三氯化铁和草酸钾直接反应制备。

$K_3[Fe(C_2O_4)_3]\cdot 3H_2O$ 为亮绿色晶体，溶于水[溶解度：0℃时 4.7g·(100g)$^{-1}$，100℃时 117.7g·(100g)$^{-1}$]，难溶于乙醇、丙酮等有机溶剂。110℃失去结晶水，230℃分解。该配合物对光敏感，可进行下列光反应：

$$2K_3[Fe(C_2O_4)_3] = 2FeC_2O_4 + 3K_2C_2O_4 + 2CO_2\uparrow$$

因此，在实验室中可用三草酸根合铁(Ⅲ)酸钾制成感光纸，进行感光实验。另外，由于它具有光化学活性，能定量进行光化学反应，常用作化学光量计材料。

用稀 H_2SO_4 可使三草酸根合铁(Ⅲ)酸钾分解产生 Fe^{3+}和 $C_2O_4^{2-}$。用高锰酸钾标准溶液滴定试样中的 $C_2O_4^{2-}$，此时 Fe^{3+}不干扰测定。滴定后的溶液用锌粉还原 Fe^{3+}为 Fe^{2+}。过滤除去过量的锌粉，用高锰酸钾标准溶液滴定 Fe^{2+}。通过消耗高锰酸钾标准溶液的体积及浓度计算得到 $C_2O_4^{2-}$和 Fe^{3+}的含量。

用电导法测定配合物的摩尔电导率 Λ_m，可确定阴、阳离子数目之比，从而确定配合物离子的电荷数，进一步确定化学式和原子结合方式。

三、实验用品

电子天平，台秤，电导率仪，抽滤瓶，布氏漏斗，循环水泵，棕色容量瓶(250mL)，

烧杯，量筒，蒸发皿，锥形瓶，移液管。

草酸钾，$FeCl_3$（$0.4g \cdot mL^{-1}$），$K_3[Fe(CN)_6]$，NaOH（$2mol \cdot L^{-1}$），H_2SO_4（$3mol \cdot L^{-1}$、$0.2mol \cdot L^{-1}$），$KMnO_4$标准溶液（$0.0200mol \cdot L^{-1}$），锌粉，丙酮。

四、实验内容

1. 三草酸根合铁(Ⅲ)酸钾的制备

称取 12g 草酸钾放入 100mL 烧杯中，加 20mL 水，加热使其全部溶解。在溶液近沸时边搅拌边加入 8mL $0.4g \cdot mL^{-1}$ $FeCl_3$ 溶液，将此溶液在冰水中冷却即有绿色晶体析出，析出完全后减压过滤得粗产品。

将粗产品溶解在约 20mL 热水中，趁热过滤。将滤液在冰水中冷却，待结晶完全析出后抽滤。产品先后用少量冰水和丙酮洗涤，晾干，称量，计算产率。

2. 配合物的组成分析

1) $C_2O_4^{2-}$的测定

准确称取约 1g 合成的三草酸合铁酸钾绿色晶体于烧杯中，加入 25mL $3mol \cdot L^{-1}$ H_2SO_4溶液使其溶解，再转移至 250mL 棕色容量瓶中，稀释至刻度，摇匀。移取 25mL 试液于锥形瓶中，加入 20mL $3mol \cdot L^{-1}$ H_2SO_4溶液，在 70～80℃水浴中加热 5min 后，趁热用 $KMnO_4$ 标准溶液滴定至溶液呈浅粉色，且半分钟不褪色即为终点，记录读数。平行测定 3 次，每次滴定完后溶液保留。

2) Fe^{3+}的测定

在上述滴定后的每份溶液中加 1g 锌粉和 5mL $3mol \cdot L^{-1}$ H_2SO_4溶液，振荡 8～10min 后，过滤除去过量的锌粉，滤液用另一个锥形瓶盛接。用约 40mL $0.2mol \cdot L^{-1}$ H_2SO_4溶液洗涤原锥形瓶和沉淀，然后用 $KMnO_4$ 标准溶液滴定至溶液呈浅粉色，半分钟不褪色即为终点，记录读数。平行测定 3 次。

3)配离子电荷的确定

称取 0.1g 产品，配成 100mL 溶液。在电导率仪上测其电导率，然后求出摩尔电导率。

根据上述结果分析配合物的组成。

3. 光化学性质

(1)将少量产品放在表面皿或点滴板上，在日光下放置一段时间，观察晶体颜色的变化，与放在暗处的晶体比较。

(2)取 0.5g 产品和 0.4g $K_3[Fe(CN)_6]$，加 5mL 水配成溶液，用玻璃棒或毛笔蘸取，在纸上涂画，在日光直照下，观察变化。或者将此混合液均匀涂在纸上，放暗处晾干后，附上图案，在强光下照射，观察变化。

五、注意事项

制备三草酸根合铁(Ⅲ)酸钾时，可以在溶液中加入少量丙酮或乙醇，促使晶体析出完全。

六、思考题

(1)写出$[Fe(C_2O_4)_3]^{3-}$的结构式。

(2)三草酸根合铁(Ⅲ)酸钾固体和溶液应如何保存?

(3)用化学式表示本实验测定Fe^{3+}和$C_2O_4^{2-}$的原理。

(4)$K_3[Fe(C_2O_4)_3]$与$K_3[Fe(CN)_6]$混合物为什么在光照后产生蓝色物质?

(5)设计实验方案，定性说明产物中的Fe^{3+}和$C_2O_4^{2-}$是处在配合物的外界还是内界。

(6)产物中的K^+可以用什么方法进行定性和定量分析?

实验 29　二(甘氨酸根)合铜(Ⅱ)配合物异构体的制备和鉴别

一、实验目的

(1)学习利用动力学和热力学差异在配合物顺反异构体混合液中控制反应产物。

(2)学习红外光谱在异构体鉴别上的应用。

二、实验原理

配位化合物的顺反几何异构常发生在配位数为 4 的平面四方形结构和配位数为 6 的八面体结构中。制备配合物的几何异构体通常有两种途径，一种是定向合成单一异构体，另一种是先制得异构体混合物，再加以分离。本实验中，甘氨酸结构的不对称导致平面四方形的二(甘氨酸根)合铜(Ⅱ)配合物有顺反异构体，它们的制备是从平衡混合物中利用性质上的差异分别获得的。反式的溶解度较小，但顺式的结晶速度却很快，因此从平衡溶液中首先析出的是顺式异构体，然后将顺式固体与饱和溶液保持接触，最终顺式异构体可全部转化为反式异构体。

鉴别顺反异构体的方法很多，本实验是利用它们有不同的空间对称性，反映在配位键上的振动光谱也有所不同，通过红外光谱鉴别。二(甘氨酸根)合铜(Ⅱ)的顺式异构体(图 6-1)配位键的对称伸缩振动ν_s和不对称伸缩振动ν_{as}都是红外活性的，而反式异构体只有ν_{as}是红外活性的。因此，在 450～500cm^{-1}区域出现的 Cu—N 键的伸缩振动谱带，顺式异构体有两个峰，反式异构体只有一个峰。同样，在 250～350cm^{-1}区域的 Cu—O 键的伸缩振动谱带，顺式异构体也有两个峰，而反式异构体只有一个峰。

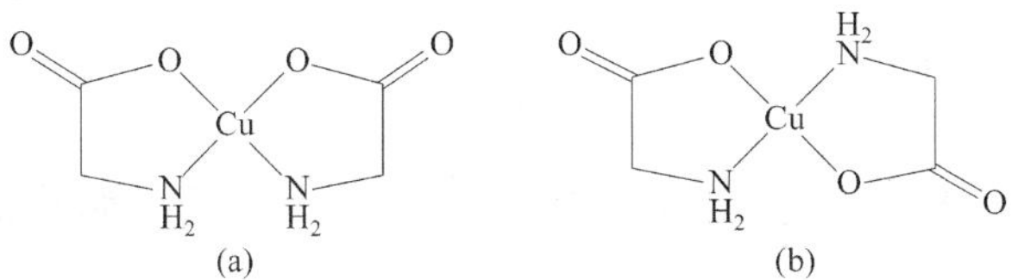

图 6-1　顺式(a)和反式(b)二(甘氨酸根)合铜(Ⅱ)

三、实验用品

圆底烧瓶(50mL)，冷凝管，电磁加热搅拌器，烧杯(50mL)，抽滤瓶，布氏漏斗，真空泵，红外光谱仪，水浴锅，电热套。

乙酸铜，甘氨酸，乙醇，冰。

四、实验内容

1. 顺-二(甘氨酸根)合铜(Ⅱ)一水合物的制备

将2g乙酸铜溶于25mL热水后，加入25mL热乙醇。另外溶解1.5g甘氨酸于25mL热水中。将两个溶液置于70℃热水浴中，趁热混合，得深蓝色溶液，很快析出天蓝色针状沉淀，用冰水冷却。抽滤，滤液保留，沉淀用水和乙醇洗涤，置于空气中晾干，称量，计算产率。

2. 反-二(甘氨酸根)合铜(Ⅱ)一水合物的制备

称取1.5g上述产品，与1g甘氨酸及10mL上面保留的滤液一起放入50mL圆底烧瓶内，搅拌回流加热1h，有蓝紫鳞片状沉淀析出，趁热过滤，空气中晾干，称量，计算异构化产率。

3. 红外光谱鉴别异构体

用溴化钾压片，测定顺反异构体的红外光谱图，标识并解释两种几何异构体的主要特征振动吸收峰。

五、注意事项

(1)制备反式产物时，如果不使用加热回流的方法，则要在加热过程中补充一定的水，保证顺式产物溶解。

(2)测红外光谱时，要求压片为透明薄片。

六、思考题

(1)顺式和反式二(甘氨酸根)合铜(Ⅱ)何者溶解度大？如何从结构角度解释？这对制备过程有何影响？

(2)为什么配合物中配位键的特征吸收峰大多出现在200～500cm^{-1}低频范围？

(3)为什么顺式二(甘氨酸根)合铜(Ⅱ)的配位键的ν_s和ν_{as}都是红外活性，而反式异构体只有ν_{as}是红外活性的？

实验30　碘化三(乙二胺)合钴(Ⅲ)旋光异构体的制备和拆分

一、实验目的

(1)通过碘化三(乙二胺)合钴(Ⅲ)的制备和拆分，了解配合物的旋光异构现象。

(2)学习旋光仪的使用方法。

二、实验原理

分子构造相同但彼此互为镜像而不能重叠的化合物称为旋光异构体(或称对映异构体、手性异构体、光学异构体)，具有旋光活性。分子内没有旋转反映轴是具有旋光性、存在旋光异构体的绝对判据，有对称中心或对称面的分子肯定没有旋光活性。图 6-2 是酒石酸的 3 种异构体，这 3 种异构体分子都有两个手性碳原子，但(a)分子内有对称面，是内消旋的，没有旋光活性，(b)和(c)则互为旋光异构体。等量(b)和(c)的混合物，旋光能力相互抵消，称为外消旋。

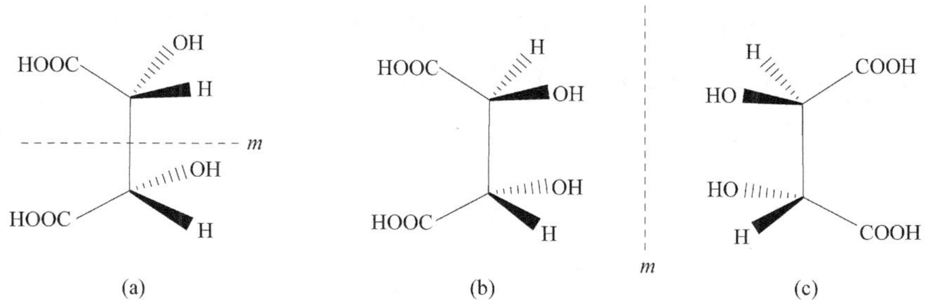

图 6-2　酒石酸分子的 3 种异构体

配合物中也存在大量旋光异构现象。1912 年，配位化学创始人维尔纳(Werner)制备和拆分了$[Co(en)_3]^{3+}$(en 为乙二胺)的两种旋光异构体，其绝对构型(Λ、Δ)如图 6-3 所示(不考虑乙二胺分子本身的异构问题)。

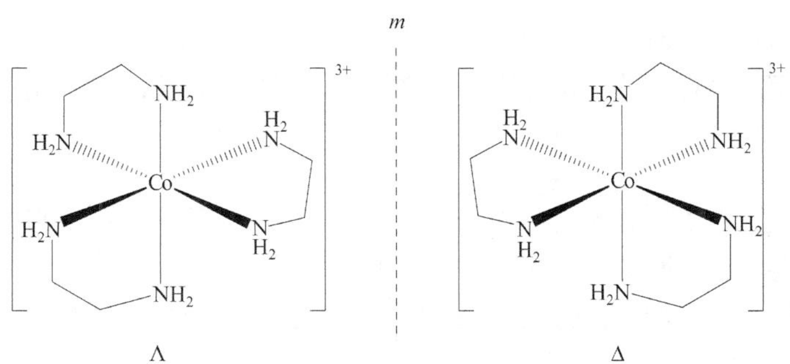

图 6-3　$[Co(en)_3]^{3+}$的两种旋光异构体的绝对构型

不同的旋光异构体使偏振光的振动平面发生偏转的方向不同，这是旋光异构体在性质上最具特征的差别，可以用旋光仪测定得到比旋光度$[\alpha]_\lambda^t$加以区分：

$$[\alpha]_\lambda^t = \frac{\alpha}{l\rho}$$

式中，λ 为所用偏振光的波长(nm)；t 为样品溶液的温度(℃)；l 为样品溶液的光程(dm)；ρ为每毫升溶液中所含溶质的量(g)；α为旋光角度(°)。旋光仪一般使用的光源为低压钠灯的 D 谱线，因此比旋光度常标为$[\alpha]_D^t$或$[\alpha]_{589.3}^t$。

旋光活性物质的旋光度与波长有关，一种旋光异构体在某一波长下可以使偏振光的振动平面右旋，而在另一波长时可使偏振光左旋。通常规定$[\alpha]_\lambda$为正值时是右旋异构体，以(+)表示；$[\alpha]_\lambda$为负值时是左旋异构体，以(–)表示。

多数情况下不能直接制得某一种旋光异构体，而是得到外消旋混合物。要得到纯的某一种旋光异构体，就要进行拆分。通常使用混合物的外消旋离子与另一种带相反电荷的旋光活性离子结合得到非对映异构体，利用非对映异构体的溶解度或极性的不同进行分离。

本实验中，在活性炭的催化作用下，硫酸钴与乙二胺反应得到的$[Co(en)_3]^{2+}$容易被氧化为$[Co(en)_3]^{3+}$外消旋体，用右旋酒石酸根$[(+)\text{-}C_4H_4O_6]^{2-}$进行拆分可以得到纯的左旋和右旋$[Co(en)_3]^{3+}$。反应流程如图 6-4 所示。

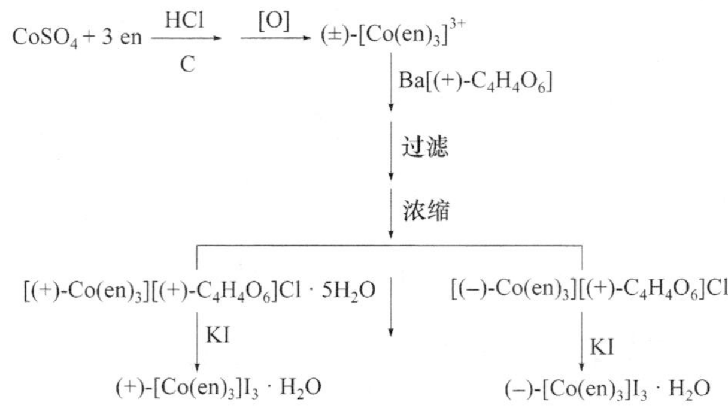

图 6-4　制备$[Co(en)_3]^{3+}$旋光异构体的反应流程示意图

已知纯净$(+)\text{-}[Co(en)_3]I_3 \cdot H_2O$和$(-)\text{-}[Co(en)_3]I_3 \cdot H_2O$的比旋光度$[\alpha]_D^{20}$分别为+89°和–89°，测定所得样品的比旋光度并与之相比，即可求得样品中旋光异构体的纯度。

三、实验用品

电子天平，旋光仪，锥形瓶，布氏漏斗，抽滤瓶，真空泵，烧杯，量筒，容量瓶(50mL)，磁力搅拌器，温度计，烘箱，酒精灯，蒸发皿。

乙二胺(24%)，(+)-酒石酸，无水乙醇，过氧化氢(30%)，硫酸钴，碳酸钡，KI，浓盐酸，活性炭，浓氨水，冰。

四、实验内容

1. (+)-酒石酸钡的制备

在 250mL 烧杯中把 10g(+)-酒石酸溶于 50mL 水中，边搅拌边缓慢加入 13g 碳酸钡，加热至微沸并连续搅拌半小时使反应完全，滤出沉淀并用冷水洗涤，随后在110℃下干燥。

2. $[Co(en)_3]^{3+}$的制备

在 250mL 锥形瓶中加入 20mL 24%乙二胺溶液和 5mL 浓盐酸，再加入硫酸钴溶液(7g 硫酸钴溶于 13mL 水)和 1g 活性炭，随后缓慢滴加 2～3mL 过氧化氢溶液，至溶液呈橙红色，使 Co(Ⅱ)氧化为 Co(Ⅲ)，产生$[Co(en)_3]^{3+}$。用稀盐酸和稀乙二胺调节 pH 为 7.0～7.5。将此溶液置于蒸发皿中，在蒸汽浴上加热 15min，待溶液冷至室温后过滤除去活性炭。

3. $[Co(en)_3]^{3+}$的外消旋体拆分

在上述溶液中加入 7g(+)-酒石酸钡，充分搅拌并在蒸汽浴上加热半小时。趁热滤出硫酸钡，用少量热水洗涤沉淀，并合并到滤液中。蒸发浓缩滤液至 12～15mL，冷却，抽滤得$[(+)\text{-}Co(en)_3][(+)\text{-}C_4H_4O_6]Cl$ 的橙红色晶体。保留滤液。橙红色晶体用水重结晶，用冰水冷却，抽滤，无水乙醇洗涤晶体，干燥，称量。

4. $(+)\text{-}[Co(en)_3]I_3 \cdot H_2O$ 的制备

将$[(+)\text{-}Co(en)_3][(+)\text{-}C_4H_4O_6]Cl$ 晶体溶于 10mL 热水中，加入 0.5mL 浓氨水及 KI 溶液(3g KI 溶于 5mL 热水)并充分搅拌。在冰水中冷却，过滤得到橙红色$(+)\text{-}[Co(en)_3]I_3 \cdot H_2O$ 针状晶体，用 10mL 30% KI 冰冷溶液洗涤晶体以除去酒石酸盐。用无水乙醇洗涤，干燥，称量。

5. $(-)\text{-}[Co(en)_3]I_3 \cdot H_2O$ 的制备

在第 3 步保留的滤液中加入 0.5mL 浓氨水，加热到 80℃，搅拌下加入 3g KI 固体。在冰水中冷却，过滤得到$(-)\text{-}[Co(en)_3]I_3 \cdot H_2O$ 粗产品，用约 10mL 30% KI 溶液洗涤。将粗产品溶解在 15mL 50℃的水中，趁热过滤，加 1g KI 固体于滤液中。在冰水中冷却，过滤得到橙黄色的$(-)\text{-}[Co(en)_3]I_3 \cdot H_2O$ 晶体。用无水乙醇洗涤，干燥，称量。

6. 异构体旋光度的测定和数据处理

分别称取 0.50g $(+)\text{-}[Co(en)_3]I_3 \cdot H_2O$ 和$(-)\text{-}[Co(en)_3]I_3 \cdot H_2O$ 异构体，溶于水并稀释至 50mL，分别在旋光仪上用 1dm 长的样品管测量旋光度α，记入表 6-3 中，并进行计算。

表 6-3　异构体旋光度的测定和数据处理

测定温度 t =____℃

产品	$(+)\text{-}[Co(en)_3]^{3+}$	$(-)\text{-}[Co(en)_3]^{3+}$
α/°		
$[\alpha]_\lambda^t$		
旋光异构体纯度/%		

五、注意事项

(1)调节 pH 用的稀盐酸和稀乙二胺溶液可通过将浓溶液稀释 100 倍制得。

(2)旋光仪确定的右旋和左旋只是反映物质对偏振光的不同旋光性质，与绝对构型是两回事，绝对构型不能直接由旋光仪进行测定。因此，不能判断$(+)\text{-}[Co(en)_3]^{3+}$异构体对应于图 6-3 中的哪种构型。

六、思考题

(1) 为什么要将酒石酸先转化为酒石酸钡?

(2) 在提纯异构体[Co(en)$_3$]I_3 · H_2O 时，为什么要用 KI 溶液洗涤?

(3) 如何判断配合物是否具有旋光异构体?

(4) (–)-[Co(en)$_3$]I_3 · H_2O 异构体纯度较低的原因是什么?

(5) 拟出测定(+)-[Co(en)$_3$]I_3 · H_2O 中钴和碘含量的方法。

实验 31　乙二胺双缩水杨醛席夫碱钴配合物的制备和载氧性质

一、实验目的

(1) 掌握无机合成中的一些操作技术。

(2) 了解某些金属配合物的载氧作用机理。

二、实验原理

在自然界的生物体中，有许多含有过渡金属离子的蛋白。其中，有些金属蛋白，如含铁的肌红蛋白和血红蛋白、含铜的血青蛋白与含钒的血钒蛋白等，在一定条件下能够吸收和放出氧气，以供有机体生命活动的需要，称为载氧体(oxygen carrier)。一些较简单的金属配合物也具有类似的现象，可作为载氧体的模拟化合物，对了解天然载氧体的结构和反应机理并开发在特殊条件下(如潜艇、高空飞行)的氧供应材料具有重要意义。乙二胺双缩水杨醛(salen)钴(Ⅱ)配合物[Co(salen)](图 6-5)是研究得最早的钴载氧配合物的典型代表。

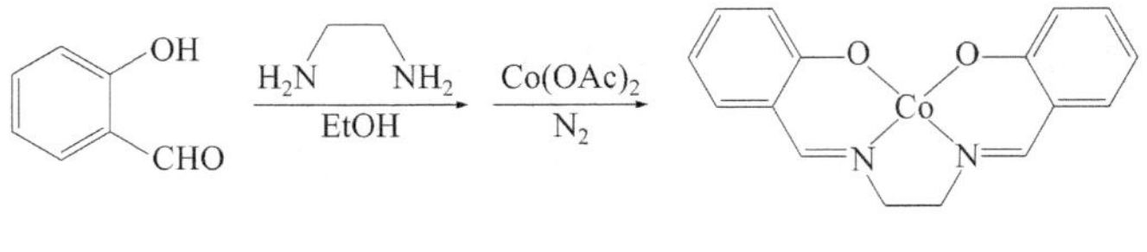

图 6-5　[Co(salen)]分子结构及制备途径

从一般的钴载氧配合物(CoL_n)研究中发现，它们与氧的结合可以有两种不同的方式:

$$CoL_n + O_2 = L_nCoO_2$$

$$2CoL_n + O_2 = L_nCo—O_2—CoL_n$$

Co 与 O_2 的物质的量比可以是 1 : 1 或 2 : 1，由配体 L 的性质、反应温度、使用溶剂等条件决定。

[Co(salen)]配合物由于制备条件的不同可以两种不同的固体形态存在，一种是棕褐色的胶状产物[活性型，图 6-6(a)]，在室温下能迅速吸收氧气，而在高温下放出氧气；另一种是暗红色晶体[非活性型，图 6-6(b)]，在室温下稳定，不吸收氧气。

非活性型的[Co(salen)]在某些极性有机溶剂(solvent)中，如二甲亚砜(DMSO)、*N*,

N-二甲基甲酰胺(DMF)、吡啶(Py)等，能与溶剂配位而成为活性型，后者能迅速吸收氧气而形成 2∶1 型的加合物[Co(salen)(solvent)]$_2$(μ-O_2)，其结构如图 6-7 所示。

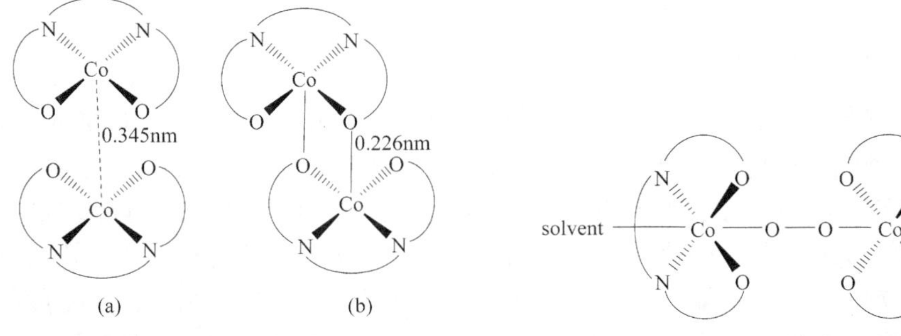

图 6-6　[Co(salen)]的活性型(a)和非活性型(b)结构示意图

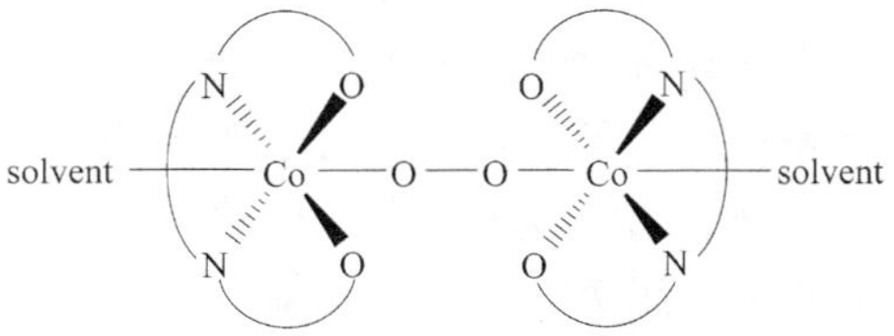

图 6-7　[Co(salen)]加氧后的结构示意图

在溶剂 DMF 中所形成的氧加合物[Co(salen)(DMF)]$_2$(μ-O_2)是细颗粒状的暗褐色沉淀，不易过滤，可用离心分离法得到暗褐色沉淀，加合物中 Co 和 O 的物质的量比可用气体容积测量法测定。

向[Co(salen)(DMF)]$_2$(μ-O_2)加入氯仿或苯后，其慢慢溶解，不断放出细小的氧气流，并产生暗红色的[Co(salen)]溶液。

$$[Co(salen)(DMF)]_2(\mu\text{-}O_2) \xlongequal{CHCl_3} 2[Co(salen)] + O_2\uparrow + 2DMF$$

三、实验用品

制备装置(图 6-8)，吸氧装置(图 6-9)，离心机，真空干燥箱，氮气钢瓶，氧气钢瓶，量筒(100mL)，刻度移液管(2mL)，抽滤瓶，布氏漏斗，循环水泵，天平。

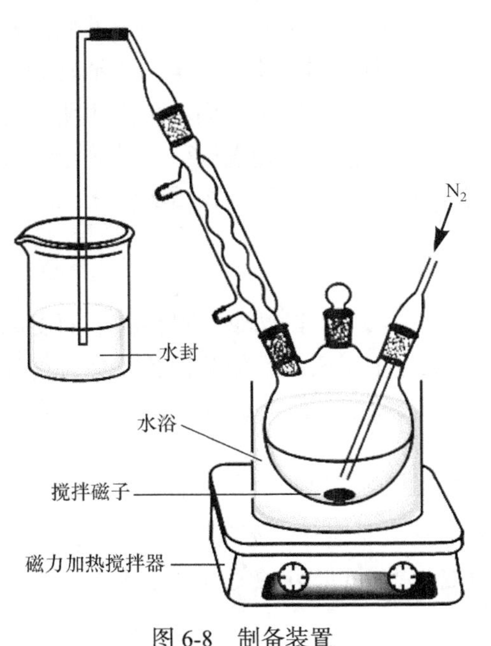

图 6-8　制备装置

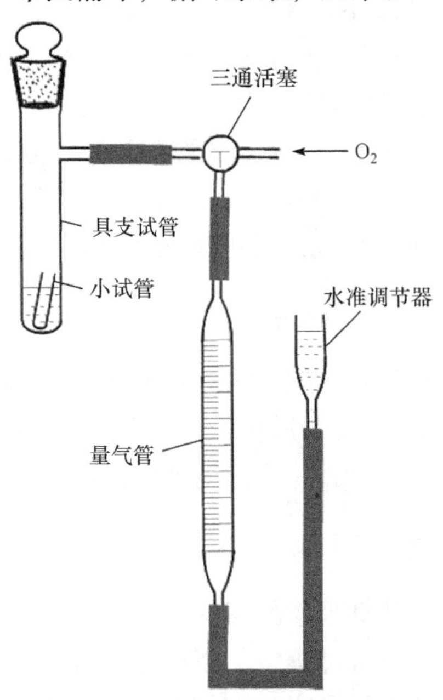

图 6-9　吸氧装置

水杨醛，乙二胺，乙酸钴，乙醇(95%)，*N,N*-二甲基甲酰胺(DMF)，氯仿。

四、实验内容

1. 非活性型[Co(salen)]配合物的制备

按图 6-8 安装仪器，在 250mL 三口烧瓶中加入 80mL 95%乙醇，再加入 1.65mL (0.0157mol)水杨醛。在搅拌条件下，加入 0.55mL(0.0078mol)乙二胺，反应 4～5min，生成亮黄色的乙二胺双缩水杨醛片状晶体，然后向三口烧瓶通入氮气赶尽装置中的空气，再调节氮气流速稳定在每秒一个气泡。这时使冷却水进入冷凝管，并开始加热水浴使温度保持在 70～80℃。溶解 1.92g(0.0078mol)乙酸钴于 15mL 热水中，待亮黄色片状晶体全部溶解后，将乙酸钴溶液迅速倒入三口烧瓶中，立即生成棕色的胶状沉淀，保温搅拌 1h，使棕色沉淀全部转变为暗红色晶体。停止加热，用冷水冷却反应瓶，再终止氮气流。在砂芯漏斗中抽滤晶体，用 5mL 水洗涤 3 次，然后用乙醇洗涤、抽干。用红外灯或真空干燥箱烘干产品，称量，计算产率。

2. [Co(salen)]配合物的吸氧测定

首先检查吸氧装置(图 6-9)是否漏气。打开三通活塞使具支试管只与量气管相通，把水准调节器下移一段距离，并固定在一定位置。如果量气管中的液面仅在开始时稍有下降，以后便维持稳定，表明装置不漏气；如果液面持续下降，则表明装置漏气。这时应检查装置各接口处是否密闭，调整至不漏气为止。

然后把 5～8mL DMF 放入具支试管中，在小试管中准确称取 0.05～0.10g [Co(salen)]配合物，用镊子小心地把小试管放进具支试管中，注意此时不能让 DMF 进入小试管。随后使氧气进入具支试管，赶尽装置中的空气并使整个装置充满氧气。关闭活塞使氧气停止进入。调节水准器液面使其与量气管内液面在同一水平面上并固定水准器。这时装置内压力与大气压相同。读出量气管中液面的刻度读数，再小心地转动具支试管使 DMF 进入小试管，并经常振动具支试管，直至量气管中液面不再发生明显变化为止(20～30min)，在不同时间(间隔 5min)读出量气管液面的刻度读数。计算最终吸收的氧的体积。记录当时的室温和大气压，计算吸收的氧与配合物的物质的量之比。

3. 加合物在氯仿中反应的观察

把吸氧测定后的氧加合物$[Co(salen)(DMF)]_2(\mu\text{-}O_2)$及其母液一起转移到两支离心试管中，使两管质量大致相等，离心分离，小心除去上层清液，使暗褐色的加合物保留在离心试管底部。沿管壁注入 5mL 氯仿，不要摇动或搅动，仔细观察管内发生的现象。

五、注意事项

(1)计算吸收的氧的物质的量时，注意要考虑室温时饱和水蒸气压。

(2)制备过程中，在钴盐溶液加入配体溶液之前 5min 应开通氮气。

(3)在吸氧实验过程中要保持体系不能漏气。

六、思考题

(1)还有哪些配合物常用作载氧模拟物？

(2)如何解释[Co(salen)]配合物的两种结构的吸氧活性和非活性？

(3)[Co(salen)]配合物在溶剂 DMF 和 $CHCl_3$ 中有两种性质截然不同的吸氧和放氧作用，能否从溶剂的性质来解释其所起的作用？

(4)在制备[Co(salen)]配合物过程中通氮气起什么作用？

(5)做吸氧测定实验时，具支试管和量气管中的气体是否只能是氧气，不能有空气存在？为什么？

(6)做吸氧测定实验时，为什么要不时地振动具支试管？可否直接用手振动？

实验 32　金属-有机框架材料的制备与染料吸附性质

一、实验目的

(1)了解金属-有机框架材料及其应用。

(2)熟悉用普通溶液法和溶剂热法制备金属-有机框架材料。

(3)了解用紫外-可见分光光度计测定染料浓度变化的方法。

二、实验原理

金属-有机框架(metal-organic frameworks，MOFs)材料是近二三十年发展起来的一类新型的无机-有机杂化材料，通常是指由金属离子或金属离子簇与有机配体通过配位键自组装形成的一种具有周期性网络的晶相框架材料。由于这类材料具有比表面积高、孔道容易调节与修饰、骨架组分和结构多样等优点，在气体吸附与储存、药物运输与控释、催化、分离等方面都有很好的应用前景。目前，金属-有机框架材料的合成、结构、性能及应用的相关研究已经成为现代无机化学发展的一个重要方向，并与材料科学、生命科学、信息科学、环境科学、能源科学等融合渗透，促进了许多交叉学科的发展。

金属-有机框架材料的合成方法有多种，包括普通溶液法、扩散法、超声法、水(溶剂)热法、离子热法、电沉积法、固相合成法、微波合成法等。其中，最常用的是普通溶液法、水(溶剂)热法和扩散法。普通溶液法是将金属盐与有机配体在特定的溶剂中混合，于开放体系中搅拌或静置，随反应的进程、温度降低或溶剂蒸发，析出反应产物的过程。扩散法一般是指将反应物分别溶解于相同或不同的溶剂中，使含有反应物的两种流体在界面或特定介质中通过扩散而相互接触，从而发生反应，形成产物。水热或溶剂热法是将反应物放在水或有机溶剂中，置于密闭体系(通常为反应釜)中，通过加热，反应物在体系自产生的压力下转化为金属-有机框架材料。温度、浓度、pH、溶剂、反应时间等很多因素都会影响金属-有机框架材料的生成和结构。因此，特定的金属-有机框架材料的合成也是一个不断探索和优化的过程。

UiO-66 和 MAF-4（又称 ZIF-8）是两例具有较高热稳定性和化学稳定性的经典金属-有机框架材料，结构如图 6-10 所示。UiO-66 主体框架为$[Zr_6O_4(OH)_4(BDC)_6]_n$（H_2BDC=对苯二甲酸），6 个 Zr(Ⅳ)与 4 个 O^{2-}和 4 个 OH^-形成一个八面体结构单元$[Zr_6O_4(OH)_4]$，其中 6 个 Zr(Ⅳ)占据八面体的 6 个顶点，4 个 O^{2-}和 4 个 OH^-以面桥的配位方式位于八面体的 8 个三角形平面。八面体的 12 条棱则由对苯二甲酸根 BDC^{2-}的羧酸根占据。因此，八面体结构单元在对苯二甲酸根的桥联下形成三维多孔框架，其孔道结构由 1.1nm 左右的正八面体笼与 0.8nm 左右的正四面体笼通过 0.6nm 的三角形窗口连接而成，比表面积可以达到 $1600m^2 \cdot g^{-1}$。MAF-4 组成为$[Zn(MeIm)_2]_n$（HMeIm = 2-甲基咪唑），每个 Zn(Ⅱ)与 4 个 $MeIm^-$的 N 原子配位，形成具有四面体结构的 ZnN_4结构单元，这些结构单元通过 $MeIm^-$的咪唑环相连，形成与无机沸石——方钠石(SOD)类似的多孔材料，每个晶胞包含 2 个直径为 1.16nm 的 SOD 笼，每个 SOD 笼通过 6 个 Zn(Ⅱ)组成的六元环笼口相连，六元环笼口直径为 0.34nm，比表面积可达 $1400m^2 \cdot g^{-1}$。

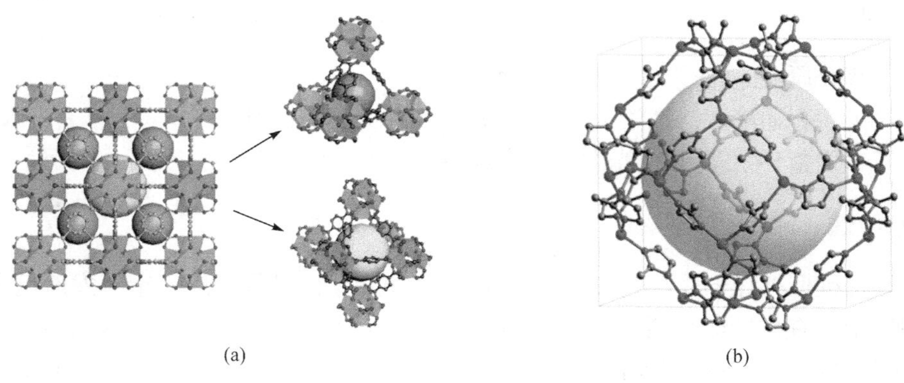

图 6-10 UiO-66(a)和 MAF-4(b)的结构

有机染料在印染与纺织工业等方面都有广泛的应用，在丰富人们物质生活的同时，染料废水也对环境造成严重的污染。有机染料废水是世界公认的主要工业污染源之一，通常含有难降解的有毒有机污染物，对生态环境和饮用水造成了极大的危害。因此，染料的吸附与降解成为人们研究的热点。金属-有机框架材料在该领域也展现出良好的应用前景。

本实验采用普通溶液法和溶剂热法分别合成 UiO-66 和 MAF-4 两种金属-有机框架材料，将产物的 X 射线粉末衍射图谱与理论模拟图谱（由 X 射线单晶衍射结构模拟得到，见图 6-11）进行比较，若谱峰位置一致，则表明成功得到所需的金属-有机框架材料。利用染料吸附实验研究这两种金属-有机框架材料对染料的吸附情况，从而对金属-有机多孔材料的合成和性能有初步的认识。金属-有机框架材料的结构可以通过 X 射线粉末衍射进行表征，吸附前后染料浓度的变化除了肉眼观测，也可以通过紫外光谱进行更准确的测量。许多染料在紫外区都有较强的吸收，通过测定最大吸收波长处的吸光度变化可以反映溶液浓度的变化。亚甲基蓝和甲基橙是两种常见的有机染料，其水溶液的最大吸收波长分别为 664nm 和 464nm。

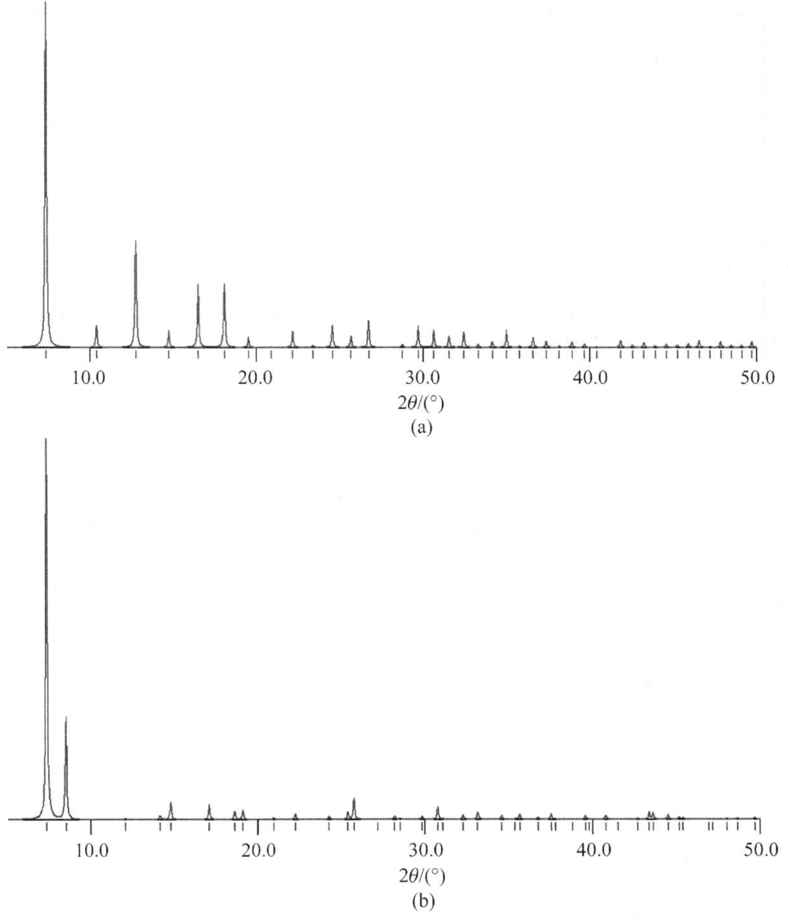

图 6-11　UiO-66(a)和 MAF-4(b)的模拟 X 射线粉末衍射图谱

亚甲基蓝为阳离子染料，而甲基橙为阴离子染料，分子尺寸相近，结构如图 6-12 所示，通常被选为研究金属-有机框架材料吸附染料性质的代表性化合物。金属-有机框架材料对染料的吸附与主客体之间的芳香堆积作用、氢键作用及静电作用等都有关系。

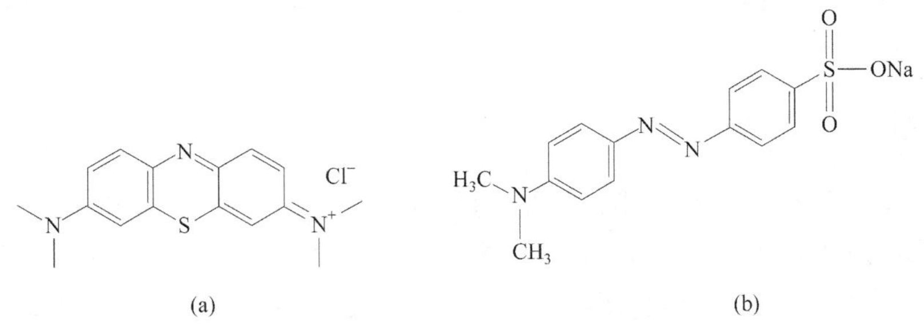

图 6-12　亚甲基蓝(a)和甲基橙(b)的结构

三、实验用品

电子天平，紫外-可见分光光度计，比色皿，离心机，量筒，烧杯，水热反应釜，烘箱。

氯化锆，六水合硝酸锌，对苯二甲酸，2-甲基咪唑，*N*, *N*-二甲基甲酰胺，甲醇，亚甲基蓝(浓度为 100ppm)，甲基橙(浓度为 100ppm)。

四、实验内容

1. MAF-4 的制备

将 0.20g 六水合硝酸锌溶解在 25mL 甲醇中，另外将 0.10g 2-甲基咪唑溶解在 25mL 甲醇中。将两种溶液混合，常温下搅拌 15min。溶液变浑浊，析出沉淀。离心分离沉淀，并用甲醇洗涤 3 次，干燥产物，称量。

2. UiO-66 的制备

取 23mg $ZrCl_4$ 溶解在 8mL *N*, *N*-二甲基甲酰胺中，再加入 21mg 对苯二甲酸，将溶液放入水热反应釜中，超声分散 10min 后，把反应釜拧紧，放入烘箱中，在 120℃加热 24h。冷却至室温后，将得到的沉淀离心收集，分别用 *N*, *N*-二甲基甲酰胺和乙醇洗涤 3 次，干燥，称量。

3. MAF-4 和 UiO-66 的表征

分别对两种产物进行 X 射线粉末衍射测试，将所得粉末衍射图谱与理论图谱(图 6-11)进行比较。

4. MOFs 对染料的吸附

取 2mL 左右亚甲基蓝溶液和甲基橙溶液分别加入两个比色皿中，通过紫外-可见分光光度计测定两种溶液分别在 664nm 和 464nm 处的初始吸光度，记录数据。取两份亚甲基蓝溶液和两份甲基橙溶液，每份 5mL，放置在离心管中。然后，在两份亚甲基蓝溶液中分别加入 10mg MAF-4 和 UiO-66 固体，在两份甲基橙溶液中也分别加入 10mg MAF-4 和 UiO-66 固体。充分振荡。约半个小时后，离心，取上层溶液测试吸光度，记录数据。

五、注意事项

(1)得到的沉淀颗粒较小，难以沉淀，可以陈化一段时间再离心分离。

(2)制备 MAF-4 时，反应物混合之前需要溶解完全。

(3)加入 MOFs 之后的染料溶液测试应充分离心沉淀，再取上清液测试，否则会影响吸光度的准确度，必要时还可以用过滤器进行过滤之后再测量。

六、思考题

(1)从实验结果估算单位质量 MAF-4 与 UiO-66 吸附的亚甲基蓝和甲基橙的质量分

别为多少。

(2) 对得到的产物还可以进行什么表征，以确定为目标产物？

(3) 合成 MAF-4 时，用甲醇洗涤有什么作用？合成 UiO-66 时，用 *N*, *N*-二甲基甲酰胺和乙醇洗涤有什么作用？

实验 33 金属-有机框架 HKUST-1 的机械化学法合成及其表征

一、实验目的

(1) 学习利用机械化学法制备金属-有机框架化合物。

(2) 学习金属-有机框架化合物的常见表征方法。

二、实验原理

近年来，一种新兴的合成方法——机械化学法被用于金属-有机框架(MOFs)材料的合成。所谓机械化学法，是指通过摩擦等手段对物质外加机械能，诱发其物理化学性质变化，从而使物质与周围环境中的气体、液体、固体发生化学反应的方法。随着各种高能研磨设备的发展，机械化学法在有机合成、化合物改性和金属合金化等领域得到了应用。与其他制备方法相比，机械化学法具有反应时间短、产率高、制备量大、反应过程中可不需添加溶剂且无需加热等优点，是用于制备 MOFs 材料的一种高效、绿色、经济的方法。

铜(Ⅱ)和均苯三甲酸(H_3BTC)反应得到的 $Cu_3(BTC)_2$ 是一种经典 MOFs 材料，称为 HKUST-1。该结构中存在有趣的轮桨状二核铜簇次级结构单元[$Cu_2(CO_2)_4$]，次级结构单元之间通过均苯三甲酸根的连接形成了多孔三维网络结构(图 6-13)，该晶体结构对应的模拟 X 射线粉末衍射图谱和红外光谱分别如图 6-14 和图 6-15 所示。HKUST-1 具有孔隙率高、比表面积大、热稳定性强等优点，已广泛用于气体储存、催化、传感等方面的应用研究。

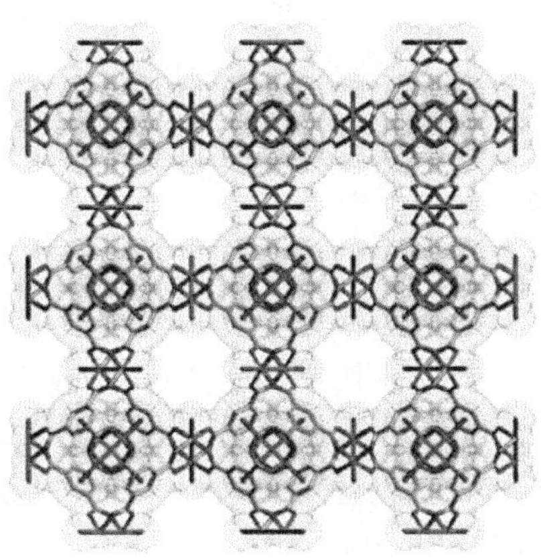

图 6-13 HKUST-1 的三维网络结构

HKUST-1 的合成方法有很多种，本实验在室温条件下采用机械化学法，以均苯三甲酸作为多齿桥联有机配体，以一水合乙酸铜为金属盐，通过机械力作用促进金属铜(Ⅱ)与均苯三甲酸之间发生配位反应，从而形成具有微孔结构的 HKUST-1 材料，其合成方程式如下：

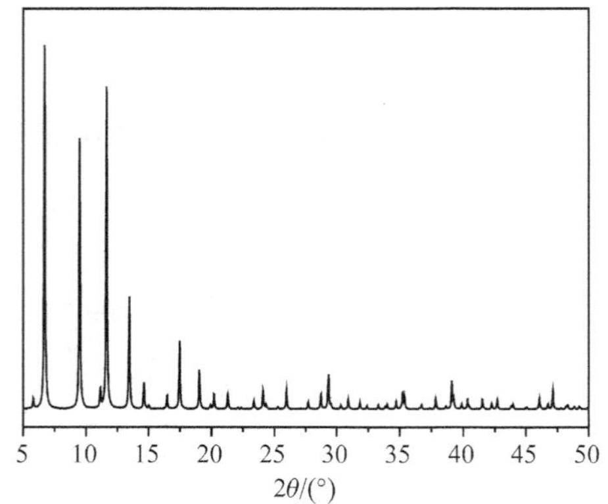

图 6-14　HKUST-1 的模拟 X 射线粉末衍射图谱

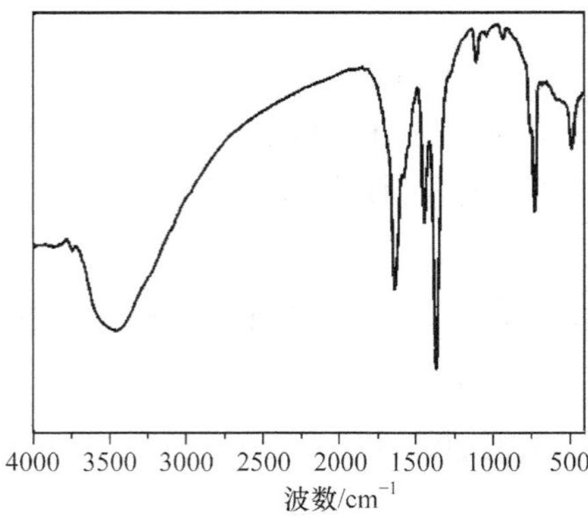

图 6-15　HKUST-1 的红外光谱

$$3Cu(CH_3COO)_2 \cdot H_2O + 2\,H_3BTC \xrightarrow{\text{机械化学法}} Cu_3(BTC)_2 + 6CH_3COOH + 3H_2O$$

（H_3BTC：均苯三甲酸，苯环 1,3,5 位各带 COOH / HOOC；产物 $Cu_3(BTC)_2$ 即 HKUST-1）

合成过程中，未完全反应的原料和副产物可能会堵塞 HKUST-1 材料的孔道，使其比表面积大大降低，因此有必要对粗产品进行活化处理。本实验采用低沸点的乙醇作为交换溶剂，通过浸泡置换出 HKUST-1 材料表面和孔结构中残留的其他物质，然后进行真空干燥处理，从而制备出比表面积大和孔隙率高的 HKUST-1 材料。合成的 HKUST-1 材料可通过红外光谱、X 射线粉末衍射、热重分析及比表面积测试等进行结构表征。

三、实验用品

电子天平，烧杯，量筒，表面皿，离心机，离心试管，玛瑙研钵，真空干燥箱，红外光谱仪，X 射线粉末衍射仪，热重分析仪，比表面积及孔隙度分析仪。

一水合乙酸铜，均苯三甲酸，无水乙醇，溴化钾，去离子水。

四、实验内容

1. HKUST-1 材料的机械化学法合成

准确称取 150mg (0.75mmol) 一水合乙酸铜和 105mg (0.50mmol) 均苯三甲酸置于玛瑙研钵中，一边研磨一边转动玛瑙研钵，使两种原料充分混合均匀。在室温条件下研磨 30min 左右后停止研磨，得到 HKUST-1 粗产品。记录研磨过程中固体粉末的颜色变化，同时观察是否有刺激性气味产生。

2. HKUST-1 材料的活化

将以上粗产品转移到 15mL 离心管中，加入 10mL 无水乙醇，充分搅拌后使其静置浸泡 10min，然后离心去除上层清液，保留沉淀。沉淀继续用新的无水乙醇再重复交换

3 次，最后将固体粉末于 180℃下真空干燥 3～6h。观察所得 HKUST-1 产品的颜色和形状，称量并计算产率。

3. HKUST-1 材料的表征

1) 红外光谱分析

使用KBr压片法，在红外光谱仪上记录均苯三甲酸有机配体及所合成的HKUST-1材料的红外光谱图(扫描范围为 4000～400cm^{-1})，对比并解释两者主要特征吸收峰的差异性。

2) X 射线粉末衍射分析

在 X 射线粉末衍射仪上进行测定，使用铜靶，扫描速率为 5～10°·min^{-1}，步长 0.02°，扫描范围 5°～50°。分别测定一水合乙酸铜和均苯三甲酸两种原料及 HKUST-1 材料的粉末衍射谱图，对比并分析实验结果。

3) 热重分析

用热重分析仪进行表征，采用氮气气氛，温度范围为室温升至 800℃，升温速率为 10℃·min^{-1}。通过实验结果对 HKUST-1 材料的热稳定性进行分析。

4) 比表面积及孔隙度分析

采用比表面积及孔隙度分析仪测定，样品预处理为 180℃下脱气处理过夜，在 77K 下进行氮气吸附。由 HKUST-1 材料的氮气吸脱附等温曲线测定出该材料的 BET 比表面积、孔容及孔径分布。

五、注意事项

(1) HKUST-1 材料进行真空干燥时，要选择合适的干燥温度，一般在 150～180℃温度范围内较好。

(2) 进行红外光谱测定实验时，要求压片应为透明薄片且不能出现裂缝。

六、思考题

(1) 利用机械化学法制备 HKUST-1 材料时，研磨过程中固体粉末的颜色如何变化？产生刺激性气味的物质是什么？

(2) 若采用其他铜盐，如甲酸铜、硝酸铜或硫酸铜代替本实验的一水合乙酸铜，是否可行？说明可行与不可行的原因。

(3) 对比制备 HKUST-1 材料的其他方法，说明本实验所采用的机械化学法的优缺点。

(4) HKUST-1 材料的活化过程中，选择无水乙醇作为交换溶剂的作用是什么？

实验 34　Eu(Ⅲ)-乙酰丙酮-邻菲咯啉三元配合物的制备及光物理性质

一、实验目的

(1) 学习以乙酰丙酮、邻菲咯啉和硝酸铕制备铕配合物的原理和方法。

(2) 学习掌握稀土配合物的发光原理。

二、实验原理

稀土元素是指周期表中位于ⅢB族的部分元素，包括21号元素钪(Sc)、39号元素钇(Y)和57～71号的镧系元素镧(La)、铈(Ce)、镨(Pr)、钕(Nd)、钷(Pm)、钐(Sm)、铕(Eu)、钆(Gd)、铽(Tb)、镝(Dy)、钬(Ho)、铒(Er)、铥(Tm)、镱(Yb)和镥(Lu)共17种元素。稀土元素具有很多独特的物理和化学性质，被称为战略元素(除放射性的Pm之外)。我国稀土元素的储量和产量目前位居世界之首。

Eu(Ⅲ)的电子构型为[Xe]$4f^6$，电子受激后，配体产生瞬时偶极，与稀土离子产生偶合作用，使f态中混入了d态，宇称禁阻选律部分被解除，f-f跃迁成为可能。由于4f轨道受其外围$5s^25p^6$电子的有效屏蔽，受周围环境及配体的影响较小，所以f-f跃迁产生的是线状光谱。但f-f跃迁的吸收强度很低，往往需要借助于高吸光系数的有机配体，通过对配体的激发，使其跃迁到单重激发态，单重激发态的寿命很短，很快便系间穿越到亚稳的三重态，再将能量传递给Eu(Ⅲ)的共振能级，Eu(Ⅲ)从激发态回到基态时发射出特征荧光。Eu(Ⅲ) $^5D_0$发射能级到基态^7F_J(J = 0～4)的跃迁所对应的发射峰的位置落在可见光区，分别在578～582nm，585～600nm，605～630nm，645～670nm和685～725nm。其中，发射强度较大的跃迁一般是$^5D_0 \to {}^7F_1$和$^5D_0 \to {}^7F_2$，如果以$^5D_0 \to {}^7F_1$跃迁为主，则配合物发橙色荧光；如果以$^5D_0 \to {}^7F_2$跃迁为主，则发红色荧光。

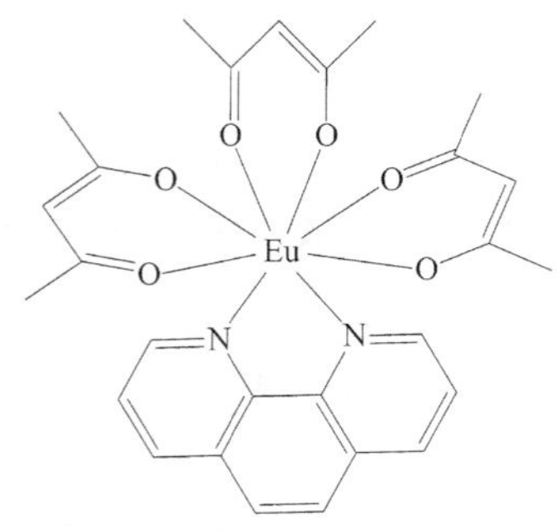

图6-16 Eu(Ⅲ)-乙酰丙酮-邻菲咯啉配合物的分子结构

对于稀土配合物光致发光材料，影响其发光强度的因素主要有两方面，一方面是有机配体的选择和其吸光强度；另一方面是有机配体与中心稀土离子之间能量传递的效率。对于特定的稀土离子，可以通过配体的分子设计提高发光强度。邻菲咯啉是一种紫外光吸收性能良好的刚性配体，而且容易以两个N原子螯合金属离子。乙酰丙酮分子中与两个羰基均为邻位的亚甲基的一个氢原子容易脱去。作为硬碱，乙酰丙酮基负离子容易与稀土离子(硬酸)形成稳定配合物。将邻菲咯啉、乙酰丙酮同时与Eu(Ⅲ)配位，可以得到如图6-16所示的三元配合物。

三、实验用品

量筒(10mL)，烧杯，电子天平，磁力搅拌器，烘箱，抽滤瓶，布氏漏斗，真空泵，红外灯，紫外灯，荧光光谱仪。

六水合硝酸铕，乙酰丙酮，邻菲咯啉，氢氧化钠，乙醇。

四、实验内容

1. [Eu(acac)$_3$(phen)]的制备

称取0.75mmol乙酰丙酮、0.25mmol邻菲咯啉溶解于10mL乙醇中，加入7.5mL 0.1mol · L^{-1}氢氧化钠溶液。然后在上述溶液中加入0.25mmol六水合硝酸铕。在磁力搅拌器上匀速温和搅拌反应 2h，得到白色沉淀。抽滤，并用乙醇洗涤。粗产物用乙醇重结晶，所得产物置于红外灯下烘干，称量。

2. 配合物荧光性质的测定

(1)将[Eu(acac)$_3$(phen)]产物和硝酸铕各取少量，置于紫外灯下，观察比较两者的荧光颜色和强弱。

(2)在荧光光谱仪上测量[Eu(acac)$_3$(phen)]固体的荧光激发和发射光谱。

五、注意事项

(1)根据试剂瓶标签信息计算各反应物的质量，准确称量。

(2)为了更好地观察发光现象，用紫外灯照样品时，需用纸板等物隔离日光。紫外灯可用普通座式验钞紫外灯代替。

(3)测量荧光光谱时，根据激发(发射)波长和发射(激发)光谱的范围，选择使用合适的滤光片。

六、思考题

(1)制备 Eu(Ⅲ)-乙酰丙酮-邻菲咯啉配合物时，为什么要在反应体系中加氢氧化钠溶液?

(2)稀土离子的配位方式有何特点?

(3)如何解释 Eu(NO$_3$)$_3$ 和[Eu(acac)$_3$(phen)]的发光性质差异?

实验 35　溶胶-凝胶法合成 Y_2O_3：Eu^{3+}红色发光薄膜

一、实验目的

(1)了解溶胶-凝胶法合成反应的原理。

(2)熟悉溶胶-凝胶法制备红色发光材料 Y_2O_3：Eu^{3+}的方法。

(3)了解荧光粉薄膜的制备与性能表征方法。

二、实验原理

Y_2O_3：Eu^{3+}表示 Y_2O_3 中部分 Y 由 Eu 取代，如 Y_2O_3：$Eu^{3+}_{0.05}$ 简写形式对应的实际组成为 $Y_{1.95}Eu_{0.05}O_3$。立方相的 Y_2O_3 基质中存在 S_6 和 C_2 两种格位，当 Eu^{3+}占据 S_6 格位时，由于 S_6 有反演对称中心，电偶极跃迁是禁阻的，磁偶极跃迁是允许的；而 C_2 格位没有反演对称中心，电偶极跃迁是允许的，Eu—O 荷移跃迁吸收紫外激发能量，然后将部分能量传递给 Eu^{3+}中的 f 电子，使其跃迁到较高能级(激发态)，随之发生能量衰减过程，部分能量以可见光发射，其中最强的发射为 $^5D_0 \rightarrow {}^7F_2$(611nm)，显示为强烈的红色。这使 Y_2O_3：Eu^{3+}成为阴极射线和紫外辐射激发的高效红色荧光材料，广泛应用于彩色电视机显像管、三基色荧光灯、防伪荧光标识等。

制备方法对 $Y_2O_3:Eu^{3+}$的结晶状况和表面结构产生直接的影响，进而影响发光效率。本实验学习使用溶胶-凝胶法合成 $Y_2O_3:Eu^{3+}$。除了这种方法之外，沉淀法、燃烧法、热分解法、微乳液法、气相法等也都可以用于制备纳米级 $Y_2O_3:Eu^{3+}$颗粒。

溶胶-凝胶法是以无机盐或金属醇盐为前驱物(起始原料)，在溶剂(水或有机溶剂)中形成均匀的溶液，通过溶剂化、水解或醇解、缩聚等反应生成 1nm 左右的粒子并组成溶胶，溶胶经蒸发干燥转变为凝胶，即称为溶液-溶胶-凝胶法，简称溶胶-凝胶法。这种方法的优点是可以在相对较低的温度下合成氧化物，提高材料的均匀性，减小材料的粒径，产品纯度好。

本实验中，六次甲基四胺随着温度的升高分解加剧：

$$(CH_2)_6N_4 + 10H_2O \xlongequal{} 6HCHO + 4NH_4^+ + 4OH^-$$

生成大量的 OH^-，原位催化 $Y(NO_3)_3$ 和 $Eu(NO_3)_3$ 的水解，形成的胶粒同时均匀长大得到透明溶胶。溶胶经涂膜、加热处理后，生成单一物相的 $Y_2O_3:Eu^{3+}$发光材料薄膜。

溶胶的制备与质量直接影响最终所得材料的性能。因此，如何制备满足要求的溶胶成为研究的重点，特别注意以下几个方面因素的影响。

1. 加水量

加水量少易形成低度交联的产物，使溶胶黏度增大；加水量多则易形成高度交联的产物，使溶胶黏度下降。因此，加水量对醇盐水解缩聚产物的结构和溶胶的黏度及胶凝时间有重要影响。

2. 催化剂

由于催化机理不同，对醇盐、无机盐的水解缩聚、酸催化和碱催化往往产生结构与形态不同的水解产物。因此，选择酸或碱作为催化剂时，控制溶液合适的 pH 十分重要。

3. 水解温度

水解温度高对醇盐、无机盐的水解速率有利，但是温度过高，又会产生沉淀。因此，水解温度与凝胶的形成关系密切。研究表明，低温如室温形成的凝胶可帮助更多的 Eu^{3+} 进入 S_6 格位，所得纳米产品发光效率更高。本实验选择在室温下合成凝胶产品。

三、实验用品

电子天平，水浴锅，烧杯(50mL)，玻璃棒，石英片(3cm×5cm×2mm)，超声清洗机，烘箱，马弗炉，X 射线粉末衍射仪，荧光光谱仪，紫外灯(254nm)。

六次甲基四胺，氧化钇，氧化铕，浓硝酸，聚乙烯醇(PVA2124)。

四、实验内容

1. 溶胶的制备

按 1g Y_2O_3：$Eu_{0.05}^{3+}$ 取化学计量比的 Y_2O_3 和 Eu_2O_3 置于烧杯中，分别用浓硝酸(用量为 Y_2O_3：$Eu_{0.05}^{3+}$ 物质的量的 2 倍)加热溶解形成 $Y(NO_3)_3$ 和 $Eu(NO_3)_3$，并加热蒸发除去过量的 HNO_3。然后按质量比(Y_2O_3：$Eu_{0.05}^{3+}$)：H_2O = 1：10 与水混合，加入适量的六次甲基四胺(为 Y_2O_3：$Eu^{3+}{}_{0.05}$ 物质的量的 2 倍)。混合液在 75℃的恒温水浴下搅拌 2h，然后在 85℃下蒸发水分，得到无色透明稳定的溶胶。

2. 薄膜的制备

在不断搅拌下，按溶胶：PVA = 1：(0.25～0.5)的体积比加入 3%(质量分数)的 PVA 溶液，混合均匀，使用洁净的石英片用浸渍拉提法以 $3cm \cdot min^{-1}$ 的提拉速度匀速取出，室温下自然干燥 30min，再在 120℃干燥 1h，石英片表面形成均匀的凝胶膜。充分干燥的凝胶膜在 900℃灼烧 2h，即制得发光薄膜。

3. 测试

(1)在 254nm 紫外光下观察薄膜的发光现象。

(2)测定薄膜及 Y_2O_3、Eu_2O_3 粉末的 X 射线衍射图谱，进行物相分析。

(3)用荧光光谱仪测定薄膜的激发光谱和发射光谱。

五、注意事项

(1)石英片比普通玻璃片耐高温，使用前可用浓 H_2SO_4 泡 5min 取出，用去离子水冲洗后，浸入 $3mol \cdot L^{-1}$ 氢氧化钾的乙醇溶液中，超声清洗 5min，取出，用无水乙醇冲洗后在 90℃烘箱中干燥 10min。

(2)硝酸溶解与蒸发过程须在通风橱中进行。

(3)254nm 紫外光照射时注意防护。

(4)要得到较厚的凝胶膜，可以重复浸渍提拉。

(5)Y_2O_3 晶体的标准 JCPDS 卡编号为 83-0927，可与 X 射线衍射测试结果对比。

六、思考题

(1)薄膜制备时加入 PVA 的作用是什么?

(2)凝胶膜在灼烧过程中发生什么变化?

(3)灼烧前要室温下自然干燥 30min，再在 120℃干燥 1h，为什么?

实验 36　高温固相合成节能荧光灯绿粉

一、实验目的

(1)了解稀土荧光粉的主要性能和应用。

(2)学习高温固相法制备磷酸钠锌镧(铈铽)荧光粉的方法。

二、实验原理

荧光灯利用低压汞蒸气放电产生的短波紫外线(主要是 254nm)激发荧光涂层而产生可见光，包括普通、节能型两类，前者的荧光涂层为卤粉——主要成分为氯氟磷酸钙(锑锰)，后者通常使用稀土三基色粉——红粉(如氧化钇铕)、绿粉[如磷酸镧(铈铽)]及蓝粉(如硅铝酸钙镁铕)。由于节能灯光色好、光衰弱(使用寿命长)、节能显著，尽管价格相对较高，还是被用于越来越多商家、公众及家庭的照明。此外，稀土荧光粉还可用于产品防伪与指纹识别。

目前最常用的荧光绿粉磷酸镧(铈铽)的发光原理如图 6-17 所示。由于高温固相合成的产品经研磨后为微米级产品，其缺陷能级占比远小于纳米级产品，故图 6-17 中缺陷能级(defects)贡献的发光可忽略。其发光过程与其价电子跃迁有关，即 Ce^{3+}吸收 254nm 紫外光，电子从 4f 轨道跃迁至空的激发态 5d 轨道，其能量转移至 Tb^{3+}的 4f 能级，经 $^5D_4$跃迁到基态 $^7F_J(J=3\sim6)$能级而产生系列发光。这里，Ce^{3+}作为敏化剂(能量供体)，Tb^{3+}为能量受体，光谱表现为监测 544nm 的 Tb^{3+}发光($^5D_4\rightarrow{}^7F_5$)所测激发光谱源于 Ce^{3+}。其他可以发光的离子(通常要求价电子可跃迁)只要半径与基质中阳离子相近，也可作为激活离子掺杂而发光，如其他稀土离子与部分主族元素低价离子，如 Eu^{3+}、Sm^{3+}、Sb^{3+}、Bi^{3+} 等。

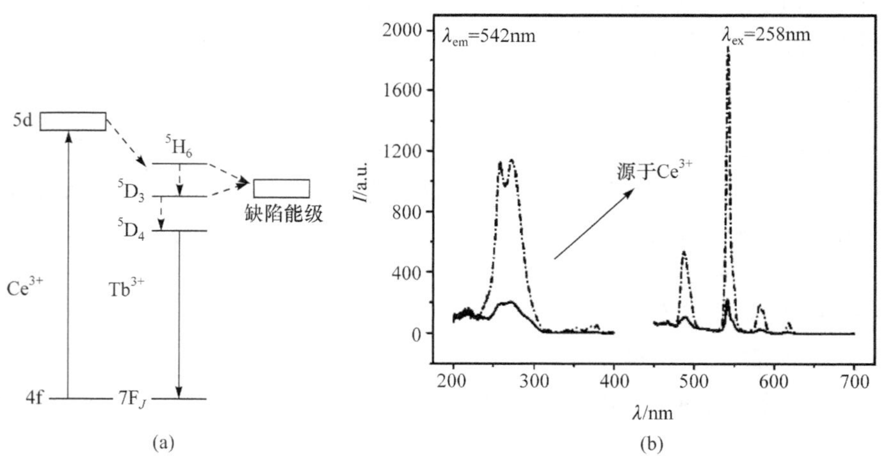

图 6-17 磷酸镧(铈铽)绿色荧光粉的能级与能量传递(a)及其微米棒(实线)和纳米棒(虚线)的激发和发射光谱(b)

合成磷酸镧(铈铽)绿粉的温度通常较高(1300℃以上)，发展在较低温度合成的绿色荧光粉有助于节省成本。磷酸钠锌镧(铈铽)荧光粉的发光原理与磷酸镧铈铽的相似，性能接近，但是可在 900℃固相合成得到，温度降低不少，昂贵稀土 Tb 的用量也可节省约 1/2。

磷酸钠锌镧(铈铽)荧光粉的合成与多数固体功能材料合成工艺类似，其流程如图 6-18 所示。通常，功能材料中元素的低价态、原价态、高价态需要分别使用还原气氛、惰性气氛与氧化气氛来实现，如 H_2、H_2+N_2、碳保护等为还原气氛；Ar、He、N_2(小于 300℃)为惰性气氛；空气、纯氧为氧化气氛。本实验由于最终需要 Ce/Tb 呈现低价态，需要在活性炭保护下实现($C+CO_2 = 2CO$，实际上是利用 CO 的还原性)。

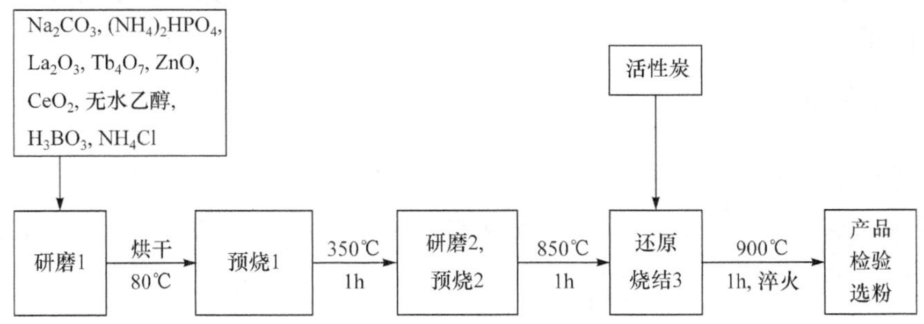

图 6-18　固相法制备磷酸钠锌镧(铈铽)荧光粉工艺流程

磷酸钠锌镧(铈铽)是磷酸盐固溶体，与单斜 $LaPO_4$ 结构相同，化学式为 $NaZnLa_{1-x-y}(Ce_xTb_y)(PO_4)_2$，或写为 $NaZnLa_{1-x-y}(PO_4)_2:(Ce_x,Tb_y)$，其中 x、y 可在一定范围内变化，也可以简写为 $NaZnLa(PO_4)_2:Ce^{3+},Tb^{3+}$。这里，$Ce^{3+}$、$Tb^{3+}$ 作为掺杂激活(发光)离子替代了晶格中价态相同的 La^{3+}(称为等价取代)，由于半径也相近，可在一定组成范围维持相同的独居石结构。

三、实验用品

分析天平，刚玉坩埚(带盖，10mL)，长柄坩埚钳，不锈钢药匙，软毛刷，镊子，厚棉手套，马弗炉(950℃)，玛瑙研钵，红外灯，紫外灯(254nm)箱，紫外线防护眼镜，荧光亮度仪，荧光光谱仪，X 射线粉末衍射仪，激光散射粒度仪。

$(NH_4)_2HPO_4$，La_2O_3，Tb_4O_7，CeO_2，无水乙醇，H_3BO_3，活性炭，SiO_2，NH_4Cl，Na_2CO_3，ZnO。

四、实验内容

1. 称量

按定量生成 0.004mol $NaZnLa_{0.65}(Ce_{0.30}Tb_{0.05})(PO_4)_2$ 计算、称取(准确至 0.0001g)原料 $(NH_4)_2HPO_4$、La_2O_3、Tb_4O_7、CeO_2、Na_2CO_3、ZnO，以及助熔剂 NH_4Cl 与 H_3BO_3(两者均为原料总质量的 1%)，放入玛瑙研钵中。

2. 研磨、装样

向玛瑙研钵加入 10mL 无水乙醇，研磨 10～20min(刚好成浆状)，置于红外灯下(距离为 20～25cm)烘干。关掉红外灯，用不锈钢药匙、毛刷小心将上述混合物转移入刚玉坩埚中，振紧，加盖。

3. 第一步预烧、研磨

将上述坩埚放入马弗炉中，150℃保留 1h 后(防止初温过高使反应剧烈而溢出)升温至 350℃，恒温 1h。趁热取出，放冷后倒入玛瑙研钵中研磨 5min，重新转入刚玉坩埚中，振紧，加盖。

4. 第二步预烧、研磨

将上述坩埚放入已升温至 850℃的马弗炉中，恒温 1h，趁热取出，放冷，研磨 5min，再转入刚玉坩埚中，振紧，在粉体表面依次覆盖上一薄层 SiO_2、活性炭粉、SiO_2，振紧，加盖。

5. 还原烧结、淬火

将上述坩埚放入已升温至 900℃的马弗炉中，恒温 1h，趁热取出放冷，将粉体小心倒在一张干净白纸上，放在 254nm 紫外灯下观察。关掉紫外灯，小心用镊子剔除覆盖层，留下绿色发光粉体，如有必要，可再打开紫外灯，戴上紫外线防护眼镜进一步选粉。

荧光粉块体在 254 nm 紫外灯下发光均匀，无疵点即为合格。

6. 结构表征与发光性质

将上述绿色发光粉体在玛瑙研钵中研细，然后进行性能检验，并与标准粉比较。

(1) 样品荧光亮度。产品相对亮度测试通常采用两种方法，一是使用荧光亮度仪，二是使用荧光光谱仪。二者均采用标准荧光粉为参照(其亮度定义为 100)，用同一波长 254nm 激发，将所得产品与之比较即可，前者比较亮度值，后者则比较相对荧光强度值。

(2) 荧光光谱。在荧光光谱仪上用固体样品架测定产品的荧光激发与发射光谱，前者激发波长为 254nm，后者监测波长为 543nm。

(3) X 射线粉末衍射图谱。测定样品的 X 射线粉末衍射图谱，扫描 2θ 范围 10°～70°，与单斜 $LaPO_4$ 图谱(JCPDS 32-0493)进行对比。

(4) 粒径分布测试。利用激光散射粒度仪测试研磨后产品的粒径分布。

五、注意事项

(1) 各原料称量务必精确至 0.0001g，偏高、偏低均对产品物相、发光性能产生影响。

(2) SiO_2 起隔离层作用，防止活性炭污染荧光粉体并隔离空气帮助产生还原气氛。

(3) 剥离的隔离层可收集起来，留待以后同样实验使用。

(4) NH_4Cl、H_3BO_3 起助熔剂作用，降低最终烧结温度。

六、思考题

(1)本实验最后坩埚不加盖进行还原烧结能否得到合格产品？要确保活性炭有剩余，为什么？

(2)每次往坩埚里装填样品都要振紧或压实，为什么？

(3)若产品在紫外灯下观察，绿色荧光不均匀或亮度低，可能的原因是什么？

(4)固相反应制备荧光粉要预烧、多次研磨，预烧与研磨的作用分别是什么？产品为什么要趁热取出？

(5)产品 X 射线粉末衍射谱若观察到其他杂质相(混相)，可能的原因是什么？

实验 37　植物中元素的分离和鉴定

一、实验目的

(1)了解生命元素。

(2)熟悉从植物中分离和鉴定 Ca、Mg、Al、Fe、P、I 等元素的方法。

二、实验原理

植物和动物主要由 C、H、N 和 O 等元素组成，也含有 Fe、Mg、Ca、Al、Cu、Mn、Zn、Na、K、B、P、I 等元素，这些维持生命体正常活动所需的常量或微量元素统称为生命元素。生命元素在不同生物中的分布和含量各不相同。例如，Na 对动物是必需元素，对多数植物来说则不是；I 是海带、紫菜中含量较大的元素，在其他动植物中则含量很小。为了对生命体中各种元素进行分析，往往要对样品进行一定的预处理。例如，通过对植物试样的加热灰化，除去可燃烧形成易挥发物质的非金属元素，灰烬经过一定的浸取和分离处理，可以定性和定量地对元素成分进行分析。

三、实验要求

查阅文献，了解有关植物中元素的含量、分布和功能。设计实验方案，以 10～15g 树叶、草叶、茶叶、紫菜或海带为原料，进行适当处理后，定性地检出至少 Ca、Mg、Fe、Al、P 5 种元素，从紫菜或海带中还要检出 I 元素。

四、提示

(1)将树叶、草叶、茶叶、紫菜或海带尽量碎化，然后使用坩埚、酒精喷灯(电炉或煤气灯)等把碎样加热灰化(注意通风)，用酸浸取，取浸取液分离鉴定。

(2)除了灰化处理以外，也可取植物汁液进行分析。

(3) Ca^{2+}、Mg^{2+}、Fe^{3+}、Al^{3+}的氢氧化物完全沉淀的 pH 范围分别为：pH＞13，pH＞11，pH≥4.1，pH≥5.2。而 pH＞9 时，$Al(OH)_3$ 又开始溶解。

(4)可考虑应用纸层析进行分离鉴定。

实验 38　废干电池的综合利用

一、实验目的

(1) 从废锌锰干电池中回收铜、石墨棒、锌、二氧化锰和氯化铵。

(2) 以回收的锌制备硫酸锌。

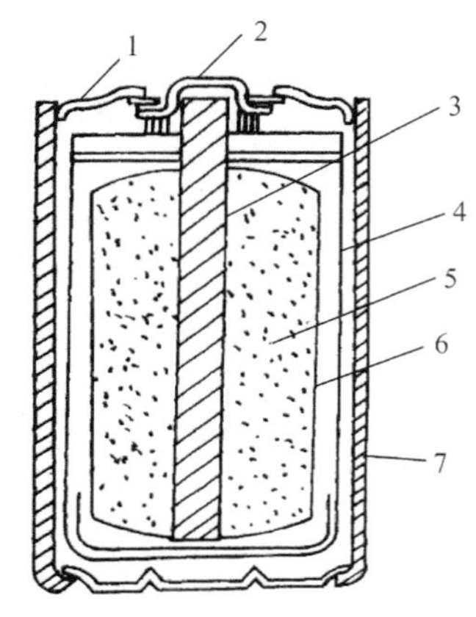

图 6-19　普通锌锰电池的结构

1. 火漆；2. 黄铜盖；3. 石墨棒；4. 锌筒；5. 去极剂；6. 电解液+淀粉；7. 厚纸壳

二、实验原理

各种电子产品和通信器材的大量涌现与更新换代使电池用量急剧增加，由废电池引起的资源和环境问题需要引起高度重视。我国是世界锌锰干电池第一生产大国，仍以普通糊式锌锰干电池为主，其负极是作为电池壳体的锌电极，正极是被二氧化锰(为增强导电能力，填充有炭粉)包围的石墨电极，电解质是氯化铵及氯化锌的糊状物，其结构如图 6-19 所示。电池反应为

$$Zn + 2NH_4Cl + 2MnO_2 = Zn(NH_3)_2Cl_2 + 2MnOOH$$

在使用过程中，二氧化锰只起氧化作用，锌皮消耗最多，氯化铵作为电解质没有消耗，炭粉是填料。因此，回收处理废干电池可以获得多种有用物质，如铜、锌、二氧化锰、氯化铵和石墨棒等，变废为宝。

三、实验要求

(1) 收集废锌锰干电池。

(2) 根据锌锰干电池的结构，用合适的工具剥开电池，取出其中的材料。

(3) 收集铜盖、石墨棒。

(4) 以锌外壳制备七水硫酸锌晶体。

(5) 电池内的黑色物质含有多种成分，从中回收二氧化锰和氯化铵。

(6) 对氯化铵进行组成和纯度分析。

(7) 对回收的二氧化锰进行性质试验。

四、提示

(1) 干电池黑色内容物中水不溶性的炭粉和少量有机物可以灼烧除去。

(2) 内容物中的水溶性盐包括氯化铵和少量氯化锌，根据两者溶解度与温度的关系加以分离。

(3) 废电池的锌外壳表面常粘有氯化锌、氯化铵及二氧化锰等杂质，可用水刷洗除去。还可能粘有石蜡、沥青等有机物，用水难以洗净，可利用它们不溶于酸的性质除去。

主要参考文献

崔学桂，张晓丽，胡清萍. 2010. 基础化学实验（Ⅰ）——无机及分析化学实验. 2 版. 北京：化学工业出版社
范勇，屈学俭，徐家宁. 2015. 基础化学实验：无机化学实验分册. 2 版. 北京：高等教育出版社
郎建平，卞国庆. 2013. 无机化学实验. 2 版. 南京：南京大学出版社
李铭岫. 2012. 无机化学实验. 北京：北京理工大学出版社
牟文生. 2014. 无机化学实验. 3 版. 北京：高等教育出版社
王尊本. 2007. 综合化学实验. 2 版. 北京：科学出版社
吴俊森. 2013. 大学基础化学实验. 2 版. 北京：化学工业出版社
武汉大学化学与分子科学学院实验中心. 2012. 无机化学实验. 2 版. 武汉：武汉大学出版社
颜朝国. 2016. 大学化学实验(四)——综合与探究. 2 版. 北京：化学工业出版社
杨芳，郑文杰. 2014. 无机化学实验. 广州：暨南大学出版社
章文伟. 2009. 综合化学实验. 南京：南京大学出版社
赵新华. 2014. 无机化学实验. 4 版. 北京：高等教育出版社
Haynes W M. 2016. CRC Handbook of Chemistry and Physics. 97th ed. New York: CRC Press

附　　录

附录 1　市售酸碱的浓度(293K)

试剂	密度/$(g\cdot cm^{-3})$	质量分数/%	物质的量浓度/$(mol\cdot L^{-1})$
盐酸	1.19	38	12
硝酸	1.42	69	16
硫酸	1.84	98	18
磷酸	1.7	85	14.7
高氯酸	1.67	70	11.6
冰醋酸	1.05	99	17.5
氢氟酸	1.13	40	23
氢溴酸	1.49	47.0	8.6
氢碘酸	1.70	57	7.5
氨水	0.90	～28	14.8

附录 2　无机物在不同温度下的溶解度

化合物	溶解度/$[g\cdot(100g\ H_2O)^{-1}]$										
	0℃	10℃	20℃	30℃	40℃	50℃	60℃	70℃	80℃	90℃	100℃
AgBr	—	—	8.4×10^{-6}	—	—	—	—	—	—	—	3.7×10^{-4}
$AgC_2H_3O_2$	0.73	0.89	1.05	1.23	1.43	1.64	1.93	2.18	2.59	—	—
AgCl	—	8.9×10^{-5}	1.5×10^{-4}	—	—	5×10^{-4}	—	—	—	—	2.1×10^{-3}
AgCN	—	—	2.2×10^{-5}	—	—	—	—	—	—	—	—
Ag_2CO_3	—	—	3.2×10^{-3}	—	—	—	—	—	—	—	5×10^{-2}
Ag_2CrO_4	1.4×10^{-3}	—	—	3.6×10^{-3}	—	5.3×10^{-3}	—	8×10^{-3}	—	—	1.1×10^{-2}
AgI	—	—	—	3×10^{-7}	—	—	3×10^{-6}	—	—	—	—
$AgIO_3$	—	3×10^{-3}	4×10^{-3}	—	—	—	1.8×10^{-2}	—	—	—	—
$AgNO_2$	0.16	0.22	0.34	0.51	0.73	0.995	1.39	—	—	—	—
$AgNO_3$	122	167	216	265	311	—	440	—	585	652	733
Ag_2SO_4	0.57	0.7	0.8	0.89	0.98	1.08	1.15	1.22	1.3	1.36	1.41
$AlCl_3$	43.9	44.9	45.8	46.6	47.3	—	48.1	—	48.6	—	49

续表

化合物	溶解度/[g·(100g H_2O)$^{-1}$]										
	0℃	10℃	20℃	30℃	40℃	50℃	60℃	70℃	80℃	90℃	100℃
AlF_3	0.56	0.56	0.67	0.78	0.91	—	1.1	—	1.32	—	1.72
$Al(NO_3)_3$	60	66.7	73.9	81.8	88.7	—	106	—	132	153	160
$Al_2(SO_4)_3$	31.2	33.5	36.4	40.4	45.8	52.2	59.2	66.1	73	80.8	89
As_2O_5	59.5	62.1	65.8	69.8	71.2	—	73	—	75.1	—	76.7
As_2S_5	—	—	5.17×10^{-5} (18)	—	—	—	—	—	—	—	—
B_2O_3	1.1	1.5	2.2	—	4	—	6.2	—	9.5	—	15.7
$BaCl_2\cdot2H_2O$	31.2	33.5	35.8	38.1	40.8	43.6	46.2	49.4	52.5	55.8	59.4
$BaCO_3$	—	1.6×10^{-3} (8)	2.2×10^{-3} (18)	2.4×10^{-3} (24)	—	—	—	—	—	—	6.5×10^{-3}
BaC_2O_4	—	—	9.3×10^{-3} (18)	—	—	—	—	—	—	—	2.28×10^{-2}
$BaCrO_4$	2.0×10^{-4}	2.8×10^{-4}	3.7×10^{-4}	4.6×10^{-4}	—	—	—	—	—	—	—
$Ba(NO_3)_2$	4.95	6.67	9.02	11.48	14.1	17.1	20.4	—	27.2	—	34.4
$Ba(OH)_2$	1.67	2.48	3.89	5.59	8.22	13.12	20.94	—	101.4	—	—
$BaSO_4$	1.15×10^{-4}	2.0×10^{-4}	2.4×10^{-4}	2.85×10^{-4}	—	3.36×10^{-4}	—	—	—	—	4.13×10^{-4}
$BeSO_4$	37	37.6	39.1	41.4	45.8	—	53.1	—	67.2	—	82.8
Br_2	4.22	3.4	3.2	3.13	—	—	—	—	—	—	—
Bi_2S_3	—	—	1.8×10^{-5} (18)	—	—	—	—	—	—	—	—
$CaBr_2\cdot6H_2O$	125	132	143	185 (34)	213	—	278	—	295	—	312 (105)
$Ca(H_2C_3O_2)_2\cdot2H_2O$	37.4	36	34.7	33.8	33.2	—	32.7	—	33.5	—	—
$CaCl_2\cdot6H_2O$	59.5	64.7	74.5	100	128	—	137	—	147	154	159
CaC_2O_4	—	6.7×10^{-4} (13)	6.8×10^{-4} (25)	—	—	9.5×10^{-4}	—	—	—	14×10^{-4} (95)	—
CaF_2	1.3×10^{-3}	—	1.6×10^{-3} (25)	—	—	—	—	—	—	—	—
$Ca(HCO_3)_2$	16.15	—	16.6	—	17.05	—	17.5	—	17.95	—	18.4
CaI_2	64.6	66	67.6	69	70.8	—	74	—	78	—	81
$Ca(IO_3)_2\cdot6H_2O$	0.09	0.17	0.24	0.38	0.52	—	0.65	—	0.66	0.67	—
$Ca(NO_2)_2\cdot4H_2O$	63.9	—	84.5 (18)	104	—	—	134	—	151	166	178
$Ca(NO_3)_2\cdot4H_2O$	102	115	129	152	191	—	—	—	358	—	363
$Ca(OH)_2$	0.189	0.182	0.173	0.16	0.141	0.128	0.121	0.106	0.094	0.086	0.076
$CaSO_4\cdot0.5H_2O$	—	—	0.32	0.29 (25)	0.26 (35)	0.21 (45)	0.145 (65)	0.12 (75)	—	—	0.071
$CdCl_2\cdot2.5H_2O$	90	100	113	132	—	—	—	—	—	—	—
$CdCl_2\cdot H_2O$	—	135	135	135	135	—	136	—	140	—	147

续表

化合物	溶解度/[g · (100g H_2O)$^{-1}$]										
	0℃	10℃	20℃	30℃	40℃	50℃	60℃	70℃	80℃	90℃	100℃
$CoCl_2$	43.5	47.7	52.9	59.7	69.5	—	93.8	—	97.6	101	106
$Co(NO_3)_2$	84	89.6	97.4	111	125	—	174	—	204	300	—
$CoSO_4$	25.5	30.5	36.1	42	48.8	—	55	—	53.8	45.3	38.9
$CoSO_4 \cdot 7H_2O$	44.8	56.3	65.4	73	88.1	—	101	—	—	—	—
CrO_3	164.9	—	167.2	—	172.5	183.9	—	—	191.6	217.5	206.8
CsCl	161	175	187	197	208	218.5	230	239.5	250	260	271
CsOH	—	—	395.5(15)	—	—	—	—	—	—	—	—
$CuCl_2$	68.6	70.9	73	77.3	87.6	—	96.5	—	104	108	120
CuI_2	—	—	1.107	—	—	—	—	—	—	—	—
$Cu(NO_3)_2$	83.5	100	125	156	163	—	182	—	208	222	247
$CuSO_4 \cdot 5H_2O$	23.1	27.5	32	37.8	44.6	—	61.8	—	83.8	—	114
$FeCl_2$	49.7	59	62.5	66.7	70	—	78.3	—	88.7	92.3	94.9
$FeCl_3 \cdot 6H_2O$	74.4	81.9	91.8	106.8	—	315.1	—	—	525.8	—	535.7
$Fe(NO_3)_2 \cdot 6H_2O$	113	134	—	—	—	—	266	—	—	—	—
$FeSO_4 \cdot 7H_2O$	28.8	40	48	60	73.3	—	100.7	—	79.9	68.3	57.8
H_3BO_3	2.67	3.72	5.04	6.72	8.72	11.54	14.81	18.62	23.62	30.38	40.25
$H_2C_2O_4$	3.54	6.08	9.52	14.23	21.52	—	44.32	—	84.5	125	—
Hg_2Br_2	—	—	4×10^{-6} (26)	—	—	—	—	—	—	—	—
$HgBr_2$	0.3	0.4	0.56	0.66	0.91	—	1.68	—	2.77	—	4.9
Hg_2Cl_2	1.4×10^{-4}	—	2×10^{-4}	—	7×10^{-4}	—	—	—	—	—	—
$HgCl_2$	3.63	4.82	6.57	8.34	10.2	—	16.3	—	30	—	61.3
I_2	0.014	0.02	0.029	0.039	0.052	0.078	0.1	—	0.225	0.315	0.445
KBr	53.5	59.5	65.3	70.7	75.4	80.2	85.5	90	95	99.2	104
$KBrO_3$	3.09	4.72	6.91	9.64	13.1	17.5	22.7	—	34.1	—	49.9
$KC_2H_3O_2$	216	233	256	283	324	—	350	—	381	398	—
$K_2C_2O_4$	25.5	31.9	36.4	39.9	43.8	—	53.2	—	63.6	69.2	75.3
KCl	28	31.2	34.2	37.2	40.1	42.6	45.8	48.3	51.3	54	56.3
$KClO_3$	3.3	5.2	7.3	10.1	13.9	19.3	23.8	—	37.6	46	56.3
$KClO_4$	0.76	1.06	1.68	2.56	3.73	6.5	7.3	11.8	13.4	17.7	22.3
KSCN	177	198	224	255	289	—	372	—	492	571	675
K_2CO_3	105	108	111	114	117	121.2	127	133.1	140	148	156
K_2CrO_4	56.3	60	63.7	66.7	67.8	—	70.1	70.4	72.1	74.5	75.6
$K_2Cr_2O_7$	4.7	7	12.3	18.1	26.3	34	45.6	52	73	—	80
$K_3Fe(CN)_6$	30.2	38	46	53	59.3	—	70	—	—	—	91
$K_4Fe(CN)_6$	14.3	21.1	28.2	35.1	41.4	—	54.8	—	66.9	71.5	74.2
$KHCO_3$	22.5	27.4	33.7	39.9	47.5	—	65.6	—	—	—	—

续表

化合物	溶解度/[g·(100g H_2O)$^{-1}$]										
	0℃	10℃	20℃	30℃	40℃	50℃	60℃	70℃	80℃	90℃	100℃
$KHSO_4$	36.2	—	48.6	54.3	61	—	76.4	—	96.1	—	122
KI	128	136	144	153	162	168	176	184	192	198	208
KIO_3	4.6	6.27	8.08	10.03	12.6	—	18.3	—	24.8	—	32.3
$KMnO_4$	2.83	4.31	6.34	9.03	12.6	16.98	22.1	—	—	—	—
KNO_2	279	292	306	320	329	—	348	—	376	390	410
KNO_3	13.9	21.2	31.6	45.3	61.3	85.5	106	138	167	203	245
KOH	95.7	103	112	126	134	140	154	—	—	—	178
K_2PtCl_6	0.48	0.6	0.78	1	1.36	2.17	2.45	3.19	3.71	4.45	5.03
K_2SO_4	7.4	9.3	11.1	13	14.8	16.5	18.2	19.75	21.4	22.9	24.1
$K_2S_2O_8$	1.65	2.67	4.7	7.75	11	—	—	—	—	—	—
$KAl(SO_4)_2$	3	3.99	5.9	8.39	11.7	17	24.8	40	71	109	—
LiCl	69.2	74.5	83.5	86.2	89.8	97	98.4	—	112	121	128
Li_2CO_3	1.54	1.43	1.33	1.26	1.17	1.08	1.01	—	0.85	—	0.72
LiF	—	—	0.27(18)	—	—	—	—	—	—	—	—
LiOH	11.91	12.11	12.35	12.7	13.22	13.3	14.63	—	16.56	—	19.12
Li_3PO_4	—	—	0.039(18)	—	—	—	—	—	—	—	—
$MgBr_2$	98	99	101	104	106	—	112	—	113.7	—	125
$MgCl_2$	52.9	53.6	54.6	55.8	57.5	—	61	—	66.1	69.5	73.3
MgI_2	120	—	140	—	173	—	—	—	186	—	—
$Mg(NO_3)_2$	62.1	66	69.5	73.6	78.9	—	78.9	—	91.6	106	—
$Mg(OH)_2$	—	—	9×10^{-4}(18)	—	—	—	—	—	—	—	4×10^{-3}
$MgSO_4$	22	28.2	33.7	38.9	44.5	—	54.6	—	55.8	52.9	50.4
$MnCl_2$	63.4	68.1	73.9	80.8	88.5	98.15	109	—	113	114	115
$Mn(NO_3)_2$	102	118	139	206	—	—	—	—	—	—	—
MnC_2O_4	0.02	0.024	0.028	0.033	—	—	—	—	—	—	—
$MnSO_4$	52.9	59.7	62.9	62.9	60	—	53.6	—	45.6	40.9	35.3
NH_4Br	60.5	68.1	76.4	83.2	91.2	99.2	108	116.8	125	135	145
NH_4SCN	120	144	170	208	234	—	346	—	—	—	—
$(NH_4)_2C_2O_4$	2.2	3.21	4.45	6.09	8.18	10.3	14	—	22.4	27.9	34.7
NH_4Cl	29.4	33.3	37.2	41.4	45.8	50.4	55.3	60.2	65.6	71.2	77.3
NH_4ClO_4	12	16.4	21.7	27.7	34.6	—	49.9	—	68.9	—	—
$(NH_4)_2Co(SO_4)_2$	6	9.5	13	17	22	27	33.5	40	49	58	75.1
$(NH_4)_2CrO_4$	25	29.2	34	39.3	45.3	—	59	—	76.1	—	—
$(NH_4)_2Cr_2O_7$	18.2	25.5	35.6	46.5	58.5	—	86	—	115	—	156
$(NH_4)Cr(SO_4)_2$	3.95	—	10.78(25)	18.8	32.6	—	—	—	—	—	—
$(NH_4)_2Fe(SO_4)_2\cdot 6H_2O$	17.8	18.1	21.2	24.5	—	31.3	—	38.5	—	—	—

续表

化合物	溶解度/[g · (100g H_2O)$^{-1}$]										
	0℃	10℃	20℃	30℃	40℃	50℃	60℃	70℃	80℃	90℃	100℃
NH_4HCO_3	11.9	16.1	21.7	28.4	36.6	—	59.2	—	109	170	354
$NH_4H_2PO_4$	22.7	29.5	37.4	46.4	56.7	—	82.5	—	118	—	173
$(NH_4)_2HPO_4$	42.9	62.9	68.9	75.1	81.8	—	97.2	—	—	—	—
NH_4I	155	163	172	182	191	199.6	209	218.7	229	—	250
NH_4MgPO_4	0.0231	—	0.052	—	0.036	0.03	0.04	0.016	0.019	—	0.0195
NH_4NO_3	118.3	—	192	241.8	297	344	421	499	580	740	871
$(NH_4)_2PtCl_6$	0.289	0.374	0.499	0.637	0.815	—	1.44	—	2.16	2.61	3.36
$(NH_4)_2SO_4$	70.6	73	75.4	78	81	84.5	88	91.9	95.3	98	103
$(NH_4)Al(SO_4)_2$	2.1	5	7.74	10.9	14.9	20.1	26.7	—	—	—	—
$(NH_4)_2S_2O_8$	58.2	—	—	—	—	—	—	—	—	—	—
$(NH_4)_3SbS_4$	71.2	—	91.2	120	—	—	—	—	—	—	—
$(NH_4)_2SeO_4$	—	117(7)	—	—	—	—	—	—	—	—	197
NH_4VO_3	—	—	0.48	0.84	1.32	1.78	2.42	3.05	—	—	—
$Na_2B_4O_7$	1.11	1.6	2.56	3.86	6.67	10.5	19	24.4	31.4	41	52.5
NaBr	80.2	85.2	90.8	98.4	107	116	118	—	120	121	121
$NaBrO_3$	24.2	30.3	36.4	42.6	48.8	—	62.6	—	75.7	—	90.8
$NaC_2H_3O_2$	36.2	40.8	46.4	54.6	65.6	83	139	146	153	161	170
$Na_2C_2O_4$	2.69	3.05	3.41	3.81	4.18	—	4.93	—	5.71	—	6.5
NaCl	35.7	35.8	35.9	36.1	36.4	37	37.1	37.8	38	38.5	39.2
$NaClO_3$	79.6	87.6	95.9	105	115	—	137	—	167	184	204
Na_2CO_3	7	12.5	21.5	39.7	49	—	46	—	43.9	43.9	—
Na_2CrO_4	31.7	50.1	84	88	96	104	115	123	125	—	126
$Na_2Cr_2O_7$	163	172	183	198	215	244.8	269	316.7	376	405	415
$Na_4Fe(CN)_6$	11.2	14.8	18.8	23.8	29.9	—	43.7	—	62.1	—	—
$NaHCO_3$	7	8.1	9.6	11.1	12.7	14.45	16	—	—	—	—
NaH_2PO_4	56.5	69.8	86.9	107	133	157	172	190.3	211	234	—
Na_2HPO_4	1.68	3.53	7.83	22	55.3	80.2	82.8	88.1	92.3	102	104
NaI	159	167	178	191	205	227.8	257	294	295	—	302
$NaIO_3$	2.48	2.59	8.08	10.7	13.3	—	19.8	—	26.6	29.5	33
$NaNO_3$	73	80.8	87.6	94.9	102	104.1	122	—	148	—	180
$NaNO_2$	71.2	75.1	80.8	87.6	94.9	—	111	—	133	—	160
NaOH	—	98	109	119	129	—	174	—	—	—	—
Na_3PO_4	4.5	8.2	12.1	16.3	20.2	—	29.9	—	60	68.1	77
$Na_2P_2O_7$	3.16	3.95	6.23	9.95	13.5	17.45	21.83	—	30.04	—	40.26
Na_2S	9.6	12.1	15.7	20.5	26.6	36.4	39.1	43.31	55	65.3	—

续表

化合物	溶解度/[g · (100g H_2O)$^{-1}$]										
	0℃	10℃	20℃	30℃	40℃	50℃	60℃	70℃	80℃	90℃	100℃
$NaSb(OH)_6$	—	0.03(12)	—	—	—	—	—	—	—	—	0.3
Na_2SO_3	14.4	19.5	26.3	35.5	37.2	—	32.6	—	29.4	27.9	—
Na_2SO_4	4.9	9.1	19.5	40.8	48.8	46.7	45.3	—	43.7	42.7	42.5
$Na_2SO_4 \cdot 7H_2O$	19.5	30	44.1	—	—	—	—	—	—	—	—
$Na_2S_2O_3 \cdot 5H_2O$	50.2	59.7	70.1	83.2	104	—	—	—	—	—	—
$NaVO_3$	—	—	19.3	22.5	26.3	—	33	—	40.8	—	—
Na_2WO_4	71.5	—	73	—	77.6	—	—	—	90.8	—	—
$NiCO_3$	—	—	9.3×10^{-3} (25)	—	—	—	—	—	—	—	—
$NiCl_2$	53.4	56.3	60.8	70.6	73.2	78.3	81.2	85.2	86.6	—	87.6
$Ni(NO_3)_2$	79.2	—	94.2	105	119	—	158	—	187	188	—
$NiSO_4 \cdot 7H_2O$	26.2	32.4	37.7	43.4	50.4	—	—	—	—	—	—
$Pb(C_2H_3O_2)_2$	19.8	29.5	44.3	69.8	116	—	—	—	—	—	—
$PbCl_2$	0.67	0.82	1	1.2	1.42	1.7	1.94	—	2.54	2.88	3.2
PbI_2	0.044	0.056	0.069	0.09	0.124	0.164	0.193	—	0.294	—	0.42
$Pb(NO_2)_2$	37.5	46.2	54.3	63.4	72.1	85	91.6	—	111	—	133
$PbSO_4$	2.8×10^{-3}	3.5×10^{-3}	4.1×10^{-3}	4.9×10^{-3}	5.6×10^{-3}	—	—	—	—	—	—
$SbCl_3$	602	—	910	1087	1368	—	—	—	—	—	—
Sb_2S_3	—	—	1.75×10^{-4} (18)	—	—	—	—	—	—	—	—
$SnCl_2$	83.9	—	259.8 (15)	—	—	—	—	—	—	—	—
$SnSO_4$	—	—	33 (25)	—	—	—	—	—	—	—	18
$Sr(C_2H_3O_2)_2$	37	42.9	41.1	39.5	38.3	37.4	36.8	36.2	36.1	39.2	36.4
SrC_2O_4	3.3×10^{-3}	4.4×10^{-3}	4.6×10^{-3}	5.7×10^{-3}	—	—	—	—	—	—	—
$SrCl_2$	43.5	47.7	52.9	58.7	65.3	72.4	81.8	85.9	90.5	—	101
$Sr(NO_2)_2$	52.7	—	65	72	79	83.8	97	—	130	134	139
$Sr(NO_3)_2$	39.5	52.9	69.5	88.7	89.4	—	93.4	—	96.9	98.4	—
$SrSO_4$	0.0113	0.0129	0.0132	0.0138	0.0141	—	0.0131	—	0.0116	0.0115	—
$SrCrO_4$	—	0.0851	0.09	—	—	—	—	—	0.058	—	—
$Zn(NO_3)_2$	98	—	118.3	138	211	—	—	—	—	—	—
$ZnSO_4$	41.6	47.2	53.8	61.3	70.5	—	75.4	—	71.1	—	60.5

注：表中括号内数据表示温度值(℃)。

附录 3　弱电解质的解离平衡常数(298K)

弱酸

名称	化学式	$K_a^\ominus$	$pK_a^\ominus$
砷酸	H_3AsO_4	$K_{a1}^\ominus$ 5.50×10^{-3}	2.26
		$K_{a2}^\ominus$ 1.74×10^{-7}	6.76
		$K_{a3}^\ominus$ 5.13×10^{-12}	11.29
亚砷酸	H_3AsO_3	5.13×10^{-10}	9.29
硼酸	H_3BO_3	5.81×10^{-10}	9.236
焦硼酸	$H_2B_4O_7$	$K_{a1}^\ominus$ 1.00×10^{-4}	4.00
		$K_{a2}^\ominus$ 1.00×10^{-9}	9.00
碳酸	H_2CO_3	$K_{a1}^\ominus$ 4.47×10^{-7}	6.35
		$K_{a2}^\ominus$ 4.68×10^{-11}	10.33
铬酸	H_2CrO_4	$K_{a1}^\ominus$ 1.80×10^{-1}	0.74
		$K_{a2}^\ominus$ 3.20×10^{-7}	6.49
氢氟酸	HF	6.31×10^{-4}	3.20
亚硝酸	HNO_2	5.62×10^{-4}	3.25
过氧化氢	H_2O_2	2.4×10^{-12}	11.62
磷酸	H_3PO_4	$K_{a1}^\ominus$ 6.92×10^{-3}	2.16
		$K_{a2}^\ominus$ 6.23×10^{-8}	7.21
		$K_{a3}^\ominus$ 4.80×10^{-13}	12.32
焦磷酸	$H_4P_2O_7$	$K_{a1}^\ominus$ 1.23×10^{-1}	0.91
		$K_{a2}^\ominus$ 7.94×10^{-3}	2.10
		$K_{a3}^\ominus$ 2.00×10^{-7}	6.70
		$K_{a4}^\ominus$ 4.79×10^{-10}	9.32
氢硫酸	H_2S	$K_{a1}^\ominus$ 8.90×10^{-8}	7.05
		$K_{a2}^\ominus$ 1.26×10^{-14}	13.9
亚硫酸	H_2SO_3	$K_{a1}^\ominus$ 1.40×10^{-2}	1.85
		$K_{a2}^\ominus$ 6.31×10^{-8}	7.20
硫酸	H_2SO_4	$K_{a2}^\ominus$ 1.02×10^{-2}	1.99
偏硅酸	H_2SiO_3	$K_{a1}^\ominus$ 1.70×10^{-10}	9.77
		$K_{a2}^\ominus$ 1.58×10^{-12}	11.80

续表

名称	化学式	$K_a^\ominus$	$pK_a^\ominus$
甲酸	$HCOOH$	1.772×10^{-4}	3.75
乙酸	CH_3COOH	1.74×10^{-5}	4.76
草酸	$H_2C_2O_4$	$K_{a1}^\ominus$ 5.9×10^{-2}	1.23
		$K_{a2}^\ominus$ 6.46×10^{-5}	4.19
酒石酸	$HOOC(CHOH)_2COOH$	$K_{a1}^\ominus$ 1.04×10^{-3}	2.98
		$K_{a2}^\ominus$ 4.57×10^{-5}	4.34
苯酚	C_6H_5OH	1.02×10^{-10}	9.99
抗坏血酸	O═C—C(OH)═C(OH)—CH—CHOH—CH₂OH（C 与 CH 间经 O 成环）	$K_{a1}^\ominus$ 5.0×10^{-5}	4.10
		$K_{a2}^\ominus$ 1.5×10^{-12}	11.79
柠檬酸	$HOC(CH_2COOH)_2COOH$	$K_{a1}^\ominus$ 7.24×10^{-4}	3.14
		$K_{a2}^\ominus$ 1.70×10^{-5}	4.77
		$K_{a3}^\ominus$ 4.07×10^{-7}	6.39
苯甲酸	C_6H_5COOH	6.45×10^{-5}	4.19
邻苯二甲酸	$C_6H_4(COOH)_2$	$K_{a1}^\ominus$ 1.30×10^{-3}	2.89
		$K_{a2}^\ominus$ 3.09×10^{-6}	5.51

弱碱

名称	化学式	$K_b^\ominus$	$pK_b^\ominus$
氨水	$NH_3\cdot H_2O$	1.79×10^{-5}	4.75
甲胺	CH_3NH_2	4.20×10^{-4}	3.38
乙胺	$C_2H_5NH_2$	4.30×10^{-4}	3.37
二甲胺	$(CH_3)_2NH$	5.90×10^{-4}	3.23
二乙胺	$(C_2H_5)_2NH$	6.31×10^{-4}	3.2
苯胺	$C_6H_5NH_2$	3.98×10^{-10}	9.40
乙二胺	$H_2NCH_2CH_2NH_2$	$K_{b1}^\ominus$ 8.32×10^{-5}	4.08
		$K_{b2}^\ominus$ 7.10×10^{-8}	7.15
乙醇胺	$HOCH_2CH_2NH_2$	3.2×10^{-5}	4.50
三乙醇胺	$(HOCH_2CH_2)_3N$	5.8×10^{-7}	6.24
六次甲基四胺	$(CH_2)_6N_4$	1.35×10^{-9}	8.87
吡啶	C_5H_5N	1.80×10^{-9}	8.70

附录 4　难溶电解质的溶度积(298K)

化学式	$K_{sp}^{\ominus}$	$pK_{sp}^{\ominus}$	化学式	$K_{sp}^{\ominus}$	$pK_{sp}^{\ominus}$
AgBr	5.35×10^{-13}	12.27	CaF_2	3.45×10^{-11}	10.46
Ag_2CO_3	8.46×10^{-12}	11.07	CdS	8.0×10^{-27}	26.10
AgCl	1.77×10^{-10}	9.75	CoS(α)	4.0×10^{-21}	20.40
Ag_2CrO_4	1.12×10^{-12}	11.95	CoS(β)	2.0×10^{-25}	24.70
AgI	8.52×10^{-17}	16.07	$Cr(OH)_3$	6.3×10^{-31}	30.20
AgOH	2.0×10^{-8}	7.71	CuBr	6.27×10^{-9}	8.20
Ag_2S	6.3×10^{-50}	49.20	CuCl	1.72×10^{-7}	6.76
$Al(OH)_3$(无定形)	1.3×10^{-33}	32.89	CuI	1.27×10^{-12}	11.90
$BaCO_3$	2.58×10^{-9}	8.59	CuS	6.3×10^{-36}	35.20
BaC_2O_4	1.6×10^{-7}	6.79	Cu_2S	2.5×10^{-48}	47.60
$BaCrO_4$	1.17×10^{-10}	9.93	CuSCN	1.77×10^{-13}	12.75
$BaSO_4$	1.08×10^{-10}	9.97	$FeC_2O_4\cdot 2H_2O$	3.2×10^{-7}	6.50
$CaCO_3$	3.36×10^{-9}	8.47	$Fe(OH)_2$	4.87×10^{-17}	16.31
$CaC_2O_4\cdot H_2O$	2.32×10^{-9}	8.63	$Fe(OH)_3$	2.79×10^{-39}	38.55
FeS	6.3×10^{-18}	17.20	$PbCO_3$	7.40×10^{-14}	13.13
Hg_2Cl_2	1.43×10^{-18}	17.84	PbC_2O_4	4.8×10^{-10}	9.32
Hg_2I_2	5.2×10^{-29}	28.72	$PbCrO_4$	2.8×10^{-13}	12.55
HgS(红)	4.0×10^{-53}	52.40	PbF_2	3.3×10^{-8}	7.48
HgS(黑)	1.6×10^{-52}	51.80	PbI_2	9.8×10^{-9}	8.01
$MgCO_3$	6.82×10^{-6}	5.17	$Pb(OH)_2$	1.43×10^{-20}	19.84
$MgC_2O_4\cdot 2H_2O$	4.83×10^{-6}	5.32	PbS	8.0×10^{-28}	27.10
MgF_2	5.16×10^{-11}	10.29	$PbSO_4$	2.53×10^{-8}	7.60
$MgNH_4PO_4$	2.5×10^{-13}	12.60	$SrCO_3$	5.60×10^{-10}	9.25
$Mg(OH)_2$	5.61×10^{-12}	11.25	$SrSO_4$	3.44×10^{-7}	6.46
$Mn(OH)_2$	1.9×10^{-13}	12.72	$Sn(OH)_2$	5.45×10^{-27}	26.26
MnS	2.5×10^{-13}	12.60	$Sn(OH)_4$	1.0×10^{-56}	56.00
$Ni(OH)_2$	5.48×10^{-16}	15.26	$Zn(OH)_2$(无定形)	3×10^{-17}	16.5
NiS(α)	3.2×10^{-19}	18.49	ZnS(α)	1.6×10^{-24}	23.80
NiS(β)	1.0×10^{-24}	24.00	ZnS(β)	2.5×10^{-22}	21.60

附录 5　沉淀物有关酸度

附表 5-1　金属（氢）氧化物沉淀的 pH（包括形成氢氧配离子的大约值）

（氢）氧化物	pH				
	开始沉淀		沉淀完全	沉淀开始溶解	沉淀完全溶解
	$1mol \cdot L^{-1}\ M^{n+}$	$0.01mol \cdot L^{-1}\ M^{n+}$			
$Sn(OH)_4$	0	0.5	1	13	15
$TiO(OH)_2$	0	0.5	2.0		
$Sn(OH)_2$	0.9	2.1	4.7	10	13.5
$ZrO(OH)_2$	1.3	2.3	3.8		
HgO	1.3	2.4	5.0	11.5	
$Fe(OH)_3$	1.5	2.3	4.1	14	
$Al(OH)_3$	3.3	4.0	5.2	7.8	10.8
$Cr(OH)_3$	4.0	4.9	6.8	12	15
$Be(OH)_2$	5.2	6.2	8.8		
$Zn(OH)_2$	5.4	6.4	8.0	10.5	12～13
Ag_2O	6.2	8.2	11.2	12.7	
$Fe(OH)_2$	6.5	7.5	9.7	13.5	
$Co(OH)_2$	6.6	7.6	9.2	14.1	
$Ni(OH)_2$	6.7	7.7	9.5		
$Cd(OH)_2$	7.2	8.2	9.7		
$Mn(OH)_2$	7.8	8.8	10.4		
$Mg(OH)_2$	9.4	10.4	12.4	14	
$Pb(OH)_2$		7.2	8.7		13
$Ce(OH)_4$		0.8	1.2	10	
$Th(OH)_4$		0.5			
$Tl(OH)_3$		～0.6	～1.6		
H_2WO_4		～0	～0		
H_2MoO_4				～8	～9
稀土		6.8～8.5	～9.5		
H_2UO_4		3.6	5.1		

附表 5-2　金属离子形成硫化物沉淀的 pH（硫化氢为沉淀剂）

pH	金属（常见氧化态）
1	Cu，Ag，Hg，Pb，Bi，Cd，Rh，Pd，Os，As，Au，Pt，Sb，Ir，Ge，Se，Te，Mo
2～3	Zn，Ti，In，Ga
5～6	Co，Ni
＞7	Mn，Fe

附录 6　配离子的稳定常数(298K)

配离子	$K^{\ominus}_{稳}$	配离子	$K^{\ominus}_{稳}$
$[Ag(CN)_2]^-$	1.26×10^{21}	$[Cu(en)_2]^{2+}$	3.98×10^{19}
$[Ag(NH_3)_2]^+$	1.12×10^{7}	$[Cu(EDTA)]^{2-}$	6.38×10^{18}
$[Ag(SCN)_2]^-$	3.71×10^{7}	$[Fe(CN)_6]^{4-}$	1.00×10^{35}
$[Ag(S_2O_3)_2]^{3-}$	2.88×10^{13}	$[Fe(CN)_6]^{3-}$	1.00×10^{42}
$[Ag(EDTA)]^{3-}$	2.00×10^{7}	$[Fe(C_2O_4)_3]^{3-}$	1.58×10^{20}
$[Ag(en)]^+$	6.31×10^{7}	$[Fe(EDTA)]^{2-}$	2.14×10^{14}
$[Al(C_2O_4)_3]^{3-}$	2.00×10^{16}	$[Fe(EDTA)]^-$	1.26×10^{25}
$[AlF_6]^{3-}$	6.92×10^{19}	$[Fe(NCS)]^{2+}$	2.20×10^{3}
$[Au(CN)_2]^-$	2.00×10^{38}	$[HgCl_4]^{2-}$	1.26×10^{15}
$[Ca(EDTA)]^{2-}$	4.90×10^{10}	$[Hg(CN)_4]^{2-}$	2.51×10^{41}
$[Cd(CN)_4]^{2-}$	6.00×10^{18}	$[HgI_4]^{2-}$	6.31×10^{29}
$[CdCl_4]^{2-}$	3.09×10^{2}	$[Hg(NH_3)_4]^{2+}$	1.89×10^{19}
$[Cd(NH_3)_4]^{2+}$	1.29×10^{7}	$[Hg(EDTA)]^{2-}$	6.30×10^{21}
$[Cd(SCN)_4]^{2-}$	3.80×10^{2}	$[Mg(EDTA)]^{2-}$	4.90×10^{8}
$[Cd(EDTA)]^{2-}$	3.16×10^{16}	$[Na(EDTA)]^{3-}$	4.57×10^{1}
$[CdI_4]^{2-}$	3.02×10^{6}	$[Ni(CN)_4]^{2-}$	2.00×10^{31}
$[Co(NH_3)_6]^{2+}$	1.29×10^{5}	$[Ni(NH_3)_4]^{2+}$	9.10×10^{7}
$[Co(NH_3)_6]^{3+}$	1.41×10^{35}	$[Ni(NH_3)_6]^{2+}$	1.10×10^{8}
$[Co(CN)_6]^{3-}$	1.00×10^{64}	$[Ni(EDTA)]^{2-}$	4.68×10^{18}
$[Co(EDTA)]^-$	1.00×10^{36}	$[Pb(CH_3COO)_4]^{2-}$	3.00×10^{8}
$[Co(SCN)_4]^{2-}$	1.00×10^{3}	$[Pb(CN)_4]^{2-}$	1.00×10^{11}
$[Cu(CN)_2]^-$	1.00×10^{24}	$[Zn(CN)_4]^{2-}$	1.00×10^{16}
$[Cu(CN)_4]^{2-}$	2.00×10^{27}	$[Zn(C_2O_4)_2]^{2-}$	4.00×10^{7}
$[Cu(NH_3)_2]^+$	7.41×10^{10}	$[Zn(OH)_4]^{2-}$	4.60×10^{17}
$[Cu(NH_3)_4]^{2+}$	1.70×10^{13}	$[Zn(NH_3)_4]^{2+}$	2.88×10^{9}

附录 7　标准电极电势(298K)

电对	电极反应	$E^{\ominus}$/V
酸性溶液		
Li^+/Li	$Li^+ + e^- \rightleftharpoons Li$	−3.0401
Cs^+/Cs	$Cs^+ + e^- \rightleftharpoons Cs$	−3.026
K^+/K	$K^+ + e^- \rightleftharpoons K$	−2.931

续表

电对	电极反应	$E^{\ominus}$ /V
Ba^{2+} / Ba	$Ba^{2+} + 2e^- \rightleftharpoons Ba$	−2.912
Ca^{2+} / Ca	$Ca^{2+} + 2e^- \rightleftharpoons Ca$	−2.868
Na^+ / Na	$Na^+ + e^- \rightleftharpoons Na$	−2.71
Mg^{2+} / Mg	$Mg^{2+} + 2e^- \rightleftharpoons Mg$	−2.372
H_2 / H^-	$1/2H_2 + e^- \rightleftharpoons H^-$	−2.23
Al^{3+} / Al	$Al^{3+} + 3e^- \rightleftharpoons Al$	−1.662
Mn^{2+} / Mn	$Mn^{2+} + 2e^- \rightleftharpoons Mn$	−1.185
Zn^{2+} / Zn	$Zn^{2+} + 2e^- \rightleftharpoons Zn$	−0.7618
Cr^{3+} / Cr	$Cr^{3+} + 3e^- \rightleftharpoons Cr$	−0.744
Ag_2S / Ag	$Ag_2S + 2e^- \rightleftharpoons 2Ag + S^{2-}$	−0.691
CO_2 / $H_2C_2O_4$	$2CO_2 + 2H^+ + 2e^- \rightleftharpoons H_2C_2O_4$	−0.481
Fe^{2+} / Fe	$Fe^{2+} + 2e^- \rightleftharpoons Fe$	−0.447
Cr^{3+} / Cr^{2+}	$Cr^{3+} + e^- \rightleftharpoons Cr^{2+}$	−0.407
Cd^{2+} / Cd	$Cd^{2+} + 2e^- \rightleftharpoons Cd$	−0.4030
$PbSO_4$ / Pb	$PbSO_4 + 2e^- \rightleftharpoons Pb + SO_4^{2-}$	−0.3588
Co^{2+} / Co	$Co^{2+} + 2e^- \rightleftharpoons Co$	−0.28
$PbCl_2$ / Pb	$PbCl_2 + 2e^- \rightleftharpoons Pb + 2Cl^-$	−0.2675
Ni^{2+} / Ni	$Ni^{2+} + 2e^- \rightleftharpoons Ni$	−0.257
AgI / Ag	$AgI + e^- \rightleftharpoons Ag + I^-$	−0.15224
Sn^{2+} / Sn	$Sn^{2+} + 2e^- \rightleftharpoons Sn$	−0.1375
Pb^{2+} / Pb	$Pb^{2+} + 2e^- \rightleftharpoons Pb$	−0.1262
Fe^{3+} / Fe	$Fe^{3+} + 3e^- \rightleftharpoons Fe$	−0.037
AgCN / Ag	$AgCN + e^- \rightleftharpoons Ag + CN^-$	−0.017
H^+ / H_2	$2H^+ + 2e^- \rightleftharpoons H_2$	0.0000
AgBr / Ag	$AgBr + e^- \rightleftharpoons Ag + Br^-$	0.07133
S / H_2S	$S + 2H^+ + 2e^- \rightleftharpoons H_2S(aq)$	0.142
Sn^{4+} / Sn^{2+}	$Sn^{4+} + 2e^- \rightleftharpoons Sn^{2+}$	0.151
Cu^{2+} / Cu^+	$Cu^{2+} + e^- \rightleftharpoons Cu^+$	0.153
AgCl / Ag	$AgCl + e^- \rightleftharpoons Ag + Cl^-$	0.22233
Hg_2Cl_2 / Hg	$Hg_2Cl_2 + 2e^- \rightleftharpoons 2Hg + 2Cl^-$	0.26808
Cu^{2+} / Cu	$Cu^{2+} + 2e^- \rightleftharpoons Cu$	0.3419
$S_2O_3^{2-}$ / S	$S_2O_3^{2-} + 6H^+ + 4e^- \rightleftharpoons 2S + 3H_2O$	0.5
Cu^+ / Cu	$Cu^+ + e^- \rightleftharpoons Cu$	0.521
I_2 / I^-	$I_2 + 2e^- \rightleftharpoons 2I^-$	0.5355
I_3^- / I^-	$I_3^- + 2e^- \rightleftharpoons 3I^-$	0.536
MnO_4^- / MnO_4^{2-}	$MnO_4^- + e^- \rightleftharpoons MnO_4^{2-}$	0.558
H_3AsO_4 / $HAsO_2$	$H_3AsO_4 + 2H^+ + 2e^- \rightleftharpoons HAsO_2 + 2H_2O$	0.560

续表

电对	电极反应	$E^\ominus$ /V
Ag_2SO_4 / Ag	$Ag_2SO_4 + 2e^- \rightleftharpoons 2Ag + SO_4^{2-}$	0.654
O_2 / H_2O_2	$O_2 + 2H^+ + 2e^- \rightleftharpoons H_2O_2$	0.695
Fe^{3+} / Fe^{2+}	$Fe^{3+} + e^- \rightleftharpoons Fe^{2+}$	0.771
Hg_2^{2+} / Hg	$Hg_2^{2+} + 2e^- \rightleftharpoons 2Hg$	0.7973
Ag^+ / Ag	$Ag^+ + e^- \rightleftharpoons Ag$	0.7996
NO_3^- / N_2O_4	$2NO_3^- + 4H^+ + 2e^- \rightleftharpoons N_2O_4 + 2H_2O$	0.803
Hg^{2+} / Hg	$Hg^{2+} + 2e^- \rightleftharpoons Hg$	0.851
Cu^{2+} / CuI	$Cu^{2+} + I^- + e^- \rightleftharpoons CuI$	0.86
Hg^{2+} / Hg_2^{2+}	$2Hg^{2+} + 2e^- \rightleftharpoons Hg_2^{2+}$	0.920
NO_3^- / HNO_2	$NO_3^- + 3H^+ + 2e^- \rightleftharpoons HNO_2 + H_2O$	0.934
NO_3^- / NO	$NO_3^- + 4H^+ + 3e^- \rightleftharpoons NO + 2H_2O$	0.957
HNO_2 / NO	$HNO_2 + H^+ + e^- \rightleftharpoons NO + H_2O$	0.983
$[AuCl_4]^-$ / Au	$[AuCl_4]^- + 3e^- \rightleftharpoons Au + 4Cl^-$	1.002
Br_2 / Br^-	$Br_2(l) + 2e^- \rightleftharpoons 2Br^-$	1.066
Cu^{2+} / $[Cu(CN)_2]^-$	$Cu^{2+} + 2CN^- + e^- \rightleftharpoons [Cu(CN)_2]^-$	1.103
IO_3^- / HIO	$IO_3^- + 5H^+ + 4e^- \rightleftharpoons HIO + 2H_2O$	1.14
IO_3^- / I_2	$2IO_3^- + 12H^+ + 10e^- \rightleftharpoons I_2 + 6H_2O$	1.195
MnO_2 / Mn^{2+}	$MnO_2 + 4H^+ + 2e^- \rightleftharpoons Mn^{2+} + 2H_2O$	1.224
O_2 / H_2O	$O_2 + 4H^+ + 4e^- \rightleftharpoons 2H_2O$	1.229
$Cr_2O_7^{2-}$ /Cr^{3+}	$Cr_2O_7^{2-} + 14H^+ + 6e^- \rightleftharpoons 2Cr^{3+} + 7H_2O$	1.232
Cl_2 / Cl^-	$Cl_2(g) + 2e^- \rightleftharpoons 2Cl^-$	1.35827
ClO_4^- / Cl_2	$2ClO_4^- + 16H^+ + 14e^- \rightleftharpoons Cl_2 + 8H_2O$	1.39
ClO_3^- / Cl^-	$ClO_3^- + 6H^+ + 6e^- \rightleftharpoons Cl^- + 3H_2O$	1.451
PbO_2 / Pb^{2+}	$PbO_2 + 4H^+ + 2e^- \rightleftharpoons Pb^{2+} + 2H_2O$	1.455
ClO_3^- / Cl_2	$ClO_3^- + 6H^+ + 5e^- \rightleftharpoons 1/2\ Cl_2 + 3H_2O$	1.47
BrO_3^- / Br_2	$2BrO_3^- + 12H^+ + 10e^- \rightleftharpoons Br_2 + 6H_2O$	1.482
HClO / Cl^-	$HClO + H^+ + 2e^- \rightleftharpoons Cl^- + H_2O$	1.482
Au^{3+} / Au	$Au^{3+} + 3e^- \rightleftharpoons Au$	1.498
MnO_4^- / Mn^{2+}	$MnO_4^- + 8H^+ + 5e^- \rightleftharpoons Mn^{2+} + 4H_2O$	1.507
Mn^{3+} / Mn^{2+}	$Mn^{3+} + e^- \rightleftharpoons Mn^{2+}$	1.5415
HBrO / Br_2	$2HBrO + 2H^+ + 2e^- \rightleftharpoons Br_2 + 2H_2O$	1.596
H_5IO_6 / IO_3^-	$H_5IO_6 + H^+ + 2e^- \rightleftharpoons IO_3^- + 3H_2O$	1.601
HClO / Cl_2	$2HClO + 2H^+ + 2e^- \rightleftharpoons Cl_2 + 2H_2O$	1.611
$HClO_2$ /HClO	$HClO_2 + 2H^+ + 2e^- \rightleftharpoons HClO + H_2O$	1.645
MnO_4^- / MnO_2	$MnO_4^- + 4H^+ + 3e^- \rightleftharpoons MnO_2 + 2H_2O$	1.679
PbO_2 / $PbSO_4$	$PbO_2 + SO_4^{2-} + 4H^+ + 2e^- \rightleftharpoons PbSO_4 + 2H_2O$	1.6913

续表

电对	电极反应	$E^{\ominus}$ /V
H_2O_2 / H_2O	$H_2O_2 + 2H^+ + 2e^- \rightleftharpoons 2H_2O$	1.776
Co^{3+} / Co^{2+}	$Co^{3+} + e^- \rightleftharpoons Co^{2+}$	1.92
$S_2O_8^{2-}$ / SO_4^{2-}	$S_2O_8^{2-} + 2e^- \rightleftharpoons 2SO_4^{2-}$	2.010
O_3 / O_2	$O_3 + 2H^+ + 2e^- \rightleftharpoons O_2 + H_2O$	2.076
F_2 / F^-	$F_2 + 2e^- \rightleftharpoons 2F^-$	2.866
F_2 / HF	$F_2(g) + 2H^+ + 2e^- \rightleftharpoons 2HF$	3.503
碱性溶液		
$Mn(OH)_2$ / Mn	$Mn(OH)_2 + 2e^- \rightleftharpoons Mn + 2OH^-$	−1.56
$[Zn(CN)_4]^{2-}$ / Zn	$[Zn(CN)_4]^{2-} + 2e^- \rightleftharpoons Zn + 4CN^-$	−1.34
ZnO_2^{2-} / Zn	$ZnO_2^{2-} + 2H_2O + 2e^- \rightleftharpoons Zn + 4OH^-$	−1.215
$[Sn(OH)_6]^{2-}$ / $HSnO_2^-$	$[Sn(OH)_6]^{2-} + 2e^- \rightleftharpoons HSnO_2^- + 3OH^- + H_2O$	−0.93
SO_4^{2-} / SO_3^{2-}	$SO_4^{2-} + H_2O + 2e^- \rightleftharpoons SO_3^{2-} + 2OH^-$	−0.93
$HSnO_2^-$ / Sn	$HSnO_2^- + H_2O + 2e^- \rightleftharpoons Sn + 3OH^-$	−0.909
H_2O / H_2	$2H_2O + 2e^- \rightleftharpoons H_2 + 2OH^-$	−0.8277
$Ni(OH)_2$ / Ni	$Ni(OH)_2 + 2e^- \rightleftharpoons Ni + 2OH^-$	−0.72
AsO_4^{3-} / AsO_2^-	$AsO_4^{3-} + 2H_2O + 2e^- \rightleftharpoons AsO_2^- + 4OH^-$	−0.71
SO_3^{2-} / S	$SO_3^{2-} + 3H_2O + 4e^- \rightleftharpoons S + 6OH^-$	−0.59
SO_3^{2-} / $S_2O_3^{2-}$	$2SO_3^{2-} + 3H_2O + 4e^- \rightleftharpoons S_2O_3^{2-} + 6OH^-$	−0.571
S / S^{2-}	$S + 2e^- \rightleftharpoons S^{2-}$	−0.47627
$[Ag(CN)_2]^-$/Ag	$[Ag(CN)_2]^- + e^- \rightleftharpoons Ag + 2CN^-$	−0.31
CrO_4^{2-}/ $Cr(OH)_3$	$CrO_4^{2-} + 4H_2O + 3e^- \rightleftharpoons Cr(OH)_3 + 5OH^-$	−0.13
O_2 / HO_2^-	$O_2 + H_2O + 2e^- \rightleftharpoons HO_2^- + OH^-$	−0.076
NO_3^- / NO_2^-	$NO_3^- + H_2O + 2e^- \rightleftharpoons NO_2^- + 2OH^-$	0.01
$S_4O_6^{2-}$ / $S_2O_3^{2-}$	$S_4O_6^{2-} + 2e^- \rightleftharpoons 2S_2O_3^{2-}$	0.08
$[Co(NH_3)_6]^{3+}$ / $[Co(NH_3)_6]^{2+}$	$[Co(NH_3)_6]^{3+} + e^- \rightleftharpoons [Co(NH_3)_6]^{2+}$	0.108
$Mn(OH)_3$ / $Mn(OH)_2$	$Mn(OH)_3 + e^- \rightleftharpoons Mn(OH)_2 + OH^-$	0.15
$Co(OH)_3$ /$Co(OH)_2$	$Co(OH)_3 + e^- \rightleftharpoons Co(OH)_2 + OH^-$	0.17
Ag_2O / Ag	$Ag_2O + H_2O + 2e^- \rightleftharpoons 2Ag + 2OH^-$	0.342
O_2 / OH^-	$O_2 + 2H_2O + 4e^- \rightleftharpoons 4OH^-$	0.401
MnO_4^- / MnO_2	$MnO_4^- + 2H_2O + 3e^- \rightleftharpoons MnO_2 + 4OH^-$	0.595
BrO_3^- / Br^-	$BrO_3^- + 3H_2O + 6e^- \rightleftharpoons Br^- + 6OH^-$	0.61
BrO^- / Br^-	$BrO^- + H_2O + 2e^- \rightleftharpoons Br^- + 2OH^-$	0.761
ClO^- / Cl^-	$ClO^- + H_2O + 2e^- \rightleftharpoons Cl^- + 2OH^-$	0.81
H_2O_2 / OH^-	$H_2O_2 + 2e^- \rightleftharpoons 2OH^-$	0.88
O_3 / OH^-	$O_3 + H_2O + 2e^- \rightleftharpoons O_2 + 2OH^-$	1.24

附录 8　离子和化合物的颜色

一、离子

1. 无色离子

Na^+、K^+、NH_4^+、Mg^{2+}、Ca^{2+}、Sr^{2+}、Ba^{2+}、Al^{3+}、Sn^{2+}、Sn^{4+}、Pb^{2+}、Bi^{3+}、Ag^+、Zn^{2+}、Cd^{2+}、Hg_2^{2+}、Hg^{2+}、TiO^{2+}等阳离子。

$B(OH)_4^-$、$B_4O_7^{2-}$、$C_2O_4^{2-}$、Ac^-、CO_3^{2-}、SiO_3^{2-}、NO_3^-、NO_2^-、PO_4^{2-}、AsO_3^{3-}、AsO_4^{3-}、$[SbCl_6]^{3-}$、$[SbCl_6]^-$、SO_3^{2-}、SO_4^{2-}、S^{2-}、$S_2O_3^{2-}$、F^-、Cl^-、ClO_3^-、Br^-、BrO_3^-、I^-、SCN^-、$[CuCl_2]^-$、VO_3^-、VO_4^{3-}、MoO_4^{2-}、WO_4^{2-}等阴离子。

2. 有色离子

$[Cu(H_2O)_4]^{2+}$	$[CuCl_4]^{2-}$	$[Cu(NH_3)_4]^{2+}$	$[Cr(H_2O)_6]^{2+}$	$[Cr(H_2O)_6]^{3+}$
浅蓝色	黄色	深蓝色	蓝色	紫色
$[Cr(H_2O)_5Cl]^{2+}$	$[Cr(H_2O)_4Cl_2]^+$	$[Cr(NH_3)_2(H_2O)_4]^{3+}$	$[Cr(NH_3)_3(H_2O)_3]^{2+}$	$[Cr(NH_3)_4(H_2O)_2]^{3+}$
浅绿色	暗绿色	紫红色	浅红色	橙红色
$[Cr(NH_3)_5H_2O]^{2+}$	$[Cr(NH_3)_6]^{3+}$	CrO_2^-	CrO_4^{2-}	$Cr_2O_7^{2-}$
橙黄色	黄色	绿色	黄色	橙色
$[Mn(H_2O)_6]^{2+}$	MnO_4^{2-}	MnO_4^-	$[Fe(H_2O)_6]^{2+}$	$[Fe(H_2O)_6]^{3+}$
肉色	绿色	紫红色	浅绿色	浅紫色①
$[FeCl_6]^{3-}$	$[FeF_6]^{3-}$	$[Fe(C_2O_4)_3]^{3-}$	$[Fe(NCS)_n]^{3-n}$	$[Fe(CN)_6]^{4-}$
黄色	无色	黄色	血红色	黄色
$[Fe(CN)_6]^{3-}$	$[Co(H_2O)_6]^{2+}$	$[Co(NH_3)_6]^{2+}$	$[Co(NH_3)_6]^{3+}$	$[CoCl(NH_3)_5]^{2+}$
浅橘黄色	粉红色	黄色	橙黄色	红紫色
$[Co(NH_3)_5(H_2O)]^{3+}$	$[Co(NH_3)_4CO_3]^+$	$[Co(CN)_6]^{3-}$	$[Co(SCN)_4]^{2-}$	$[Ni(H_2O)_6]^{2+}$
粉红色	紫红色	紫色	蓝色	亮绿色
$[Ni(NH_3)_6]^{2+}$	$[Ti(H_2O)_6]^{3+}$	$[Ti(H_2O)_4]^{2+}$	$[TiO(H_2O_2)]^{2+}$	$[V(H_2O)_6]^{2+}$
蓝色	紫色	绿色	枯黄色	紫色
$[V(H_2O)_6]^{3+}$	VO^{2+}	VO_2^+	$[VO_2(O_2)_2]^{3-}$	$[V(O_2)]^{3+}$
绿色	蓝色	浅黄色	黄色	深红色

① 溶液由于水解生成$[Fe(H_2O)_5OH]^{2+}$、$[Fe(H_2O)_4(OH)_2]^+$等离子而呈黄棕色。未水解的$FeCl_3$溶液由于生成$[FeCl_4]^-$也会呈现黄棕色。

I_3^-

浅棕黄色

二、化合物

1. 氧化物

CuO	Cu_2O	Ag_2O	ZnO	Hg_2O	HgO	TiO_2
黑色	暗红色	暗棕色	白色	黑褐色	红色或黄色	白色
VO	V_2O_3	VO_2	V_2O_5	Cr_2O_3	CrO_3	MnO_2
亮灰色	黑色	深蓝色	红棕色	绿色	红色	棕褐色
FeO	Fe_2O_3	Fe_3O_4	CoO	Co_3O_3	NiO	Ni_2O_3
黑色	砖红色	黑色	灰绿色	黑色	暗绿色	黑色
PbO	Pb_3O_4					
黄色	红色					

2. 氢氧化物

$Zn(OH)_2$	$Pb(OH)_2$	$Mg(OH)_2$	$Sn(OH)_2$	$Sn(OH)_4$	$Mn(OH)_2$	$Bi(OH)_3$
白色	白色	白色	白色	白色	白色	白色
$Sb(OH)_3$	$Fe(OH)_2$	$Fe(OH)_3$	$Cd(OH)_2$	$Al(OH)_3$	$Co(OH)_2$	$Co(OH)_3$
白色	白色	红棕色	白色	白色	粉红色	褐棕色
$Cu(OH)_2$	$CuOH$	$Ni(OH)_2$	$Ni(OH)_3$	$Cr(OH)_3$		
浅蓝色	黄色	浅绿色	黑色	灰绿色		

3. 氯化物

$AgCl$	Hg_2Cl_2	$PbCl_2$	$CuCl$	$CuCl_2$	$CuCl_2 \cdot 2H_2O$	$Hg(NH_3)Cl$
白色	白色	白色	白色	棕色	蓝色	白色
$CoCl_2$	$CoCl_2 \cdot H_2O$	$CoCl_2 \cdot 2H_2O$	$CoCl_2 \cdot 6H_2O$	$FeCl_3 \cdot 6H_2O$		
蓝色	蓝紫色	蓝红色	粉红色	黄棕色		

4. 溴化物

$AgBr$	$CuBr_2$	$PbBr_3$
淡黄色	黑紫色	白色

5. 碘化物

AgI	Hg_2I_2	HgI_2	PbI_2	CuI
黄色	黄褐色	红色	黄色	白色

6. 卤酸盐

$Ba(IO_3)_2$	$AgIO_3$	$KClO_4$	$AgBrO_3$
白色	白色	白色	白色

7. 硫化物

Ag_2S	HgS	PbS	CuS	Cu_2S	FeS	Fe_2S_3	SnS	SnS_2
灰黑色	红色或黑色	黑色	黑色	黑色	棕黑色	黑色	灰黑色	金黄色
CdS	Sb_2S_3	Sb_2S_5	MnS	ZnS	As_2S_3			
黄色	橙色	橙红色	肉色	白色	黄色			

8. 硫酸盐

Ag_2SO_4	Hg_2SO_4	$CoSO_4 \cdot 7H_2O$	$CaSO_4$	$Cr_2(SO_4)_3$	$[Fe(NO)]SO_4$	$Cu_2(OH)_2SO_4$
白色	白色	红色	白色	紫色或红色	深棕色	浅蓝色
$CuSO_4 \cdot 5H_2O$	$PbSO_4$	$Cr_2(SO_4)_3 \cdot 6H_2O$	$BaSO_4$	$Cr_2(SO_4)_3 \cdot 18H_2O$	$KCr(SO_4)_2 \cdot 12H_2O$	
蓝色	白色	绿色	白色	蓝紫色	紫色	

9. 碳酸盐

Ag_2CO_3	$CaCO_3$	$BaCO_3$	$MnCO_3$	$CdCO_3$	$Zn_2(OH)_2CO_3$	$FeCO_3$
白色	白色	白色	白色	白色	白色	白色
$Cu_2(OH)_2CO_3$	$Ni_2(OH)_2CO_3$	$SrCO_3$	$Bi(OH)CO_3$	$Hg_2(OH)_2CO_3$	$Co_2(OH)_2CO_3$	
暗绿色	浅绿色	白色	白色	红褐色	白色	

10. 磷酸盐

$Ca_3(PO_4)_2$	$CaHPO_4$	$Ba_3(PO_4)_2$	$FePO_4$	Ag_3PO_4	$MgNH_4PO_4$
白色	白色	白色	浅黄色	黄色	白色

11. 铬酸盐

Ag_2CrO_4	$PbCrO_4$	$BaCrO_4$	$FeCrO_4 \cdot 2H_2O$	$CaCrO_4$
砖红色	黄色	黄色	黄色	黄色

12. 硅酸盐

$BaSiO_3$	$CuSiO_3$	$CoSiO_3$	$Fe_2(SiO_3)_3$	$MnSiO_3$	$NiSiO_3$	$ZnSiO_3$
白色	蓝色	紫色	棕红色	肉色	翠绿色	白色

13. 草酸盐

CaC_2O_4	$Ag_2C_2O_4$	$FeC_2O_4 \cdot 2H_2O$
白色	白色	黄色

14. 类卤化合物

AgCN	$Ni(CN)_2$	$Cu(CN)_2$	CuCN	AgSCN	$Cu(SCN)_2$
白色	浅绿色	浅棕黄色	白色	白色	黑绿色

15. 其他含氧酸盐

$Ag_2S_2O_3$	$BaSO_3$	$SrSO_3$	NH_4MgAsO_4	Ag_3AsO_4
白色	白色	白色	白色	红褐色

16. 配合物

$Fe_4[Fe(CN)_6]_3 \cdot 2H_2O$	$Cu_2[Fe(CN)_6]$	$Ag_3[Fe(CN)_6]$	$Zn_3[Fe(CN)_6]_2$
蓝色	红褐色	橙色	黄褐色
$Co_2[Fe(CN)_6]$	$Ag_4[Fe(CN)_6]$	$Zn_2[Fe(CN)_6]$	$K_3[Co(NO_2)_6]$
绿色	白色	白色	黄色
$K_2Na[Co(NO_2)_6]$	$(NH_4)_2Na[Co(NO_2)_6]$	$K_2[PtCl_6]$	$Na_2[Fe(CN)_5NO] \cdot 2H_2O$
黄色	黄色	黄色	红色
$NaAc \cdot ZnAc_2 \cdot 3[UO_2Ac_2] \cdot 9H_2O$	$KHC_4H_4O_6$	$Na[Sb(OH)_6]$	
黄色	白色	白色	
$[Hg_2(\mu\text{-}O)(\mu\text{-}NH_2)]I$	$IHg(\mu\text{-}NH_2)_2HgI$	$(NH_4)_2MoS_4$	
红棕色	深褐色或红棕色	血红色	

附录 9　试剂溶液的配制方法

试剂	浓度	配制方法
三氯化铋 $BiCl_3$	$0.1mol \cdot L^{-1}$	溶解 31.6g $BiCl_3$ 于 330mL $6mol \cdot L^{-1}$ HCl 中，加水稀释至 1L
三氯化锑 $SbCl_3$	$0.1mol \cdot L^{-1}$	溶解 22.8g $SbCl_3$ 于 330mL $6mol \cdot L^{-1}$ HCl 中，加水稀释至 1L
氯化亚锡 $SnCl_2$	$0.1mol \cdot L^{-1}$	溶解 22.6g $SnCl_2 \cdot 2H_2O$ 于 330mL $6mol \cdot L^{-1}$ HCl 中，加水稀释至 1L，加数粒纯锡以防氧化
硝酸汞 $Hg(NO_3)_2$	$0.1mol \cdot L^{-1}$	溶解 33.4g $Hg(NO_3)_2 \cdot 1/2H_2O$ 于 $0.6mol \cdot L^{-1}$ HNO_3 中，加水稀释至 1L

续表

试剂	浓度	配制方法
硝酸亚汞 $Hg_2(NO_3)_2$	$0.1mol \cdot L^{-1}$	溶解 56.1g $Hg_2(NO_3)_2 \cdot 1/2H_2O$ 于 $0.6mol \cdot L^{-1}$ HNO_3，加水稀释至 1L，并加入少量金属汞
碳酸铵 $(NH_4)_2CO_3$	$1mol \cdot L^{-1}$	96g 研细的 $(NH_4)_2CO_3$ 溶于 1L $2mol \cdot L^{-1}$ 氨水
硫酸铵 $(NH_4)_2SO_4$	饱和	50g $(NH_4)_2SO_4$ 溶于 100mL 热水，冷却后过滤
硫酸亚铁 $FeSO_4$	$0.5mol \cdot L^{-1}$	溶解 69.5g $FeSO_4 \cdot 7H_2O$ 于适量水中，加入 5mL $18mol \cdot L^{-1}$ H_2SO_4，加水稀释至 1L，置入数枚小铁钉
六羟基锑酸钠 $Na[Sb(OH)_6]$	$0.1mol \cdot L^{-1}$	12.2g 锑粉于 50mL 浓 HNO_3 微热，使锑粉全部作用成白色粉末，倾析法洗涤数次，加 50mL $6mol \cdot L^{-1}$ NaOH 使溶解，加水稀释至 1L
六硝基钴酸钠 $Na_3[Co(NO_2)_6]$		溶解 230g $NaNO_2$ 于 500mL 水中，加 165mL $6mol \cdot L^{-1}$ HAc 和 30g $Co(NO_3)_2 \cdot 6H_2O$，放置 24h，取清液，加水稀释至 1L，保存在棕色瓶中。此溶液应呈橙色，若变成红色，表示已分解，应重新配制
硫化钠 Na_2S	$2mol \cdot L^{-1}$	溶解 240g $Na_2S \cdot 9H_2O$ 和 40g NaOH 于水中，加水稀释至 1L
硫化铵 $(NH_4)_2S$	$3mol \cdot L^{-1}$	取一定量氨水，平分成两份，把其中一份通入 H_2S 至饱和，然后与另一份氨水混合
仲钼酸铵 $(NH_4)_6Mo_7O_{24} \cdot 4H_2O$	$0.1mol \cdot L^{-1}$	溶解 124g $(NH_4)_6Mo_7O_{24} \cdot 4H_2O$ 于 1L 水中，将所得溶液倒入 1L $6mol \cdot L^{-1}$ HNO_3 中，放置 24h，取澄清溶液
铁氰化钾 $K_3[Fe(CN)_6]$	1%	取 1g 铁氰化钾溶解于水中，加水稀释至 100mL(使用前临时配制)
铬黑 T ONa; O=S=O; O_2N; OH; OH; N=N		将铬黑 T 和烘干的 NaCl 按 1：100(质量比)的比例研细，均匀混合，储于棕色瓶中
二苯胺	1%	1g 二苯胺在搅拌下溶于 100mL 浓硫酸(密度 $1.84g \cdot L^{-1}$)或 100mL 磷酸($1.7g \cdot L^{-1}$)。该溶液可保存较长时间
镍试剂 NOH; H_3C; CH_3; NOH	1%	10g 丁二酮肟溶于 1L 95%乙醇
镁试剂 O; O=N; N=N; HO; OH	0.01%	0.1g 对硝基苯偶氮间苯二酚溶于 1L $1mol \cdot L^{-1}$ NaOH

续表

试剂	浓度	配制方法
铝试剂 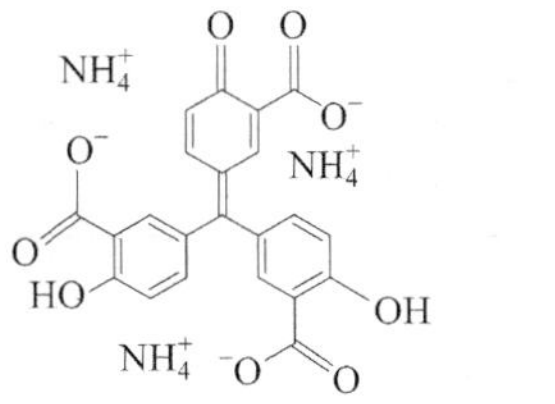	0.2%	0.2g 5-[(3-羧基-4-羟基苯基)(3-羧基-4-氧代-2, 5-环己二烯-1-亚基)甲基]-2-羟基苯甲酸三铵盐(金黄色素三羧基铵盐)溶于 100mL 水
钙试剂 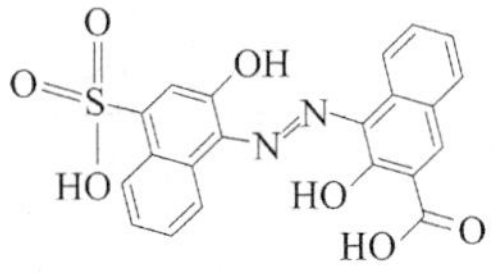	0.1%	0.1g 1-(2-羟基-4-磺基-1-萘基偶氮)-2-羟基-3-萘甲酸溶于 100mL 水
镁铵试剂		100g $MgCl_2 \cdot 6H_2O$ 和 100g NH_4Cl 溶于水，加 50mL 氨水，加水稀释至 1L
奈斯勒试剂		溶解 115g HgI_2 和 80g KI 于水中，加水稀释至 500mL，加入 500mL 6mol · L^{-1} NaOH 溶液，静置后取其清液，保存在棕色瓶中
亚硝酰铁氰化钠(硝普钠) $Na_2[Fe(CN)_5NO]$	10%	10g 亚硝酰铁氰化钠溶于 100mL 水，保存在棕色瓶中。溶液变绿时不能用
格里斯试剂		(1)加热下溶解 0.5g 对氨基苯磺酸于 50mL 30% HAc 中，储于暗处；(2)将 0.4g α-萘胺与 100mL 水混合煮沸，在从蓝色渣中倾出的无色溶液中加入 6mL 80% HAc。使用前将(1)、(2)两液体等体积混合
打萨宗(二苯硫腙) 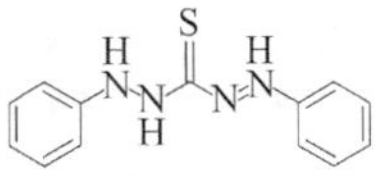	0.01%	溶解 0.1g 打萨宗于 1L CCl_4 或 $CHCl_3$ 中
甲基红	0.2%	溶解 2g 甲基红于 1L 60%乙醇中
甲基橙	0.1%	溶解 1g 甲基橙于 1L 水中
酚酞	0.1%	溶解 1g 酚酞于 1L 90%乙醇中
溴甲酚蓝(溴甲酚绿)		0.1g 该指示剂与 2.9mL 0.05mol · L^{-1} NaOH 一起搅匀，加水稀释至 250mL；或溶解 1g 该指示剂于 1L 20%乙醇中
石蕊	2%	2g 石蕊溶于 50mL 水中，静置一昼夜后过滤。在滤液中加 30mL 95%乙醇，再加水稀释至 100mL
氯水		在水中通入氯气直至饱和，使用前临时配制
溴水		在水中滴入液溴至饱和
碘液	0.01%	1.3g I_2 和 5g KI 溶于尽可能少的水，稀释至 1L
品红溶液	0.01%	溶解 0.1g 品红于 1L 水中

续表

试剂	浓度	配制方法
淀粉溶液	0.2%	0.2g 淀粉和少量冷水调成糊状，倒入 100mL 沸水中，煮沸后冷却即可。最好现用现配
NH_3-NH_4Cl 缓冲溶液		20g NH_4Cl 溶于适量水中，加入 100mL 氨水(密度 0.9g · L^{-1})，混合后稀释至 1L，即为 pH=10 的缓冲溶液

附录 10 阳离子鉴定

离子	试剂	鉴定反应	介质条件	主要干扰离子
NH_4^+	NaOH	加热产生氨气	强碱性	CN^-，也会产生氨
	奈斯勒试剂	$NH_4^+ + 2[HgI_4]^{2-} + 4OH^- =\!=$ $HgO \cdot Hg(NH_2)I\downarrow$(棕色) $+ 7I^- + 3H_2O$	碱性	Fe^{3+}、Cr^{3+}、Co^{2+}、Ni^{2+}、Ag^+、Hg^{2+}等离子也能生成有色沉淀
Na^+	乙酸铀酰锌	$Na^+ + Zn^{2+} + 3UO_2^{2+} + 9OAc^- + 9H_2O =\!=$ $NaZn(UO_2)_3(OAc)_9 \cdot 9H_2O\downarrow$(淡黄绿色)	中性或乙酸溶液	大量 K^+ 存在会生成 $K(UO_2)(OAc)_3$ 针状晶体。Ag^+、Hg_2^{2+}、Sb^{3+}也有干扰
K^+	$Na_3[Co(NO_2)_6]$	$2K^+ + Na^+ + [Co(NO_2)_6]^{3-} =\!=$ $K_2Na[Co(NO_2)_6]\downarrow$(亮黄色)	中性或弱酸性	Rb^+、Cs^+、NH_4^+
	酒石酸氢钠饱和溶液	$K^+ + C_4H_5O_6^- =\!= KC_4H_5O_6\downarrow$(无色)	中性	
Mg^{2+}	镁试剂	镁试剂被氢氧化镁吸附后呈天蓝色沉淀	强碱性	(1)能形成有色氢氧化物沉淀的 Ag^+、Hg^{2+}、Ni^{2+}、Co^{2+}、Cr^{3+}、Cu^{2+}、Mn^{2+}、Fe^{2+}；(2)大量 NH_4^+存在减小 OH^-浓度，降低鉴定反应灵敏度
Ba^{2+}	K_2CrO_4	$BaCrO_4\downarrow$(黄色，不溶于 HOAc)	中性或弱酸性	Pb^{2+}、Ag^+、Hg^{2+}也能生成有色沉淀，这些离子可加锌粉还原除去
Ca^{2+}	$(NH_4)_2C_2O_4$	$CaC_2O_4\downarrow$(白色，溶于强酸，不溶于 HOAc)	中性或弱酸性	Pb^{2+}、Ag^+、Cd^{2+}、Hg^{2+}、Hg_2^{2+}。可在氨性试液中加锌粉除去
	钙试剂	在 pH＞12 时钙试剂溶液显蓝色，与 Ca^{2+}反应变为红色	pH＞12	
Al^{3+}	铝试剂	水浴加热生成红色絮状沉淀	pH 4～5	Fe^{3+}、Cr^{3+}、Ca^{2+}、Pb^{2+}、Cu^{2+}
	茜素 S	红色沉淀	pH 4～9	
Sb^{3+}	锡片	$2Sb^{3+} + 3Sn =\!= 2Sb\downarrow$(黑色) $+ 3Sn^{2+}$	酸性	Ag^+、Hg^{2+}、AsO_2^-、Bi^{3+}

续表

离子	试剂	鉴定反应	介质条件	主要干扰离子
Bi^{3+}	$Na_2[Sn(OH)_4]$	$2Bi^{3+}+3[Sn(OH)_4]^{2-}+6OH^- = 2Bi\downarrow$(黑色)$+3[Sn(OH)_6]^{2-}$	强碱性	Pb^{2+}、Ag^+、Hg^{2+}
Sn^{2+}	$HgCl_2$	$Sn^{2+}+2HgCl_2+4Cl^- = Hg_2Cl_2\downarrow$(白色)$+[SnCl_6]^{2-}$ $Sn^{2+}+Hg_2Cl_2+4Cl^- = 2Hg\downarrow$(黑色)$+[SnCl_6]^{2-}$	酸性	
Pb^{2+}	K_2CrO_4	$PbCrO_4\downarrow$(黄色，可溶于 NaOH 和浓 HNO_3，难溶于稀 HNO_3 和 HOAc，不溶于氨水)	中性或弱酸性	Ba^{2+}、Ag^+、Hg^{2+}
Cr^{3+}	用 H_2O_2 氧化为 CrO_4^{2-} 后再鉴定	$Cr^{3+}+4OH^- = [Cr(OH)_4]^-$ $2[Cr(OH)_4]^-+3H_2O_2+2OH^- = 2CrO_4^{2-}+8H_2O$	碱性	
Mn^{2+}	$NaBiO_3$	$2Mn^{2+}+5NaBiO_3+14H^+ = 2MnO_4^-$(紫红色)$+5Na^++5Bi^{3+}+7H_2O$	HNO_3 或 H_2SO_4	Cr^{3+}浓度大时稍有干扰
Fe^{2+}	$K_3[Fe(CN)_6]$	$Fe^{2+}+K^++[Fe(CN)_6]^{3-} = KFe[Fe(CN)_6]\downarrow$(深蓝色)	酸性	
Fe^{3+}	$K_4[Fe(CN)_6]$	$Fe^{3+}+K^++[Fe(CN)_6]^{4-} = KFe[Fe(CN)_6]\downarrow$(深蓝色)	酸性	
	NH_4SCN	$Fe^{3+}+SCN^- = [Fe(NCS)_n]^{3-n}$(血红色)	酸性	氟化物、磷酸、草酸、酒石酸、柠檬酸、含有α或β-OH 的有机酸能与 Fe^{3+}生成稳定的配合物，妨碍 Fe^{3+}的检出；大量 Cu^{2+}存在能与 SCN^-生成黑绿色的 $Cu(SCN)_2$ 沉淀，干扰 Fe^{3+}检出
Co^{2+}	NH_4SCN(饱和溶液或固体)，并用丙酮或戊醇萃取	$Co^{2+}+4SCN^- = [Co(NCS)_4]^{2-}$(艳蓝绿色)	酸性	Fe^{3+}干扰，可用 NH_4F 或 NaF 掩蔽
Ni^{2+}	丁二酮肟	鲜红色沉淀	氨性或乙酸钠溶液 pH = 5～10	Co^{2+}、Fe^{2+}和 Bi^{3+}分别生成棕色、红色可溶物和黄色沉淀，Fe^{3+}、Cr^{3+}、Cu^{2+}、Mn^{2+} 与氨水反应生成有色沉淀或可溶物
Cu^{2+}	$K_4[Fe(CN)_6]$	$2Cu^{2+}+[Fe(CN)_6]^{4-} = Cu_2[Fe(CN)_6]\downarrow$(红褐色)	中性或酸性	Fe^{3+}
Ag^+	HCl	$Ag^++Cl^- = AgCl\downarrow$(白色)，溶于过量氨水，用硝酸酸化后沉淀重新析出 $AgCl+NH_3\cdot H_2O = [Ag(NH_3)_2]^++Cl^-+2H_2O$ $[Ag(NH_3)_2]^++Cl^-+2H^+ = 2NH_4^++AgCl\downarrow$	酸性	Pb^{2+}、Hg_2^{2+}与Cl^-形成$PbCl_2$、Hg_2Cl_2白色沉淀，但$PbCl_2$、Hg_2Cl_2难溶于氨水，可与 AgCl 分离
	K_2CrO_4	$CrO_4^{2-}+2Ag^+ = Ag_2CrO_4\downarrow$(砖红色)	中性或微酸性	Pb^{2+}、Hg^{2+}、Ba^{2+}生成有色沉淀

续表

离子	试剂	鉴定反应	介质条件	主要干扰离子
Zn^{2+}	$(NH_4)_2S$	$Zn^{2+}+S^{2-}=ZnS\downarrow$(白色)	$c(H^+)<0.3mol\cdot L^{-1}$	凡能与 S^{2-}生成有色硫化物的金属离子均有干扰
	二苯硫腙(打萨宗)	振荡后水层呈粉红色	强碱性	中性或弱酸性条件下，重金属离子多能与二苯硫腙生成有色配合物
Cd^{2+}	H_2S 或 Na_2S	$Cd^{2+}+H_2S=CdS\downarrow$(黄色)$+2H^+$	碱性	凡能与 S^{2-}生成有色硫化物沉淀的金属离子均有干扰
Hg^{2+}	$SnCl_2$	见 Sn^{2+}的鉴定	酸性	—
	KI 和 $NH_3\cdot H_2O$	(1)先加入过量KI：$Hg^{2+}+2I^-=HgI_2\downarrow$，$HgI_2+2I^-=[HgI_4]^{2-}$；(2)再加入 $NH_3\cdot H_2O$ 或 NH_4^+并加入浓碱溶液：$NH_4^++2[HgI_4]^{2-}+4OH^-=Hg_2NI\downarrow$(棕色)$+7I^-+4H_2O$	碱性	凡能与 I^-、OH^-生成深色沉淀的金属离子均有干扰

附录 11　阴离子鉴定

离子	试剂	鉴定反应	介质条件	主要干扰离子
Cl^-	$AgNO_3$	$Cl^-+Ag^+=AgCl\downarrow$(白色) AgCl 溶于过量氨水或$(NH_4)_2CO_3$，用 HNO_3 酸化后沉淀重新析出	酸性	SCN^-也能生成白色 AgSCN，但它不溶于 $NH_3\cdot H_2O$
Br^-	氯水，CCl_4(或苯)	$2Br^-+Cl_2=Br_2+2Cl^-$ 析出的溴溶于 CCl_4(或苯)中呈橙黄色或橙红色	中性或酸性	
I^-	氯水，CCl_4(或苯)	$2I^-+Cl_2=I_2+2Cl^-$ 析出的碘溶于 CCl_4(或苯)中呈紫红色	中性或酸性	
SO_4^{2-}	$BaCl_2$	$SO_4^{2-}+Ba^{2+}=BaSO_4\downarrow$(白色) (不溶于 HCl 或 HNO_3)	酸性	CO_3^{2-}，SO_3^{2-}，可加酸排除
SO_3^{2-}	稀 HCl	$SO_3^{2-}+2H^+=SO_2\uparrow+H_2O$ SO_2 可使蘸有 $KMnO_4$ 溶液，或淀粉-I_2 溶液，或品红溶液的试纸褪色	酸性	$S_2O_3^{2-}$，S^{2-}
	$Na_2[Fe(CN)_5(NO)]$，饱和 $ZnSO_4$，$K_4[Fe(CN)_6]$	生成红色沉淀 $2Zn^{2+}+SO_3^{2-}+[Fe(CN)_5(NO)]^{2-}=Zn_2[Fe(CN)_5(NOSO_3)]\downarrow$(红色)	中性	酸性溶液要用氨水中和。S^{2-}有干扰，可用$PbCO_3$或$CdCO_3$将S^{2-}转化为PbS或CdS除去
$S_2O_3^{2-}$	稀 HCl	$S_2O_3^{2-}+2H^+=SO_2\uparrow+S\downarrow+H_2O$ 硫析出使溶液变浑浊	酸性	SO_3^{2-}，S^{2-}同时存在时产生干扰
	$AgNO_3$	$2Ag^++S_2O_3^{2-}=Ag_2S_2O_3\downarrow$(白色)，$Ag_2S_2O_3$沉淀不稳定，极易水解并伴随明显颜色变化：白色→黄色→棕色→黑色 $Ag_2S_2O_3+H_2O=Ag_2S\downarrow$(黑色)$+2H^++SO_4^{2-}$	中性	S^{2-}，可用 $PbCO_3$ 使转化为 PbS 除去

续表

离子	试剂	鉴定反应	介质条件	主要干扰离子
S^{2-}	稀 HCl	$S^{2-}+2H^+ = H_2S\uparrow$，$H_2S$ 气体可使蘸有 $Pb(NO_3)_2$ 或 $Pb(OAc)_2$ 的试纸变黑	酸性	SO_3^{2-}，$S_2O_3^{2-}$
	$Na_2[Fe(CN)_5(NO)]$	$S^{2-}+[Fe(CN)_5(NO)]^{2-} = [Fe(CN)_5(NOS)]^{4-}$(紫红色)	碱性	
NO_2^-	格里斯试剂(对氨基苯磺酸/α-萘胺)	$H_2N-C_6H_4-SO_3H$ + α-萘胺($C_{10}H_7NH_2$) $+NO_2^-+2H^+ =$ $H_2N-C_{10}H_6-N=N-C_6H_4-SO_3H+2H_2O$ 溶液呈现红色	中性或乙酸	MnO_4^-等强氧化剂
NO_3^-	$FeSO_4$，浓 H_2SO_4	$NO_3^-+3Fe^{2+}+4H^+ = 3Fe^{3+}+NO+2H_2O$ $Fe^{2+}+NO = [FeNO]^{2+}$(棕色) 在混合液与浓硫酸分层处形成棕色环	酸性	NO_2^-有同样反应，可加稀硫酸并加热除去
CO_3^{2-}	稀 HCl (稀 H_2SO_4)	$CO_3^{2-}+2H^+ = CO_2\uparrow+H_2O$ CO_2气体使饱和 $Ba(OH)_2$ 溶液变浑浊 $CO_2+2OH^-+Ba^{2+} = BaCO_3\downarrow$(白色)$+H_2O$	酸性	SO_3^{2-}，$S_2O_3^{2-}$与 H^+作用后产生 SO_2 也能使 $Ba(OH)_2$ 变浑，应在加酸前用 H_2O_2 或 $KMnO_4$ 使其氧化成 SO_4^{2-}后除去
PO_4^{3-}	$AgNO_3$	$3Ag^++PO_4^{3-} = Ag_3PO_4\downarrow$(黄色)	中性或弱酸性	CrO_4^{2-}，S^{2-}，AsO_4^{3-}，AsO_3^{3-}，I^-，$S_2O_3^{2-}$等离子能与 Ag^+生成有色沉淀
	$(NH_4)_2MoO_4$ (过量)	$PO_4^{3-}+3NH_4^++12MoO_4^{2-}+24H^+ =$ $(NH_4)_3PO_4\cdot12MoO_3\cdot6H_2O\downarrow$(黄色)$+6H_2O$ (1)无干扰离子时不必加 HNO_3；(2)磷钼酸铵能溶于过量磷酸盐溶液生成配合物，因此需要加入过量钼酸铵试剂	HNO_3	(1) SO_3^{2-}、$S_2O_3^{2-}$、S^{2-}、I^-、Sn^{2+}等还原性离子易将钼酸铵还原为低价钼化合物钼蓝；(2) SiO_3^{2-}、AsO_4^{3-}与钼酸铵试剂也能形成相似的黄色沉淀；(3) 大量 Cl^- 可与 Mo(Ⅵ)形成配合物而降低反应灵敏度
SiO_3^{2-}	NH_4Cl(饱和)(加热)	$SiO_3^{2-}+2NH_4^+ = H_2SiO_3\downarrow$(白色胶状)$+2NH_3\uparrow$	碱性	
F^-	H_2SO_4	$CaF_2+H_2SO_4 = 2HF\uparrow+CaSO_4$ HF 与硅酸盐或 SiO_2 作用，生成 SiF_4 气体。当 SiF_4 与水作用时，立即转化为不溶于水的硅酸盐沉淀而使水变浑浊 $SiO_2+4HF = SiF_4+2H_2O$ $SiF_4+4H_2O = H_4SiO_4\downarrow+4HF$ 用上述方法鉴定溶液中 F^-时，应先将溶液蒸发至干或在乙酸存在下用 $CaCl_2$ 沉淀，将 CaF_2 离心分出后小心烘干，然后进行实验	酸性	

续表

离子	试剂	鉴定反应	介质条件	主要干扰离子
CrO_4^{2-}	加可溶性铅盐(或银盐或钡盐)	$PbCrO_4\downarrow$(黄色) $Ag_2CrO_4\downarrow$(砖红色) $BaCrO_4\downarrow$(黄色)	中性或弱酸性	
	酸化后加 H_2O_2，然后用戊醇(或乙醚)萃取	$2CrO_4^{2-}+2H^+ \longequal Cr_2O_7^{2-}+H_2O$ $Cr_2O_7^{2-}+4H_2O_2+2H^+ \longequal 2CrO_5$(蓝色)$+H_2O$ 较低温度下进行，CrO_5 在酸性溶液中分解： $4CrO_5+12H^+ \longequal 4Cr^{3+}+7O_2+6H_2O$	酸性	

附录 12　常见阳离子反应

离子	HCl	H_2SO_4	NaOH		$NH_3\cdot H_2O$		$c(H^+)$ = 0.3mol · L^{-1} 下通 H_2S	$(NH_4)_2S$，或硫化物沉淀后加入过量 $(NH_4)_2S$
			适量	过量	适量	过量		
Mg^{2+}			$Mg(OH)_2\downarrow$(白)	(不溶)	$Mg(OH)_2\downarrow$	(不溶)		
Ba^{2+}		$BaSO_4$(白)	$Ba(OH)_2\downarrow$(白)①	(不溶)				
Sr^{2+}		$SrSO_4$(白)	$Sr(OH)_2\downarrow$(白)①	(不溶)				
Ca^{2+}		$CaSO_4$(白)①	$Ca(OH)_2\downarrow$(白)①	(不溶)				
Al^{3+}			$Al(OH)_3\downarrow$(白)	$[Al(OH)_4]^-$	$Al(OH)_3\downarrow$	(微溶)		$Al(OH)_3\downarrow$
Sn^{2+}			$Sn(OH)_2\downarrow$(白)	$[Sn(OH)_4]^{2-}$	$Sn(OH)_2\downarrow$	(不溶)	$SnS\downarrow$(褐)	(不溶)
Sn^{4+}			$Sn(OH)_4\downarrow$(白)	$[Sn(OH)_6]^{2-}$	$Sn(OH)_4\downarrow$	(不溶)	$SnS_2\downarrow$(黄)	SnS_3^{2-}
Pb^{2+}	$PbCl_2\downarrow$(白)①	$PbSO_4$(白)	$Pb(OH)_2\downarrow$(白)	$[Pb(OH)_4]^{2-}$	$Pb(OH)_2\downarrow$或碱式盐$\downarrow$	(不溶)	$PbS\downarrow$(黑)	(不溶)
Sb^{3+}			$Sb(OH)_3\downarrow$(白)	$[Sb(OH)_4]^-$	$Sb(OH)_3\downarrow$	(不溶)	$Sb_2S_3\downarrow$(橙)	SbS_3^{3-}
Sb^{5+}			$H_3SbO_4\downarrow$(白)	SbO_4^{3-}	$H_3SbO_4\downarrow$	(不溶)	$Sb_2S_5\downarrow$(橙)	SbS_4^{3-}
Bi^{3+}			$Bi(OH)_3\downarrow$(白)	(不溶)	$Bi(OH)_3\downarrow$	(不溶)	$Bi_2S_3\downarrow$(黑褐)	(不溶)
Cu^{2+}			$Cu(OH)_2\downarrow$(浅蓝)	$[Cu(OH)_4]^{2-}$(亮蓝)	碱式盐$\downarrow$(浅蓝)	$[Cu(NH_3)_4]^{2+}$(深蓝)	$CuS\downarrow$(黑)	(不溶)
Ag^+	$AgCl\downarrow$(白)	Ag_2SO_4(白)①	$Ag_2O\downarrow$(棕褐)	(不溶)	$Ag_2O\downarrow$	$[Ag(NH_3)_2]^+$	$Ag_2S\downarrow$(黑)	(不溶)
Zn^{2+}			$Zn(OH)_2\downarrow$(白)	$[Zn(OH)_4]^{2-}$	$Zn(OH)_2\downarrow$	$[Zn(NH_3)_4]^{2+}$		ZnS(白)
Cd^{2+}			$Cd(OH)_2\downarrow$(白)	(不溶)	$Cd(OH)_2\downarrow$	$[Cd(NH_3)_4]^{2+}$	$CdS\downarrow$(黄)	(不溶)
Hg^{2+}			$HgO\downarrow$(黄)	(不溶)	$HgNH_2Cl\downarrow$(白)②	(不溶)	$HgS\downarrow$(黑)	$[HgS_2]^{2-}$(浓 Na_2S)

续表

离子	HCl	H_2SO_4	NaOH		$NH_3 \cdot H_2O$		$c(H^+)$ = 0.3mol · L^{-1} 下通 H_2S	$(NH_4)_2S$，或硫化物沉淀后加入过量$(NH_4)_2S$
			适量	过量	适量	过量		
Hg_2^{2+}	Hg_2Cl_2↓（白）	Hg_2SO_4（白）①	Hg_2O↓→HgO↓ + Hg↓（黑）	（不溶）	$HgNH_2Cl$↓ + Hg↓（黑）②	（不溶）	HgS↓+ Hg↓	（不溶）
Cr^{3+}			$Cr(OH)_3$↓（灰绿）	$[Cr(OH)_4]^-$（亮绿）	$Cr(OH)_3$↓	（不溶）		$Cr(OH)_3$
Mn^{2+}			$Mn(OH)_2$↓（肉）→ $MnO(OH)_2$（棕）↓	（不溶）	$Mn(OH)_2$↓ → $MnO(OH)_2$	（不溶）		MnS（肉）
Fe^{2+}			$Fe(OH)_2$↓（白）→ $Fe(OH)_3$（红棕）↓	（不溶）	$Fe(OH)_2$↓→ $Fe(OH)_3$↓	（不溶）		FeS（黑）
Fe^{3+}			$Fe(OH)_3$↓（红棕）	（不溶）	$Fe(OH)_3$↓	（不溶）	S↓	Fe_2S_3（黑）
Co^{2+}			$Co(OH)_2$↓（粉红）→ CoO(OH)↓（褐）	（不溶）	碱式盐↓（蓝）	$[Co(NH_3)_6]^{2+}$（土黄）→ $[Co(NH_3)_6]^{3+}$（棕红）		CoS（黑）
Ni^{2+}			$Ni(OH)_2$↓（绿）	（不溶）	碱式盐↓（浅绿）	$[Ni(NH_3)_6]^{2+}$（蓝）		NiS（黑）

① 浓度大时才会出现沉淀。

② $Hg(NO_3)_2$ 与 $NH_3 \cdot H_2O$ 反应生成 $HgO \cdot NH_2HgNO_3$ 白色沉淀，$Hg_2(NO_3)_2$ 与 $NH_3 \cdot H_2O$ 反应生成 $HgO \cdot NH_2HgNO_3$+ Hg 黑色沉淀。

附录 13　常见阴离子反应

离子	稀 H_2SO_4（或稀 HCl）	$BaCl_2$		$AgNO_3$		I_2-淀粉	KI-淀粉	$KMnO_4$
		中性或弱碱性溶液	酸性溶液或沉淀后加酸	中性或微酸性溶液	稀 HNO_3 溶液中			
SO_4^{2-}		$BaSO_4$↓（白）	$BaSO_4$↓（白）	Ag_2SO_4↓（白）只在浓溶液中析出				
SO_3^{2-}	SO_2↑	$BaSO_3$↓（白）	溶解	Ag_2SO_3↓（白）		SO_4^{2-}（蓝色褪去）		SO_4^{2-}（紫色褪去）
$S_2O_3^{2-}$	SO_2↑+S↓	BaS_2O_3↓（白）	溶解	Ag_2SO_3↓→ Ag_2S↓，颜色由白→黄→棕→黑	S↓	$S_4O_6^{2-}$（蓝色褪去）		SO_4^{2-}（紫色褪去）
CO_3^{2-}	CO_2↑	$BaCO_3$↓（白）	溶解	Ag_2CO_3↓（白）	CO_2↑			
PO_4^{3-}		$Ba_3(PO_4)_2$↓（白）	溶解	Ag_3PO_4↓（黄）				
SiO_3^{2-}	H_2SiO_3↓（胶状）	$BaSiO_3$↓（白）	H_2SiO_3↓	Ag_2SiO_3↓（黄）	H_2SiO_3↓			

续表

离子	稀 H_2SO_4（或稀 HCl）	$BaCl_2$		$AgNO_3$		I_2-淀粉	KI-淀粉	$KMnO_4$
		中性或弱碱性溶液	酸性溶液或沉淀后加酸	中性或微酸性溶液	稀 HNO_3 溶液中			
AsO_3^{3-}		$Ba_3(AsO_3)_2$↓（白）	溶解	Ag_3AsO_3↓（黄）		AsO_4^{3-}（蓝色褪去）（碱性介质）		AsO_4^{3-}（紫色褪去）
AsO_4^{3-}		$Ba_3(AsO_4)_2$↓（白）	溶解	Ag_3AsO_4↓（黄）			AsO_3^{3-}（变蓝）（酸性介质）	
F^-	浓 H_2SO_4 分解氟化物生成 HF	BaF_2↓（白）浓溶液中析出	溶解					
Cl^-				AgCl↓（白）	AgCl↓			Cl_2↑（紫色褪去）
Br^-				AgBr↓（淡黄）	AgBr↓			Br_2（紫色褪去）
I^-				AgI↓（黄）	AgI↓			I_2（紫色褪去）
S^{2-}	H_2S↑			Ag_2S↓（黑）	Ag_2S↓	S↓（蓝色褪去）		S↓（紫色褪去）
NO_3^-								
NO_2^-	NO_2↑+NO↑			$AgNO_2$↓（淡黄）			NO↑（变蓝）	NO_3^-（紫色褪去）
OAc^-	HOAc							

附录 14　危险药品的分类、性质和管理

类别		举例	性质	管理
爆炸品		硝酸铵、苦味酸、三硝基甲苯	遇高热、摩擦、撞击等，引起剧烈反应，放出大量气体和热量，产生猛烈爆炸	存放于阴凉、低处，轻拿轻放
易燃品	易燃液体	丙酮、乙醚、甲醇、乙醇、苯等有机溶剂	沸点低，易挥发，遇火则燃烧，甚至引起爆炸	存放于阴凉处，远离热源，使用时注意通风，不得有明火
	易燃固体	赤磷、硫、萘、硝化纤维	燃点低，受热、摩擦、撞击或遇氧化剂，可引起剧烈连续燃烧爆炸	存放于阴凉处，远离热源，使用时注意通风，不得有明火
	易燃气体	氢气、乙炔、甲烷	因撞击、受热引起燃烧，与空气按一定比例混合会爆炸	使用时注意通风，如为钢瓶气，不得在实验室存放
	遇水易燃品	钠、钾	遇水剧烈反应，产生可燃气体并放出热量，此反应热会引起燃烧	保存于煤油中，切勿与水接触
	自燃物品	黄磷	在适当温度下被空气氧化放热，达到沸点而引起自燃	保存于水中

续表

类别	举例	性质	管理
氧化剂	硝酸钾、氯酸钾、过氧化氢、过氧化钠、高锰酸钾	具有强氧化性，遇酸、受热、与有机物、易燃品、还原剂等混合时，因反应引起燃烧或爆炸	不得与易燃品，爆炸品、还原剂等一起存放
剧毒品	氰化钾、三氧化二砷、升汞、氯化钡	剧毒，少量侵入人体(误食或接触伤口)引起中毒，甚至死亡	专人、专柜保管，现用现领，用后的剩余物，不论是固体或液体都应交回保管人，并应设有使用登记制度
腐蚀性药品	强酸、强碱、氟化氢、溴、酚	具有强腐蚀性，触及物品造成腐蚀、破坏。触及人体皮肤，引起化学烧伤	不要与氧化剂、易燃品、爆炸品放在一起

附录15　焰色反应

元素	焰色	元素	焰色
Al	银白色	Hg	红色
As	蓝色	In	蓝色
B	亮绿色	K	紫色
Ba	黄绿色	Li	紫红色；无色(通过绿色玻璃观察)
Be	白色	Mn(Ⅱ)	黄绿色
Bi	天蓝色	Mo	黄绿色
Ca	砖红色；淡绿色(通过蓝色玻璃观察)	Na	黄色；无色(通过蓝色玻璃观察)
Cd	砖红色	Nb	绿色或蓝色
Ce	蓝色	Ni	银白色或无色
Co	银白色	P	淡蓝绿色
Cr	银白色	Rb	红紫色
Cs	蓝紫色	Sb	淡绿色
Cu(Ⅰ)	蓝绿色	Sc	橙色
Cu(Ⅱ)(非卤化物)	绿色	Se	天蓝色
Cu(Ⅱ)(卤化物)	蓝绿色	Sr	洋红色；黄色(通过绿色玻璃观察)；紫色(通过蓝色玻璃观察)
Ge	淡蓝色	Ta	蓝色
Fe(Ⅱ)	金色	Te	淡绿色
Fe(Ⅲ)	橙棕色	Ti	银白色
Hf	白色	Tl	淡绿色

续表

元素	焰色	元素	焰色
V	黄绿色	Zn	无色或蓝绿色
W	绿色	Zr	微红色
Y	洋红色		

附录 16 国际标准相对原子质量表(2015 年)

原子序数	英文名	元素符号	中文名	标准相对原子质量
1	hydrogen	H	氢	[1.0078, 1.0082]
2	helium	He	氦	4.0026
3	lithium	Li	锂	[6.938, 6.997]
4	beryllium	Be	铍	9.0122
5	boron	B	硼	[10.806, 10.821]
6	carbon	C	碳	[12.009, 12.012]
7	nitrogen	N	氮	[14.006, 14.008]
8	oxygen	O	氧	[15.999, 16.000]
9	fluorine	F	氟	18.998
10	neon	Ne	氖	20.180
11	sodium	Na	钠	22.990
12	magnesium	Mg	镁	[24.304, 24.307]
13	aluminium (aluminum)	Al	铝	26.982
14	silicon	Si	硅	[28.084, 28.086]
15	phosphorus	P	磷	30.974
16	sulfur	S	硫	[32.059, 32.076]
17	chlorine	Cl	氯	[35.446, 35.457]
18	argon	Ar	氩	39.948
19	potassium	K	钾	39.098
20	calcium	Ca	钙	40.078 (4)
21	scandium	Sc	钪	44.956
22	titanium	Ti	钛	47.867
23	vanadium	V	钒	50.942
24	chromium	Cr	铬	51.996
25	manganese	Mn	锰	54.938
26	iron	Fe	铁	55.845 (2)

续表

原子序数	英文名	元素符号	中文名	标准相对原子质量
27	cobalt	Co	钴	58.933
28	nickel	Ni	镍	58.693
29	copper	Cu	铜	63.546(3)
30	zinc	Zn	锌	65.38(2)
31	gallium	Ga	镓	69.723
32	germanium	Ge	锗	72.630(8)
33	arsenic	As	砷	74.922
34	selenium	Se	硒	78.971(8)
35	bromine	Br	溴	[79.901, 79.907]
36	krypton	Kr	氪	83.798(2)
37	rubidium	Rb	铷	85.468
38	strontium	Sr	锶	87.62
39	yttrium	Y	钇	88.906
40	zirconium	Zr	锆	91.224(2)
41	niobium	Nb	铌	92.906
42	molybdenum	Mo	钼	95.95
43	technetium*	Tc	锝*	
44	ruthenium	Ru	钌	101.07(2)
45	rhodium	Rh	铑	102.91
46	palladium	Pd	钯	106.42
47	silver	Ag	银	107.87
48	cadmium	Cd	镉	112.41
49	indium	In	铟	114.82
50	tin	Sn	锡	118.71
51	antimony	Sb	锑	121.76
52	tellurium	Te	碲	127.60(3)
53	iodine	I	碘	126.90
54	xenon	Xe	氙	131.29
55	caesium(cesium)	Cs	铯	132.91
56	barium	Ba	钡	137.33
57	lanthanum	La	镧	138.91
58	cerium	Ce	铈	140.12
59	praseodymium	Pr	镨	140.91

续表

原子序数	英文名	元素符号	中文名	标准相对原子质量
60	neodymium	Nd	钕	144.24
61	promethium*	Pm	钷*	
62	samarium	Sm	钐	150.36(2)
63	europium	Eu	铕	151.96
64	gadolinium	Gd	钆	157.25(3)
65	terbium	Tb	铽	158.93
66	dysprosium	Dy	镝	162.50
67	holmium	Ho	钬	164.93
68	erbium	Er	铒	167.26
69	thulium	Tm	铥	168.93
70	ytterbium	Yb	镱	173.05
71	lutetium	Lu	镥	174.97
72	hafnium	Hf	铪	178.49(2)
73	tantalum	Ta	钽	180.95
74	tungsten	W	钨	183.84
75	rhenium	Re	铼	186.21
76	osmium	Os	锇	190.23(3)
77	iridium	Ir	铱	192.22
78	platinum	Pt	铂	195.08
79	gold	Au	金	196.97
80	mercury	Hg	汞	200.59
81	thallium	Tl	铊	[204.38, 204.39]
82	lead	Pb	铅	207.2(1)
83	bismuth*	Bi	铋*	208.98
84	polonium*	Po	钋*	
85	astatine*	At	砹*	
86	radon*	Rn	氡*	
87	francium*	Fr	钫*	
88	radium*	Ra	镭*	
89	actinium*	Ac	锕*	
90	thorium*	Th	钍*	232.04
91	protactinium*	Pa	镤*	231.04
92	uranium*	U	铀*	238.03